O LIVRO DAS EMOÇÕES

Bel Cesar

O LIVRO DAS EMOÇÕES

Reflexões Inspiradas na Psicologia do Budismo Tibetano

© Isabel Villares Lenz Cesar, 2004
2ª Edição, Editora Gaia, São Paulo 2005
5ª Reimpressão, 2018

Jefferson L. Alves – diretor editorial
Richard A. Alves – diretor geral
Ana Cristina Teixeira – assistente editorial
Flávio Samuel – gerente de produção
Stella Villares – capa
Pintura em tinta a óleo de Maria Villares – foto de capa
Márcia Costa – edição de texto
Cláudia Eliana Aguena e Marcello Borges – revisão
Lúcia Helena S. Lima – editoração eletrônica

Obra atualizada conforme o
NOVO ACORDO ORTOGRÁFICO DA LÍNGUA PORTUGUESA.

Dados Internacionais de Catalogação na Publicação (CIP)
(Câmara Brasileira do Livro, SP, Brasil)

Cesar, Bel
  O livro das emoções : reflexões inspiradas na psicologia do budismo tibetano / Bel Cesar. – São Paulo : Gaia, 2004.

  ISBN 978-85-7555-035-9

  1. Budismo – Psicologia. 2. Budismo – Tibete. 3. Emoções – Aspectos religiosos – Budismo. I. Título.

04-6237   CDD-294.3923019

Índices para catálogo sistemático:
1. Budismo tibetano : Emoções : Psicologia : Religião 294.3923019
2. Emoções : Psicologia : Budismo tibetano : Religião 294.3923019

Direitos Reservados

editora gaia ltda.
Rua Pirapitingui, 111-A – Liberdade
CEP 01508-020 – São Paulo – SP
Tel.: (11) 3277-7999 – Fax: (11) 3277-8141
e-mail: gaia@editoragaia.com.br
www.editoragaia.com.br
Colabore com a produção científica e cultural.
Proibida a reprodução total ou parcial desta obra sem a autorização do editor.
Nº de Catálogo: **2577**

Dedico toda a energia positiva acumulada por este livro à longa vida dos ensinamentos de meu mestre Lama Gangchen Rinpoche e de meu filho, Lama Michel Rinpoche. Que eles possam sempre encontrar condições para compartilhar seu amor e sabedoria.

Este livro foi escrito para ser lido também de modo não linear, pois ele nos oferece uma oportunidade vivencial: você pode usá-lo como um oráculo. Pense em algo que gostaria de saber, e, de olhos fechados, peça por inspiração e abra aleatoriamente numa página para encontrar a sua resposta.

LAMA GANGCHEN RINPOCHE

Prefácio

T.Y.S. Lama Gangchen Tulku Rinpoche

Sinto-me muito feliz por ter a oportunidade, mais uma vez, de escrever o prefácio para um livro de Bel Cesar. Seus dois livros anteriores, *Viagem Interior ao Tibete* e *Morrer Não se Improvisa*, assim como o vídeo feito por ela e muitos outros trabalhos seus, trazem imenso benefício à sociedade atual, contribuindo para a construção de uma cultura de paz. Bel Cesar já há vários anos tem estudado intensamente e se dedicado com muito esforço ao projeto da transformação da atual cultura de violência em uma cultura de paz.

Este seu novo livro fala sobre a mente e suas emoções, e sobre as relações entre o corpo, a palavra, a mente e o meio ambiente. Muitos problemas e dificuldades atuais originam-se justamente do desconhecimento do funcionamento de nossa própria mente e de nossas emoções. Por isso, é de extrema importância estudar e buscar compreender o que está se passando dentro de nós.

Na medicina ocidental moderna, fala-se muito dos efeitos colaterais dos remédios químicos. Precisamos entender que há outras formas de efeitos colaterais também, como, por exemplo, os efeitos colaterais de nossas ações de corpo, palavra e mente, os efeitos colaterais de nossas emoções e pensamentos.

Tenho certeza de que este livro contribuirá imensamente para que muitos efeitos colaterais de violência transformem-se em efeitos colaterais positivos e construtivos. Bel Cesar não pretende ensinar teorias às pessoas, mas transmitir os frutos de um trabalho de anos com seus pacientes. Este livro é mais um dos resultados de sua dedicação a trabalhar pelo benefício dos seres. Espero que essa sua dedicação continue sempre a crescer e florescer, beneficiando assim um número cada vez maior de pessoas.

Este livro, como muitos outros trabalhos de Bel Cesar, tem todo o meu apoio, e, apesar de não ter sido escrito por mim, sinto-me presente em muitas de suas palavras. Rezo para que ele traga real benefício a muitos e muitos seres.

LAMA CURADOR
T.Y.S. Lama Gangchen Tulku Rinpoche
Albagnano, 25 de julho de 2004

Agradecimentos

Obrigada, Lama Gangchen Rinpoche, por estar em meu coração em todos os momentos de minha vida.

Obrigada, Lama Michel, por ter me oferecido a preciosa oportunidade de ser sua mãe, amiga e companheira do Dharma.

Obrigada, Fernanda, por ser minha linda filha, amiga incondicional e companheira em todos os momentos de transição de minha vida.

Obrigada, Mãe, por seu exemplo de vida dedicada e perseverante.

Obrigada, Pete, por ter entrado em minha vida e por juntos darmos luz ao *Vida de Clara Luz*.

Obrigada, Sergio Scabbia, por ter me convidado para participar da sua página *www.somostodosum.com*, pois foi o retorno que recebi de seus leitores que catalisou a determinação para escrever este livro.

Obrigada, Clarice, por seu carinho em gravar e transcrever as minhas aulas de quarta-feira no Centro de Dharma da Paz. A sua dedicação em organizar amigos que pudessem fazer o mesmo foi um grande estímulo para eu escrever este livro. Obrigada, Júlia, Mônica, Nayra, Rosa, Sheila, Silvia Costa, Vlad e Zezé por terem participado desta iniciativa.

Obrigada a todos meus amigos, terapeutas e pacientes que me incentivam a querer ser uma pessoa melhor.

Obrigada, Márcia Costa, por seus inúmeros *e-mails*. Foi um enorme prazer sentir seu interesse constante, sua compreensão refinada e sua sensibilidade para lapidar cada mensagem escrita neste livro.

Obrigada, Marcello Borges, por sua generosidade e dedicação ao fazer a revisão final de meus textos. Elas sempre me ajudam a confiar que estou pronta para seguir adiante.

Obrigada, Tia Maria Villares, por ceder a imagem de seu quadro, que há anos em minha casa testemunha minhas emoções. Obrigada, Stella Villares, por tornar a capa deste livro linda e significativa.

Obrigada, Jefferson Alves e Richard Alves, por publicar mais este livro.

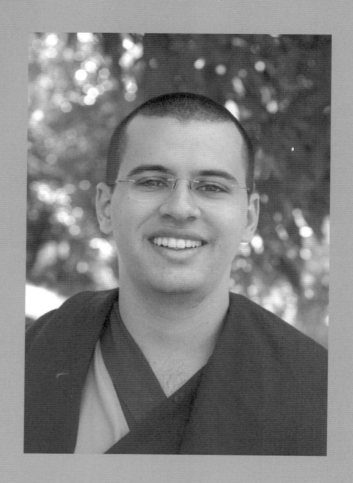

LAMA MICHEL RINPOCHE

Prefácio

Lama Michel Rinpoche

Há oito anos pude ver o quão pouco conhecia a minha própria mente quando realizei algo que foi muito importante para mim: comecei a estudar o *Lo Rig* – o estudo da mente na filosofia budista. O que mais me chamou a atenção no *Lo Rig* foi a descrição dos 51 fatores mentais. Percebi o quanto conhecê-los bem nos ajuda a viver melhor. Pois, ao conhecer o mecanismo de nossas emoções, que sempre fazem parte de nossa mente, podemos desenvolver uma autoconsciência e direcionar nossos pensamentos e emoções de uma forma positiva e construtiva.

Os 51 fatores mentais foram ensinados por Buddha Shakyamuni há mais de 2.500 anos e são baseados em sua própria experiência interior. Buddha compartilhou sua experiência com seus discípulos, que puderam assim compreender a natureza de suas próprias mentes e, por sua vez, passaram a experiência compartilhada a seus próprios discípulos e assim por diante. Desse modo, a experiência de Buddha chegou até nós.

Buddha não foi o único a investigar a natureza da mente. Ao longo dos tempos, estudos, descobertas e experiências foram realizados tanto no Oriente quanto no Ocidente, dando origem a diferentes teorias sobre a mente humana.

Hoje, temos a preciosidade de ter à nossa disposição uma grande variedade de correntes psicológicas que nos ajudam a compreender melhor nossa própria mente, e assim a nós mesmos. Mas raramente temos a oportunidade de conhecer mais de perto e nos aprofundarmos nas experiências e descobertas que nos foram deixadas.

Regozijo-me, do fundo do meu coração, por minha mãe estar compartilhando conosco as profundas reflexões feitas no decorrer de seus muitos anos de estudo sobre o assunto, e sobretudo pela grande experiência adquirida através de sua prática direta da psicologia, tanto ocidental quanto budista.

Acredito que este livro fará com que cada um de nós possa se conhecer melhor e assim ter uma vida mais positiva e saudável.

Com amor no Dharma,

LAMA MICHEL RINPOCHE
Ulam-Bator, Mongólia, 22 de agosto de 2004

Sumário

Abertura — 21
   O Budismo me despertou para uma nova vida — 22
   Lama Michel é um Tulku:
   um Lama reconhecido por suas reencarnações — 25
   Um sonho de vida torna-se realidade — 28
   As bênçãos das estátuas sagradas de Borobudur — 28

I. Sem emoção, nada avança — 33
   A anatomia das emoções segundo
   a Psicologia Budista — 35

II. Sobre a vergonha de si mesmo — 40
   Afinal, *quem* sente a vergonha? — 41
   A noção do Eu segundo a Psicologia Budista — 42
   Solidão, orgulho e vergonha — 43
   Estamos presos em nosso próprio circuito interno? — 45
   Culpa: uma consciência reparadora — 47

III. O Eu e seus agregados — 49
   Como as emoções influenciam as percepções sensoriais — 51
   O Eu e sua maior armadilha: a rigidez — 53
   O que imaginamos exerce um poder maior
   sobre nós do que aquilo que vemos — 55

IV. Antídotos para o sofrimento da vergonha — 57
   Como nos envolver menos com nossa
   autoimagem e nos tornarmos mais flexíveis — 58
   Meditação de *Autotonglen* para superar a vergonha — 60

V. As armadilhas da autossabotagem — 61
   O sentimento de culpa sustenta
   o padrão da autossabotagem — 63
   O Budismo tem como meta tornar consciente o inconsciente — 65

VI. Saber parar para lidar com a confusão emocional 68

Uma atitude de autoacusação revela autorrejeição 69
É preciso reconhecer a negatividade para se separar dela 71
O pior sofrimento é o apego ao sofrimento 73
Exagerar uma emoção é uma forma de rejeitá-la 74

VII. Sutrayana e Tantrayana: dois grandes métodos budistas para lidar com as emoções 77

O método Sutrayana 78
O método Tantrayana 81
Cara a cara com as emoções 82
O vínculo mestre e discípulo 84
Autocura Tântrica NgelSo 85

VIII. Como abrir mão de uma visão egocentrada para ter boa autoestima 86

Abrir o coração 88
Abrir-se para o outro é um exercício de autoconhecimento 89
A autoestima define nosso destino 92
A autoestima nos ajuda a lidar
com nossa própria negatividade 93

IX. Quando o melhor é ficar em silêncio 96

O que nos impele a falar? 99
Podemos nos silenciar, sem nos apagar 100
Compartilhar o silêncio com alguém 101
O silêncio pode ser um modo contundente de expressar algo 102
A prática do silêncio 103
Meditação centrada no silêncio 105

X. Colher a essência da vida 106

A vida sem significado é sem sabor 108
Como despertar a mente ao acordar de manhã 109
1. A generosidade é uma prática do desapego 111
2. A moralidade é uma prática que mantém a mente saudável 113
3. Paciência é um ato de escolha que transcende o autocontrole 114
4. O esforço entusiástico é a alegria do interesse em seguir em frente 115
5. Concentração é consciência 116
6. Com sabedoria eliminamos qualquer emoção conflituosa 116
Há vida na morte 117
Meditação Criativa 120

XI. A natureza do sofrimento 121

A primeira nobre verdade: "O sofrimento existe" 121

Como conquistar a paz interna 125

A Segunda Nobre Verdade: "O sofrimento tem suas causas" 126

A Terceira Nobre Verdade: "É possível eliminar as causas do sofrimento" 127

Quarta Nobre Verdade: "O caminho para eliminar as causas do sofrimento" 129

XII. Lidando com as encruzilhadas da vida 131

Meditação para momentos difíceis 138

XIII. Quando ser feliz é saber não sofrer desnecessariamente 139

Ser feliz é recuperar o espaço energético já existente dentro de nós 141

Como lidar com a confusão sem se fundir com ela 141

Gostar de resolver seus problemas é um sinal de boa autoestima 142

Como colocar um fim à dor emocional 143

Uma mente flexível é uma mente feliz 146

XIV. Quem não conhece a desagradável sensação de estar irritado? 148

A irritação é uma reação a uma sobrecarga do passado 149

A indignação nos prende à irritação 152

É possível desapegar-se da irritação 153

XV. Como gerar energia de uma frustração 156

O verdadeiro conhecimento surge da destruição das ilusões 157

A frustração impede uma boa comunicação 158

Autoestímulo é uma habilidade que devemos treinar todos os dias 159

XVI. O que é o medo? 160

Um novo balanço: uma nova chance 161

Ter medo é sentir dúvida 163

A dúvida nos desestabiliza: não sabemos para onde ir 164

Tomar refúgio: uma proteção incondicional 166

O medo é uma emoção própria do reino animal 167

O medo é um sinal de solidão 169

Tara, a divindade, nos liberta dos dezesseis tipos de medos 170

Meditação simplificada da divindade Tara Verde 172

XVII. A natureza da preguiça 174

Quem já não se cansou da própria preguiça? 175

A preguiça da procrastinação: relutância em esforçar-se 176

A preguiça ocupada: uma tendência própria do Ocidente 177

O que estou fazendo com minha vida? 178

A preguiça por inferioridade: desânimo por sentir-se incapaz 180

XVIII. Como despertar esforço e perseverança para realizar o propósito de sua vida — 181

Esforço como armadura — 182
Esforço de acumular virtudes — 183
Esforço de beneficiar os outros — 183
Poder da aspiração — 185
Poder da constância — 186
Poder da alegria — 186
Poder da descontração — 188
Meditação para resgatar sua capacidade de ter perseverança — 189

XIX. Coragem: como ir além da esperança e do medo — 190

Coragem de não se deixar levar pela fraqueza alheia — 191
Segurança diante da incerteza — 192
Coragem: equilíbrio entre prudência e audácia — 194

XX. Ter coragem para seguir em frente — 196

"A gente se vê, na Terra Pura" — 197
Coragem para seguir em frente e realizar nossa vocação — 198
Nyang-de: ir além da mágoa — 200
Meditação para curar mágoas — 201

XXI. Fé e confiança — 202

Os diversos tipos de confiança — 202
Confiança lúcida — 203
Confiança esperançosa — 209
Confiança desejosa — 210
Meditação de refúgio no Guru — 211

XXII. Uma ampla visão sobre a morte — 212

A visão budista sobre a morte — 215
Fatores que desencadeiam a morte — 215
Já nascemos com uma duração de vida predeterminada — 217
O processo da morte — 217
Os três primeiros bardos pertencem à vida presente — 221
Como preparar-se para morrer com a mente positiva — 222
Três considerações sobre a mortalidade para uma vida melhor — 225

XXIII. Morrer em paz: as necessidades espirituais diante da morte — 227

A necessidade de ajuda espiritual diante da morte — 228
Necessidade de amar e ser amado — 231
Necessidade de direcionamento: dar um sentido para a vida — 234
Necessidade de ser espontâneo: expressar nossa bondade fundamental — 236

Necessidade de encontrar uma sensação de inteireza: um estado natural de abertura, aceitação, flexibilidade	240
Necessidade de participação: superar a solidão	242

XXIV. O que o luto pode nos ensinar? — 246
  A perda dos pais — 248
  Quando chorar faz bem — 249
  O pesar catalisa a expressão de emoções arquivadas — 251
  Desapegar-se é uma tarefa difícil — 252
  Emergimos do luto quando nos sentimos capazes de, mais uma vez, escolher a vida — 254
  Rituais do Budismo Tibetano para o período pós-morte — 254
  Luto e Natureza — 256
  A Natureza nos ajuda a acolher a dor da perda — 257

XXV. Aproximando-se cada vez mais de si e dos outros: o despertar da mente *Bodhichitta* — 259
  Bodhichitta significa literalmente "mente de iluminação" — 262
  Confiar: a primeira condição para nos reaproximarmos uns dos outros — 264
  Empatia: uma atitude naturalmente sábia e compassiva — 265
  O delicado equilíbrio entre as *minhas*, as *suas* e as *nossas* necessidades — 267
  Tchok She Ba: satisfação de aceitar as coisas como são — 268
  Intimidade consigo mesmo — 270
  Ser sincero consigo mesmo é um ato de coragem — 271
  Meditação sobre a equanimidade para despertar a empatia — 271

Apêndice — 275

Índice remissivo — 287

Contatos — 297

Biografia — 299

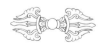

Abertura

Este livro é dedicado ao autoconhecimento. Ele foi escrito para nos ajudar a desenvolver a capacidade de conhecer nossas emoções por meio do desenvolvimento da espiritualidade, o que é totalmente diferente de um estudo meramente intelectual. O termo *auto*conhecimento, registrado já na Antiguidade na máxima do "Conhece-te a ti mesmo" do templo de Apolo, em Delfos, na Grécia, é equivalente ao conhecimento do "espírito": a essência do Eu verdadeiro que está além dos limites do Ego.

Neste sentido, este livro torna o conhecimento algo para ser vivido. Em geral, temos dificuldade para expressar nossas emoções por meio das palavras! Choramos, rimos, gesticulamos, até mesmo desviamos nosso olhar ou movemos nossos olhos de um modo particular para comunicar uma experiência emocional que ocorre em nosso interior. No entanto, pouco conhecemos sobre a natureza das emoções. A Psicologia do Budismo Tibetano nos ensina como lidar com elas no caminho do autodesenvolvimento.

Desde criança, aprendemos a denominar nossas emoções, mas pouco nos foi ensinado sobre elas. O que será que estávamos, de fato, sentindo quando pela primeira vez usamos a palavra *ciúme* para designar o que sentíamos? Ou o que queremos realmente dizer quando dizemos que "estamos com saudades"? O que queremos expressar quando dizemos que sentimos medo ou irritação?

As palavras podem organizar nossas emoções. Quando conseguimos expressar com clareza o que estamos sentindo, surgem em nós calma e harmonia. Conhecer a natureza das emoções é, em si mesmo, pacificador.

Esta foi a motivação que me levou a escrever este livro: refletir sobre como encontrar a paz ao lidar com as emoções, sejam elas positivas ou negativas. Foi através da filosofia do Budismo Tibetano que recebi o que se pode chamar de uma educação não formal sobre a natureza das emoções.

Apesar de minha formação acadêmica ser musicoterapia e psicologia, e de trabalhar com o atendimento psicoterapêutico, há muitos anos, meu trabalho pode ser visto sob o prisma do desenvolvimento da espiritualidade, pois é no Budismo Tibetano que encontro a inspiração, os métodos e a sabedoria que procuro compartilhar com meus amigos e pacientes.

O Budismo é uma filosofia que integra práticas espirituais a todas as situações da vida. Por isso, podemos dizer que não se trata de uma religião, mas sim de um modo de vida baseado na auto-observação, na responsabilidade pessoal, no compromisso em tornar esta vida significativa e preciosa.

Espiritualidade é tudo que produz uma mudança positiva em nós. Isto é, na medida em que nos desenvolvemos espiritualmente, ampliamos nosso próprio potencial de percepção da realidade. Assim, adquirimos uma maior compreensão sobre nós mesmos e sobre os outros. Sentimo-nos inteiros e confiantes por pertencer a este planeta. Temos vontade, abertura e disponibilidade para nos comunicarmos e sermos úteis.

No entanto, uma mudança interior não ocorre espontaneamente. Exige, em primeiro lugar, a consciência de que a mudança é necessária, depois a determinação de mudar e, por fim, a alegria de ter realizado tal transformação. Em geral, resistimos em admitir nossas falhas, temos preguiça de transformá-las e, quando superamos nossas dificuldades, não damos o devido valor ao esforço despendido. Desta forma, apesar de fazermos tudo para sermos felizes, colocamos a felicidade sempre distante de nós.

Aliás, aprendemos a pensar que aquilo que está longe de nós é sempre melhor do que o que está perto. Em geral, imaginamos os ensinamentos espirituais como algo idealizado e distante, e assim, muitas vezes, não nos sentimos capazes de realizá-los. Por isso, vou procurar, neste livro, ser simples, próxima e direta, como aprendi com meu mestre Lama Gangchen Rinpoche. Começarei contando como encontrei o Budismo, para que ele possa também ser visto pelo leitor como algo próximo.

O Budismo me despertou para uma nova vida

Em abril de 1987, quando organizei, a pedido de um casal amigo, a primeira visita de Lama Gangchen Rinpoche ao Brasil, mal sabia onde ficava o Tibete.

Durante muito tempo, o Tibete permaneceu, para nós ocidentais, como um lugar distante, envolto em fantasias. Nos anos 60, o mundo ouviu falar sobre o misterioso poder dos grandes mestres tibetanos através do *best-seller* *A Terceira Visão* de Lobsang Rampa e das aventuras de *Tintim no Tibete*, nas histórias em quadrinhos de Hergé. Mais tarde, todos vieram a saber que Lobsang Rampa era um cidadão inglês que vivia com sua família em Dublin e jamais pusera os pés fora de seu país! Ele havia inventado tudo o que descrevia em seus livros. A verdade sobre o falso Lama do Palácio de Potala, portanto, veio à luz, mas o Tibete permaneceria ainda por muito tempo envolto em sombras para o Ocidente.

Nos anos 70, o Tibete ficou famoso ao ser identificado com a legendária cidade de Shangri-lá, do filme *Horizonte Perdido* e da trilha sonora de Burt Bacharach. Enquanto se encantavam com os eventos fantásticos ali narrados, a maioria ignorava o que, de fato, ocorria no Tibete.

Na época, poucos sabiam que a China ocupava o país desde 1950, que importantes monastérios eram maciçamente destruídos, que grandes Lamas (mestres) vinham sendo aprisionados e que milhares de monges escapavam a pé pelas geladas montanhas do Himalaia para se refugiar no Norte da Índia.

O difícil drama da história tibetana, apesar da grande dor gerada naqueles que o viveram, terminou por criar as condições para uma aproximação. Fomos contemplados com a honra da rara e preciosa convivência com verdadeiros grandes mestres budistas. Assim, o Tibete deixou de ser "o lugar imaginado" e longínquo, e hoje podemos experimentar em nosso cotidiano, cada vez mais, os ensinamentos de sua tradição. Não somos mais facilmente levados por fantasias delirantes sobre o Budismo e podemos compartilhar sua ideia de paz e harmonia no mundo.

Toda organização para a vinda de Lama Gangchen ocorreu em apenas um mês, e por isso não tive tempo para pensar muito a respeito do Budismo Tibetano. Cheguei a buscar nas livrarias alguma literatura sobre o assunto, mas encontrei apenas *um* livro em português, os demais eram em inglês. Comprei esse exemplar, mas não consegui lê-lo: era complexo demais! Lembro-me de ter pensado: "Agora não importa saber alguma coisa sobre o Budismo. Eu me comprometi a ajudar a Mônica e o Cláudio a trazer para o Brasil este mestre, e, de imediato, é só isso que tenho a fazer. Depois que me encontrar com ele, eu vejo se quero ou não conhecer o Budismo". Eu mal sabia que minha vida estava prestes a mudar.

Nosso primeiro encontro começou de forma absolutamente inusitada: em vez de nos cumprimentarmos, tivemos um inexplicável ataque de riso. Em seguida, sentados em volta de uma mesa em um restaurante japonês, começando a nos conhecer, fixei meu olhar em Lama Gangchen que estava olhando para outra direção. No exato momento em que pensei: "Ele é o que as pessoas chamam de um Guru...", Rinpoche girou seu rosto velozmente para mim e me olhou doce e profundamente. Uma grande emoção. Senti meu corpo estremecer. Olhos nos olhos: senti que havia uma conexão autêntica entre nós. Nos dias seguintes, fui me dando conta de que estava profundamente relaxada. Lembro-me bem quando disse a mim mesma: "Essa paz é algo novo em mim".

Três dias depois, Lama Gangchen Rinpoche me disse que eu iria abrir seu primeiro Centro de Budismo Tibetano no Ocidente. Uma nova emoção: medo e alegria se mesclaram, e agora eu *já sabia* o que este convite evidenciava: minha vida ia passar por uma mudança radical.

Lama Gangchen nos visitou por apenas 12 dias. Em nossa última conversa antes de partir, me disse: "Agora, quando você contar para as pessoas que conheceu um mestre budista, quase ninguém vai entender, mas daqui a 15 anos todo mundo vai conhecer o Budismo". O que eu não podia prever naquela época é que meu filho Lama Michel, ao se tornar conhecido como o Pequeno Buddha brasileiro, seria uma das pessoas que mais ajudariam o crescimento do Budismo no Brasil.

De fato, depois de um ano e meio, Lama Gangchen Rinpoche estava de novo em São Paulo fundando o Centro de Dharma da Paz Shi De Chöe Tsog. Naquele ano, estava me formando em Psicologia, mas já havia compreendido que seria a filosofia budista a base de meu trabalho. Na época, eu também já havia decidido me divorciar e, pela primeira vez na vida, refletia sobre minha mortalidade.

Danny e eu vivemos uma história insólita: "Casal se separa e abre um Centro de Dharma pela Paz". Nossos filhos, Lama Michel e Fernanda, com quatro anos de diferença entre eles, sempre nos acompanharam em nossas viagens para o Oriente. Estávamos todos descobrindo o outro lado do mundo, enquanto nossa amizade com Lama Gangchen nos ensinava a descobrir nosso próprio mundo interior. Aprendemos a trazer a vida espiritual para nosso cotidiano. Passei a trabalhar com o atendimento psicoterapêutico e a acompanhar pacientes que enfrentam as questões da morte sob a perspectiva da Psicologia Budista. No entanto, minha intenção não é a de reduzir o Budismo à psicoterapia. Fazer isso seria diluir o poder de suas práticas espirituais e a força de seus ensinamentos.

Hoje é crescente o número de psicoterapeutas que lançam mão da filosofia budista como referência em seu trabalho, apesar de não se poder afirmar que exista uma Psicologia Budista no âmbito científico ocidental. Entre os mais conhecidos, temos Jack Kornfield, John Welwood e Mark Epstein.

Em seu livro *Como Lidar com Emoções Destrutivas*, o psicólogo americano Daniel Goleman, autor do *best-seller Inteligência Emocional*, nos conta que, em 1974, Chögyam Trungpa teria lhe dito: "O Budismo chegará ao Ocidente na forma de psicologia". Goleman comenta que naquela época esta declaração lhe pareceu "um patente absurdo"...*

As atividades do Centro de Dharma da Paz prosperaram, assim como o Budismo no Brasil. De fato, como Lama Gangchen havia me dito há mais de 15 anos, atualmente o Budismo é conhecido e acessível a um grande número de pessoas. Os livros de Sua Santidade Dalai Lama tornaram-se *best-sellers*, e hoje não tenho mais dificuldade em contar que conheço um mestre budista, nem mesmo para dizer que meu filho, Lama Michel, tornou-se monge, tendo sido reconhecido por Lama Gangchen e muitos outros mestres como a reencarnação de um Lama tibetano.

Lama Michel é um Tulku:
um Lama reconhecido por suas reencarnações

Em maio de 1994, Lama Gangchen Rinpoche declarou abertamente, numa carta, informações sobre as reencarnações prévias de Lama Michel. Nesta carta, revelou que desde que o havia conhecido, em 1987, vinha analisando, em seus profundos estados de meditação, os inúmeros sinais auspiciosos, mensagens, visões e sonhos que surgiam relativos a suas reencarnações. "Muitos são incríveis, mas estão além das palavras", comentou Rinpoche na carta.

Lama Michel foi reconhecido por Lama Gangchen Rinpoche como a reencarnação de Guelong Wangyal-la, cujo nome era Lobsang Choepel – que foi seu mestre e assistente, nesta sua vida atual, quando ele ainda vivia no Monastério de Gangchen no Tibete – e faleceu em 1954, quando Rinpoche tinha 13 anos.

Em outras vidas precedentes a esta, nos séculos XIV e XV, Lama Michel foi Drubchok Guewa Sandrup, um dos quatro grandes *Panchens* de Gangchen Choepel Ling e um dos detentores do trono monástico. Neste período, ele compôs um *Sungbum*: uma obra de seis volumes sobre filosofia tântrica, astrologia e medicina. Quando Gangchen Rinpoche era menino chegou a ver estes livros, mas infelizmente eles foram todos queimados pelos comunistas chineses durante a invasão ao Tibete, em 1959.

Além dessas reencarnações, Lama Michel foi, na Índia, um ministro chamado de Brahman que serviu ao rei Indrapala, no século VIII, durante a época do

---

(*) *Como Lidar com Emoções Destrutivas*, Campus, p. 87.

grande iogue Mahasiddha Darikapa. O rei e ele renunciaram à vida mundana e tornaram-se praticantes que chegaram a alcançar grandes realizações.

Em julho de 1994, Lama Michel foi entronizado no Monastério de Sera Me, no Sul da Índia, como a reencarnação de Lobsang Choepel, sendo, então, assim reconhecido pela sociedade tibetana.

Eu poderia escrever mais algumas páginas sobre a história de meu filho, mas espero contá-la num próximo livro! Para a maioria de nós ocidentais, toda esta questão sobre a reencarnação é muito distante. No entanto, quando entramos em contato com o Budismo, ela se torna próxima e real. Mas é preciso que cada um tenha sua própria experiência para aceitá-la.

Entrei em contato pela primeira vez com a tradição do reconhecimento das reencarnações ao traduzir a biografia de Lama Gangchen. Aos dois anos de idade, ele, por sua vez, foi reconhecido pelo tutor do Dalai Lama, Tridjang Rinpoche, como a reencarnação de uma longa linhagem de mestres com poder de cura. Com esta idade, fora capaz de reconhecer, sem nenhuma hesitação, os objetos que pertenceram à sua encarnação anterior. Quando tinha quatro anos, uma delegação oficial veio para levá-lo até o seu monastério. A partir de então, ocupou o assento que lhe pertencia quando era o mestre espiritual do lugar, tornando-se Gangchen Tulku (Gangchen significa Himalaia e Tulku, reencarnação).

A primeira vez que me dei conta que meu filho era a reencarnação de um Lama tibetano ocorreu poucos dias após Lama Gangchen ter partido, em sua primeira visita ao Brasil. Michel tinha cinco anos quando me falou: "Mãe, tem uma coisa estranha acontecendo. Agora eu acordo de manhã escutando você falar: Vajrayana,Vajrayana,Vajrayana! O que é isso?". Eu nunca havia pronunciado ou sequer escutado aquela palavra. Naquele momento gelei! Ao ler o único livro budista que até então eu possuía, descobri que Vajrayana significa: "O mais alto caminho tântrico".

Por saber que as crianças deixavam suas famílias muito cedo para viver em um monastério, minha primeira reação foi não contar a ninguém o que havia ocorrido com meu filho.

Lama Michel, no entanto, sempre falava do conceito da reencarnação com espontaneidade. Por exemplo, quando tinha cinco anos me afirmou: "Mãe, Deus castiga". Procurei de vários modos lhe dizer que Deus era como o amor, que não havia punição. Mas ele insistia em afirmar que Deus castigava. Então, lhe perguntei: "Mas como é que Deus castiga?" e ele me respondeu, sem hesitar: "É muito fácil, faz a gente morrer, ter que nascer e começar tudo de novo...".

Aos quatro anos de idade, quando eu o levei para visitar um cemitério pela primeira vez, ele já expressava claramente suas ideias sobre a reencarnação. Na época, seu dentista havia falecido, e, ao saber da notícia, começou a chorar. Ao tentar acalmá-lo, ele me disse: "Eu não estou chorando por mim, eu estou chorando por ele! Ele está sofrendo e eu não sei onde ele está! Onde ele está agora?". Como naquela época não tínhamos nenhuma educação religiosa específica – o Danny, o pai de Michel, é de família judaica e a minha é presbiteriana –, simplesmente respondi: "Ele está enterrado no cemitério". Michel só se acalmou quando eu lhe prometi que no dia seguinte iríamos visitar um cemitério. Então, fomos ao Cemitério da Consolação, onde está o túmulo do meu avô.

Quando chegamos lá, a primeira coisa que ele disse foi: "O silêncio daqui é muito melhor do que o lá de fora". Em seguida, Michel explorou os túmulos, olhando através de todas as frestas que encontrava e abaixando-se para ver se enxergava alguma coisa por debaixo dos tampos. Depois, sentou-se ao meu lado e então começou a falar rapidamente e sem parar ideias que eu não conseguia acompanhar. Após uma longa sequência de pensamentos, ele concluiu: "Então, quer dizer que um dia nós dois vamos morrer e vamos ficar debaixo da terra e o seu avô vai estar vivo andando, como a gente agora, na frente dos nossos túmulos!".

Em 1992, aos 12 anos, Lama Michel tomou a decisão de tornar-se monge e estudar a Filosofia Budista na Universidade de Sera Me no Sul da Índia. Sua decisão foi um choque para todos, inclusive para mim. Na época, apesar de não colocar em dúvida sua decisão, eu ainda estava totalmente despreparada para lidar com esta situação.

Danny o acompanhou e viveu com ele durante um ano e meio. Seis meses após sua partida, Fernanda (então com oito anos) e eu fomos visitá-lo para a cerimônia de sua entronização. Pudemos, então, testemunhar que ele estava, de fato, feliz. No decorrer dos anos seguintes, todos aqueles que puderam encontrá-lo jamais duvidaram disto.

Vários eventos ocorreram até que eu aceitasse com naturalidade os fatos. Mas confesso que, desde nosso primeiro encontro com Lama Gangchen, mesmo sem nunca ter refletido atentamente sobre o assunto, já sabia que Michel era a reencarnação de um Lama tibetano.

E, cada vez mais, percebemos que Lama Michel é, de fato, um mestre de sabedoria. Nossa relação mãe-filho nunca se alterou: sempre me sinto aberta e disponível para quando ele precisa, e este afeto é recíproco. Sinto que somos como grandes amigos que estão sempre juntos nos momentos de emoções fortes e decisões importantes. Gostamos de nos divertir, gerar energia positiva, até mesmo em situações estressantes e tensas. Portanto, apesar de nos encontrarmos poucas vezes por ano, nosso vínculo está sempre forte: uma prova de que a distância física não significa separação.

Um sonho de vida torna-se realidade

Desde que comecei a acompanhar pessoas que enfrentam a morte, tenho a intenção de fundar um *Hospice,* nas redondezas de São Paulo: um lugar na natureza, onde as pessoas possam ter condições de paz no momento de sua morte. No ano de 2000, encontrei um sítio perto de Itapevi, a 50 minutos de São Paulo, onde estamos, gradualmente, criando as condições para tornar *um dia* este sonho realidade.

Em janeiro de 2001, Lama Gangchen Rinpoche abençoou o Sítio e o batizou de "Vida de Clara Luz". No entanto, logo pude concluir que, por várias razões, ainda não temos condições para implantar um *Hospice* no Brasil. Em vez de abandonar esta ideia, busquei ampliá-la: fazer do sítio um ambiente de cura, para atender as necessidades físicas, emocionais e espirituais dos quatro grandes sofrimentos humanos: o nascimento, o envelhecimento, a doença e a morte.

Neste mesmo ano, Lama Gangchen pediu para que eu trouxesse para o Sítio Vida de Clara Luz as réplicas das Estátuas Sagradas da Mandala da Stupa de Borobudur, na Indonésia.

As bênçãos das estátuas sagradas de Borobudur

A Stupa de Borobudur foi construída há 1.300 anos, quando o Budismo Mahayana-Vajrayana florescia na ilha de Java.

No século XIII, Dipamkara Atisha, o grande mestre indiano responsável pelo reaparecimento do Budismo no Tibete, foi à Indonésia para receber ensinamentos especiais sobre a *Bodhichitta,* a mente compassiva, com o grande mestre indonésio Lama Serlingpa, levando-os depois para a Índia e para o Tibete e, mais tarde, ao Ocidente. É por essa razão que os ensinamentos do Budismo Tibetano se adaptam perfeitamente à Mandala de Borobudur.

Foi em Borobudur que Lama Gangchen inspirou-se para criar a *Prática de Autocura Tântrica NgelSo,* tornando, assim, estes ensinamentos milenares acessíveis a todos nós do século XXI.

Esta prática foi feita pela primeira vez em 1993 na frente da Stupa de Borobudur e desde então vem sendo realizada por inúmeras pessoas. Todos os anos, Lama Gangchen visita Borobudur com seus amigos e praticantes. No Ano-Novo de 2000, juntos, acenderam 100.000 velas dedicadas à paz mundial.

Os budistas não idolatram imagens! As estátuas de Borobudur nos recordam as qualidades internas que queremos desenvolver para despertar a paz dentro de nós, a única base sólida para a paz mundial. Portanto, não é preciso ser budista para receber suas bênçãos. O importante é nos concentramos nas qualidades internas que queremos desenvolver e que são representadas por estas estátuas.

A Mandala da Stupa de Borobudur não apenas é o maior monumento budista ainda existente, como também é um documento vivo da história do Budismo. Agora sob proteção da Unesco, foi declarada Patrimônio da Humanidade. Embora localizada em um país totalmente islâmico, é visitada todos os anos por milhares de pessoas de diferentes crenças e nacionalidades que admiram sua arquitetura e beleza artística e por aqueles que acreditam em seu poder de cura.

Alguns anos atrás, em uma de suas peregrinações anuais a Borobudur, Lama Gangchen foi visitar um artesão que fazia estátuas iguais às originais. Vendo que se tratava de um grande artista, encomendou dois conjuntos de oito estátuas, enviando um ao Monastério de Gangchen, no Tibete, e outro para o Centro de Meditação de Albagnano, na Itália. Atendendo ao pedido de Lama Gangchen, em março de 2002, um outro conjunto de estátuas chegou ao Sítio Vida de Clara Luz, trazendo sua energia curativa.

Naquela época, Lama Gangchen nos escreveu: "Alegro-me com a chegada das estátuas de Buddha ao Sítio Vida de Clara Luz, no Brasil. Procedentes de Borobudur, Indonésia, são réplicas dos cinco Dhyani Buddhas vistos na antiga Mandala da Stupa de Borobudur, situada no centro de Java. Datados do século VIII, cada um dos Buddhas representa um aspecto específico de nossa natureza iluminada, ou seja, o potencial puro de nossas mentes, livres de quaisquer estados mentais negativos habituais, como a ignorância. Há mais de 2.000 anos, Buddha refletiu profundamente sobre a natureza da existência humana e do sofrimento pelo qual passa cada ser vivo – nascer, envelhecer, adoecer e morrer. Ele encontrou respostas que mostram o caminho para a libertação e cura da dor e do sofrimento, seguido por milhares que atingiram a libertação. Até hoje, praticantes ou não praticantes de um caminho espiritual encontram cura e paz seguindo a ciência interior da mensagem de Buddha".

E Lama Michel nos explicou: "O Budismo tem várias maneiras de abençoar: um ser que abençoa um lugar, um lugar que abençoa um ser ou um ser que abençoa outro ser. A Mandala de Borobudur foi abençoada por muitos seres sagrados e grandes praticantes, e por isso tem a característica de abençoar todos que a visitam. Da mesma forma, as estátuas que vieram de Borobudur trazem essas bênçãos para a terra do Brasil e àqueles que nela vivem".

Na semana anterior à chegada das estátuas sonhei com elas. Elas me diziam: "Quando nós chegarmos, as coisas vão se abrir". Achei interessante e aguardei. Foi uma grande emoção ver 17 toneladas de estátuas sagradas pousando em nossa Terra!

Mas foi na semana seguinte que tive um sonho revelador. Desde que ouvira

Pedro Cores Uria falar sobre *Permacultura,* em agosto de 2001, eu procurava por uma pessoa que implantasse este sistema holístico de plantio. Pedro Uria é o responsável pela área de arquitetura sagrada do departamento que estuda campos eletromagnéticos na Associação de Estudos Geobiológicos da Espanha. Ele esteve no sítio para identificar, por meio da radiestesia, os pontos de cruzamento das correntes subterrâneas de água sobre os quais as estátuas foram colocadas. E então, sonhei com uma das estátuas me falando diretamente: "Procure a Raquel, ela conhece a pessoa que trabalha com Permacultura que você está procurando".

De fato, o sonho era uma mensagem real, pois foi no Sítio Arraial, de minha tia Raquel, que conheci Peter Webb, agrônomo australiano que estudou *Permacultura* na Austrália com seu próprio criador, Bill Molisson. Pete, como costumamos chamá-lo, após ter se formado em agricultura biodinâmica em Londres, veio para o Brasil e por 14 anos viveu, de modo autossustentável, em Matutu, no Sul de Minas Gerais.

Nosso encontro modificou radicalmente nossas vidas. Assim como quando conheci Lama Gangchen percebi que estava diante de uma significativa mudança na minha vida, quando conheci Pete senti que ela estava igualmente prestes a se modificar. Estava casada pela segunda vez e decidi novamente me separar. Pete e eu nos tornamos parceiros, e com muito prazer estamos unindo nossos conhecimentos e experiências sobre o Budismo Tibetano e agricultura biodinâmica.

Desde então, passamos a realizar no sítio o *Dia de Plantio Coletivo* que visa unir o processo de autoconhecimento ao cultivo de ambientes curativos. Este trabalho tem gerado a força motriz do *Vida de Clara Luz.* Por meio dele, podemos compartilhar nossa proposta e estamos formando um grupo de pessoas motivadas a levá-la adiante.

Costumamos dizer que o *Dia de Plantio Coletivo* gera não apenas alegria, mas também esperança de um futuro de Clara Luz. Afinal, quando cuidamos da Natureza com atenção e gentileza, despertamos em nós um processo espontâneo de autoconhecimento e amorosidade. Assim, estamos aptos para refletir e transformar positivamente nossos desafios individuais e coletivos frente à vida e à morte.

Em 2005, vamos inaugurar no sítio uma hospedagem para realizar retiros espirituais e outras atividades que possam nos auxiliar a aprofundar o entendimento dos quatro sofrimentos humanos: o nascimento, o envelhecimento, a doença e a morte.

Lama Gangchen e Lama Michel nos visitam anualmente. No sítio, eles realizam Cerimônias de Purificação, como a do Fogo de Vajradaka e nos abençoam diante das Estátuas de Borobudur. Desta forma, o *Vida de Clara Luz* está se tornando um local para purificarmos, aumentarmos e estabilizarmos nossa energia vital.

Em junho de 2004, quando o Centro de Dharma transferiu-se para uma sede maior, fundamos, no seu antigo endereço, a Sede do *Vida de Clara Luz* em São Paulo. Após 16 anos de presidência do Centro de Dharma da Paz, passei a ocupar a função de Presidente Honorária para dedicar-me integralmente ao atendimento psicoterapêutico e às aividades do Vida de Clara Luz. Agora, espero, por meio deste livro, transmitir de coração para coração minhas experiências com o Dharma, acumuladas em todos estes anos.

I
Sem emoção, nada avança

As emoções, com seus altos e baixos, dão cor à vida.
David Fontana

A palavra emoção vem do latim *emovere*, que significa abalar, sacudir, deslocar. Esta, por sua vez, deriva de *movi*, que significa literalmente: pôr em movimento, mover. Logo, emoção, antes de mais nada, significa *movimento*. Ou, ainda, *energia em movimento*. Portanto, não devemos perder de vista o fato de que sem emoção, nada avança.

Na psicologia ocidental, o termo "emoção" ainda está em discussão. "Enquanto na linguagem cotidiana os conceitos são compreensíveis, na linguagem da ciência reina confusão."[1]

Uma vez que não existe em tibetano um termo específico para traduzir a palavra "emoção", podemos encontrar atualmente livros em que Sua Santidade Dalai Lama debate com psicólogos ocidentais a utilização da palavra. Há interessantes discussões sobre o assunto nos livros *Emoções que Curam* e *Como Lidar com Emoções Destrutivas*, organizados por Daniel Goleman. Neste último, cientistas e psicólogos chegam a uma definição funcional: a emoção é um estado mental que tem um forte componente sensível. Mas o Dalai Lama esclarece: "O fato de existir um termo específico para definir emoção no pensamento ocidental não implica que se deu ênfase especial ao entendimento da natureza da emoção. Talvez inicialmente a motivação para

---
1. Editado pelo Prof. Dr. Friedrich Dorsch, *Dicionário de Psicologia*, Ed. Vozes, p. 297.

33

rotular algo como emoção tenha sido valorizar a razão, identificando algo que não é racional".[2]

O monge budista Mathieu Ricard, intérprete do Dalai Lama, esclarece ainda em outro trecho do mesmo livro: "A palavra inglesa *emotion* provém da raiz latina *emovere* – algo que põe a mente em movimento, tanto para atividades prejudiciais, quanto neutras ou positivas. No Budismo, por outro lado, chamaríamos de emoção algo que condiciona a mente e a faz adotar certa perspectiva ou visão das coisas".[3]

Quando encontrei o Budismo, uma de minhas primeiras perguntas ao Lama Gangchen Rinpoche foi a respeito das emoções. Em minha visão errônea, os budistas eram pessoas que haviam subjugado todos os seus conflitos, e por isso viviam continuamente em estado de equilíbrio, o que, para mim, os tornava inabaláveis, mas também, de certo modo, insensíveis. Se eu praticasse o Budismo, tornar-me-ia uma pessoa sob total "autocontrole", fria e sem emoções? As emoções impediriam meu desenvolvimento espiritual? Se assim fosse, achava que seria totalmente impossível seguir esse caminho, pois reconheço que sou uma pessoa altamente emocional e vulnerável às influências externas do tempo, das pessoas, do ambiente e principalmente dos sons. Por outro lado, sempre soube que é justamente a minha sensibilidade que torna possível meu desenvolvimento espiritual. Lama Gangchen Rinpoche gentilmente me respondeu: "Não há nada de errado em ser emocional. Por meio do Budismo, você vai aprender a seguir as emoções positivas e deixar as negativas".

As emoções positivas nos dão uma perspectiva mais ampla das situações, isto é, nos dão clareza e confiança em nossos propósitos: onde estamos e para onde queremos ir. Elas nos trazem a sensação de felicidade, pois o sentido da vida torna-se energeticamente presente. As emoções negativas nos deixam descrentes e confusos quanto a nossas metas. Quando perdemos o significado da vida, sentimos uma profunda tristeza.

Como a fé e a compaixão, as emoções positivas são virtudes mentais: energia positiva acumulada. Elas nos revitalizam, despertam determinação e interesse em obter novos conhecimentos e renovar nossas atitudes: uma vontade sincera de mudar para melhor.

Uma vez que as emoções positivas nos tornam disponíveis para o novo, tornamo-nos flexíveis e abertos. Interessados em aprender, sentimo-nos vivos, despertos. Portanto, as emoções positivas são reparadoras. Elas provocam bem-estar e nos ajudam a superar as emoções negativas que, por sua vez, consomem nossa energia vital, deixando-nos exaustos e depressivos.

---

2. Daniel Goleman, *Como Lidar com Emoções Destrutivas*, Ed. Campus, p. 167.
3. Idem, p. 89.

"Essencialmente, a emoção destrutiva – que é também chamada de fator mental 'obscurecedor' ou 'aflitivo' – é algo que impede a mente de comprovar a realidade como ela é. Na emoção destrutiva, sempre haverá uma lacuna entre o que parece e o que é."[4] Pois quando nossas opiniões estão contaminadas por uma emoção negativa, temos uma imagem distorcida das coisas e das pessoas, e ficamos impedidos de equilibrar suas qualidades positivas e negativas.

Quando somos movidos pelo apego excessivo, pela aversão ou pelo ressentimento, por exemplo, ficamos rígidos. Amarrados às nossas ideias fixas, tornamo-nos intolerantes e sem perspectiva. Não estamos, portanto, disponíveis às mudanças: presos a nossos hábitos negativos, perdemos a habilidade de nos movermos em direção a novas possibilidades.

As emoções negativas inflam o ego e criam exageros que acabam por desencadear separações, ciúmes, inveja, baixa autoestima e doenças físicas.

As emoções positivas geram estados mentais construtivos como o amor-próprio, a boa autoestima, sentimentos de integridade, de solidariedade, de generosidade e compaixão, e por isso nos tornam empáticos *com sabedoria*: somos capazes de perceber a nós mesmos e aos outros ao mesmo tempo e, assim, agir de acordo com as necessidades reais da situação.

A prática da filosofia budista nos ajuda a desenvolver a inteligência emocional: a "capacidade de criar motivações para si próprio e de persistir num objetivo apesar dos percalços; de controlar impulsos e saber aguardar pela satisfação de seus desejos; de se manter em bom estado de espírito e de impedir que a ansiedade interfira na capacidade de raciocinar; ser empático e autoconfiante".[5]

O Budismo nos ajuda a desenvolver a autoconsciência, isto é, a capacidade de identificar um sentimento quando ele surge e a habilidade de discernir as emoções construtivas das destrutivas.

A anatomia das emoções segundo a Psicologia Budista

Segundo o Budismo Tibetano, a natureza da mente sutil do ser humano é potencialmente pura como a energia de um puro cristal. No entanto, está contaminada por três grandes venenos mentais: o apego, a raiva e a ignorância. Estes, por sua vez, são resultantes de um grande veneno mental: o fato de pensarmos que as coisas existem por si sós e que são permanentes.

---

4. Mathieu Ricard em Daniel Goleman, *Como Lidar com Emoções Destrutivas*, Ed. Campus, p. 90.
5. Daniel Goleman, *Inteligência Emocional*, Ed. Objetiva, p. 46.

Nada existe por si só, tudo está interligado. Apesar do seu aspecto permanente, tudo está em constante transformação. Podemos compreender estas verdades racionalmente, mas agimos instintivamente como se as coisas e as pessoas existissem em si e por si próprias, a partir delas mesmas. Nossa percepção da realidade está distorcida. Da mesma forma, sabemos que vamos morrer um dia, mas vivemos como se fôssemos imortais.

Podemos até perceber nossa ignorância, mas enquanto a base de nosso ambiente interno for o medo e a dúvida, continuaremos presos a nossos hábitos mentais distorcidos. Enquanto pensarmos que somos pessoas carentes e inadequadas, não seremos capazes de reconhecer nossa base interna positiva!

A anatomia das emoções conforme a Psicologia Budista é descrita no *Abhidharma* (que na língua pali dos tempos de Buddha significa "a doutrina final"), o texto original da epistemologia do Budismo, onde são elaboradas as investigações originais de Buddha sobre a natureza humana.[6]

Segundo o *Abhidharma,* todos os seres são compostos de fatores mentais ou *Nama*, e fatores materiais ou *Rupa*. O indivíduo é um *Nama-rupa. Nama* denota tanto a consciência como os estados mentais. Assim, o *Abhidharma* enumera 51 tipos de estados mentais.[7]

Ainda de acordo com o *Abhidharma*, existem 89 tipos de consciência. Destas, 80 são características do ser comum, e as nove restantes são próprias daqueles que atingiram um desenvolvimento espiritual superior.

A Psicologia Budista descreve nos *sankharas*, ou estados mentais generalizados, Seis Emoções Básicas (Seis Venenos-Raiz ou Aflições Mentais); Vinte Emoções Secundárias; Onze Fatores Mentais Virtuosos; Quatro Fatores Mentais que podem ou não ser virtuosos.

As **Seis Emoções Básicas** são (em itálico, os termos em tibetano):

1. Apego, isto é, desejo ou ansiedade por possuir – *Dö.Tchag*
2. Raiva, hostilidade, ódio – *Kong.tro*
3. Ignorância, ilusão – *Ma.rig.pa*
4. Orgulho, arrogância – *Nga.guiel*
5. Dúvida ou suspeita – *Te.tsom*
6. Visões falsas ou errôneas – *Ta.wa.nyon.mon.tchen*

Destas, as três primeiras são as mais graves, por isso, são chamadas de *Os Três Venenos Mentais.*

---

6. Ver Daniel Goleman, *A Mente Meditativa*, Ed. Ática, p. 132.
7. Ver Apêndice, seção referente ao Capítulo I.

As **Vinte Emoções Secundárias**, derivadas de algumas Emoções Básicas, conhecidas também como *Os Vinte Fatores Afins da Instabilidade,* são:

Raiva
1. Irritação, agressividade ou indignação – *Tro.wa*
2. Ressentimento ou rancor – *Kön.dzin*
3. Hipocrisia ou dissimulação – *Tchab.pa*
4. Malevolência ou animosidade – *Tseg.pa*
5. Inveja ou ciúmes – *Trag.dog*
6. Crueldade ou malícia – *Nam.Tse*

Apego
7. Avareza – *Ser.na*
8. Excitação mental – *Go.pa*
9. Arrogância ou presunção – *Guia.pa*

Ignorância
10. Desatenção – *She.Shin Min.pa*
11. Melancolia ou Mente Pesada – *Mug.pa*
12. Falta de confiança ou Incredulidade – *Ma.te.pa*
13. Preguiça – *Lê.lo*
14. Falta de atenção introspectiva ou esquecimento – *Dje.nhe*

Ignorância + apego
15. Falsidade ou pretensão – *Guiu*
16. Desonestidade – *Yo*

Ignorância + apego + raiva
17. Impudência ou ausência de vergonha – *NgoTsa Med.pa*
18. Falta do senso de propriedade ou desconsideração – *Trel.Me.pa*
19. Desinteresse – *Bag.me*
20. Distração – *Nam.yen*

Os **Onze Fatores Mentais Virtuosos** são:
1. Fé – *De.pa*
2. Sentido do que é correto – *Ngo.Tsa.she.pa*
3. Consideração pelos outros – *Trel.yo.pa*
4. Desapego – *Ma.tchag.pa*
5. Não raiva ou imperturbabilidade – *She.dang.me.pa*
6. Não confusão – *Ti.mug.me.pa*
7. Perseverança entusiástica – *Tson.dru*
8. Flexibilidade – *Shintu.djang*

9. Retidão mental – *Bag.yo*
10. Não violência – *Nam.par.mi.tse.ba*
11. Equanimidade – *Tang.nhön*

Os **Quatro Fatores Mentais** que podem ou não ser virtuosos são:
1. Dormir – *nhi*
2. Arrependimento – *Guio.pa*
3. Investigação geral – *Tog.pa*
4. Análise – *Tcho.pa*

O *Abhidharma* distingue entre os fatores mentais que são puros, saudáveis e os que são impuros e prejudiciais. O critério usado para fazer essa distinção foi a observação dos fatores mentais que contribuem para a meditação e para o desenvolvimento espiritual.

As emoções positivas encontram-se, na maioria das vezes, encobertas por emoções negativas. A psique humana é formada por camadas mentais: experiências que se sobrepõem e se sustentam umas às outras. Por esta razão, o desenvolvimento espiritual é comparado ao ato de descascar uma cebola: cada camada retirada expõe as qualidades da camada que está abaixo, até desvendar seu núcleo, que é verdadeiramente puro e positivo. Portanto, o Budismo nos inspira a entender que no exato momento em que sentimos raiva, temos também a não raiva como uma realidade emocional subjacente a ela.

Ou seja, nossas emoções negativas não podem contaminar nossa natureza essencial – o núcleo de nossa mente –, mas podem encobri-la. Se elas fossem inerentes à mente, não haveria sentido em nosso trabalho de removê-las! Para nos desenvolvermos interiormente, é essencial perceber que é possível nos libertarmos delas.

Chögyam Trungpa, um renomado mestre do Budismo Tibetano, define o núcleo central e saudável de nossa mente como a *bondade fundamental* dos seres humanos. Assim, diz ele: "O primeiro passo para perceber a bondade fundamental é valorizar o que temos. Em seguida, porém, deveríamos ver mais longe e examinar o que somos, quem somos, onde estamos, quando somos e como somos enquanto seres humanos, para então sermos capazes de tomar posse da nossa bondade fundamental. Não se trata de uma 'posse', mas de todo modo nós a merecermos".[8]

A mente pura como cristal está sempre presente; no entanto, depende de

---

8. Chögyam Trungpa, *Shambhala*, Ed. Cultrix, p. 47.

nosso ambiente interior para se manifestar. Isto é, necessita de constante abertura, confiança e coragem para olhar o que quer que surja em nossa vida com compaixão e entendimento.

Chögyam Trungpa esclarece ainda: "A bondade fundamental está estreitamente vinculada à ideia de Bodhichitta na tradição budista. *Bodhi* significa 'desperto' ou 'alerta' e *chitta* quer dizer 'coração'; *Bodhichitta*, portanto, é o 'coração desperto'. O coração desperto provém de estarmos dispostos a enfrentar nosso estado anímico. Essa exigência pode parecer excessiva, mas é necessária. Cada um de nós deve examinar-se, perguntando quantas vezes tentou um contato pleno e verdadeiro com seu coração".[9]

No caminho do autoconhecimento, temos que ficar atentos às desculpas que usamos para não buscar nossa evolução. Não podemos nos acomodar nem confundir *estabilidade* com estagnação ou *segurança* com resistência à mudança.

As emoções destrutivas nos deixam inquietos e inseguros. Se, por exemplo, estamos preocupados em buscar formas de garantir a continuidade de um prazer, perdemos a espontaneidade e deixamos de apreciar o momento presente. O problema é que estamos tão habituados a nosso ambiente interno de tensão e expectativa que sequer nos damos conta de que estamos sofrendo.

As emoções positivas, ao contrário, são sempre realistas e construtivas. Com elas, nos aquietamos e sentimos disponibilidade para nos abrirmos para os outros.

Jeremy Hayward, discípulo de Chögyam Trungpa, escreve em *O Mundo Sagrado*: "Nossa bondade fundamental repousa na capacidade de vivermos de uma maneira plena, apaixonada, vívida e ativa; na capacidade de estarmos totalmente conscientes de nossa vida e de vivê-la irrestritamente, não importa as reviravoltas que possa dar; e na capacidade de cuidar tanto dos outros quanto de nós mesmos"[10]

Portanto, o ponto de partida é aceitar que podemos transformar nossa mente inquieta em uma mente de abertura e confiança: voltar "para casa", como dizem os mestres budistas.

---
9. Idem.
10. Jeremy Hayward, *O Mundo Sagrado*, Ed. Rocco, p. 29.

II
Sobre a vergonha de si mesmo

Só a gente, que tá com a gente 24 horas por dia, sabe o que a gente passa.
Fernanda Lenz Cesar Calmanowitz, aos 8 anos

Em setembro de 2003, tive um sonho que me fez pensar muito sobre o sentimento da vergonha. Primeiro achei que não teria coragem de contar esse sonho. Então, ao contá-lo para Ely Inoue, uma amiga psicóloga, ela me disse: "Esse sonho é do inconsciente coletivo, não pertence só a você. Você deve compartilhá-lo com outras pessoas".

Sonhei que havia sido condenada à morte e que passaria por sacrifícios em diversos "quadrantes" (salas) antes de morrer. Eu *sabia* que estava sendo testemunhada por um grupo de pessoas, apesar de não poder vê-las, e, que atrás de mim, estava um carrasco me conduzindo a cada sacrifício. Lembro-me que ele me conduziu ao canto superior direito do quadrante, onde, nua, deveria defecar e me sentar sobre minhas próprias fezes. Tomada por uma forte sensação de vergonha, senti o calor permear todo meu corpo. Mas ao mesmo tempo, sustentada pela consciência de que se eu aceitasse totalmente aquela situação ela acabaria, suportei a humilhação. Em seguida, o carrasco me levou ao próximo quadrante, onde deveria me sentar sobre as fezes de uma outra pessoa. Neste momento tenho um *insight* e escuto uma voz me dizendo: "Você ainda pode se limpar antes de sentar sobre as fezes dos outros". Então, começo a escrever esta frase numa carta para ser lida após a minha morte. E ao final dela escrevo: "Agradeço àqueles que me testemunharam com compaixão". Percebo que posso me sentar sobre as fezes, e não ser contaminada por elas. Penso: "Se eu estiver limpa, não fará diferença nenhuma a sujeira delas". Depois, andando num corredor, sou morta por uma pancada por trás da minha cabeça.

No sonho, não havia como me esconder. O canto superior à direita é, aliás, o ponto de maior exposição de um quadrado. Quando a vergonha surge, queremos nos esconder... mas o que este sonho nos lembra é que somente ao encará-la ela poderá desaparecer!

A partir de então, a consciência da mensagem deste sonho tem me ajudado a manter a clareza de não ser "contaminada" pela negatividade de outras pessoas, quando, de alguma forma, elas estão tentando me manipular para que eu assuma erros que *elas* mesmas criaram. Anteriormente, ao ser acusada de falhas que não eram causadas por mim, me sentia impotente, incapaz de esclarecer minha posição. Injustiçada, sentia raiva daqueles que acusavam quase por hábito.

Certa vez, cheguei a perguntar para Lama Gangchen por que eu era tão facilmente levada a cumprir este papel de *bode expiatório*. E ele me respondeu: "Você se move muito, então as pessoas te veem mais que os outros... quem mais aparece é um alvo sempre mais fácil para ser atacado". Após este sonho, percebi que cabia a mim manter a clareza de como eu me deixava cair nas armadilhas destas situações adversas.

Afinal, *quem* sente a vergonha?

No Oriente, de acordo com a Psicologia do Budismo Tibetano, a vergonha é "o sentido do que é correto": um dos *Onze Fatores Mentais Virtuosos*. Portanto, ela é um estado mental *naturalmente* virtuoso. Segundo Geshe Kelsang Gyatso, o "senso de vergonha é o fator mental cuja função é evitar ações impróprias por motivos que interessam a nós mesmos".[1] Neste sentido, é o senso de vergonha que nos impede de cometer ações negativas, pois ele desperta a habilidade de monitorar nossa mente. A vergonha, portanto, é uma virtude que desperta a autoconsciência para reconhecermos o que é inadequado no caminho da evolução interior.

No Ocidente, no entanto, a *vergonha*, em geral, ao invés de despertar, bloqueia a autopercepção, pois é vivida como um sentimento opressor, permeada pela sensação de *culpa*, e de uma iminente punição. No entanto, a necessidade de superar a desagradável sensação de não estarmos à vontade conosco mesmos pode nos levar a buscar o autoconhecimento.

Quando nos encontramos em situações ruins, sabemos que não fomos dig-

---

1. Geshe Kelsang Gyatso, *Entender a Mente*, Ed. Tharpa Brasil, p. 158.

nos para conosco, e por isso sentimos vergonha: medo de nos expor, vontade de nos esconder. Sensação de termos "saído do eixo"... Mas *quem* sai do eixo? Quem é esse Eu que, de repente, nos abandona? E mais, se é tão desagradável, por que fazemos isso com a gente?

Para responder a essas perguntas, vamos refletir sobre a noção de Eu segundo a Psicologia do Budismo Tibetano.

A noção do Eu segundo a Psicologia Budista

Sempre que Lama Gangchen Rinpoche quer contar as coisas positivas que ele próprio tenha feito, refere-se ao seu "irmão". Em vez de dizer "Eu fiz isso e aquilo", Ele diz "Meu irmão fez isso e aquilo". Inicialmente estranhamos, não entendemos bem que irmão é esse... Quando perguntamos sobre ele, Rinpoche diz: "Ah! Meu irmão, ele foi para o Tibete reconstruir seu monastério". Então, aos poucos, passamos a compreender que o "irmão" é Ele mesmo.

Se qualquer um de nós começasse a fazer referência a um irmão "que não existe" ou a atribuir a ele atitudes e méritos que nos são "próprios", seríamos chamados de esquizofrênicos. Diriam que temos dupla personalidade, ou, ainda, que não queremos assumir nossos atos. No entanto, quando Lama Gangchen faz isso, o faz de modo tão verdadeiro, tão legítimo, tão procedente e incontestável, que acabamos por aceitar a aparente incongruência do fato. E mais, passamos a compreender o importante e profundo sentido desta atitude. Agindo assim, Rinpoche nos ensina a inexistência de um Eu sólido, distinto e independente. Ele nos mostra que a ideia de um Eu é falsa enquanto pensarmos ser independentes e separados de tudo e todos. Nosso grande aprendizado está em reconhecer que apenas existimos como resultado de uma soma de fatores que se relacionam interdependentemente!

Isso aponta para uma questão crucial: é justamente a sensação de consistência, ou de concretude egoica – essas marcas que nos distinguiriam dos demais –, que o Budismo considera como causa-raiz de todo nosso sofrimento.

Referindo-se ao seu irmão, Rinpoche nos faz refletir sobre o que está em jogo na constituição de um Eu definido, delimitado, ao qual se pode atribuir determinadas atitudes ou características. Nos faz, portanto, questionar a necessidade de consistência do Eu e nos inspira a ampliar a visão sobre quem verdadeiramente somos. Segundo o Budismo Tibetano, quando nos damos conta da falsidade da sensação de haver um Eu sólido e concreto, sentimos bem-aventurança, a felicidade inabalável.

Todavia, "a falta de um 'Eu' permanente, distinto, não implica sua total inexistência, que seria o niilismo, outro ponto de vista extremo e dogmático, igualmente errado. Há assim um 'Eu' convencional, que todos possuímos, e que existe no nível relativo da realidade, enquanto no nível absoluto e último da realidade ele não existe", esclarece Radmila Moacanin em *A Psicologia de Jung e o Budismo Tibetano.*[2] Desta forma, a percepção do aspecto ilusório de um Eu separado e distinto não exclui a responsabilidade por nossa individualidade.

O objetivo da Psicologia Budista não é anular o Ego enquanto função organizadora, mas sim apontar a possibilidade de superar a força centralizadora que ele gera. Do contrário, bastaria nos autoanularmos! Nem mesmo a falsa modéstia jamais trouxe felicidade.

As clássicas funções do Ego – autocontrole e adaptação – são valorizadas na Psicologia Budista, pois geram a base da atenção e da discriminação, tão necessárias para a formação de uma mente sadia.

O psicólogo budista John Welwood explica: "A meta básica da prática espiritual é nos libertar do apego a uma estrutura egoica estreita e condicionada, de forma a perceber que somos muito mais do que isso. Entretanto, para podermos obter o fruto de tal prática, precisamos primeiro ter uma estrutura de ego passível de ser trabalhada. Isso significa estar integralmente presentes em nossa forma terrena. [...] Enquanto a psicologia ocidental define o ego basicamente como uma *estrutura*, construída a partir de autorrepresentações e outras impressões de si mesmo, a Psicologia Budista, ao contrário, considera o ego uma *atividade* – uma tendência recorrente a fazer de si mesmo algo sólido e definido, apegando-se a qualquer coisa que mantenha esta identidade e rejeitando tudo o que a ameace".[3]

Solidão, orgulho e vergonha

Em geral, temos vergonha de nos expor, pois a sociedade nos ensina que falar de nós mesmos é, no mínimo, um sinal de falta de bons modos. Instintivamente sabemos que nos destacar dos demais não deve significar uma atitude de separação e que deve ser apenas o indício de uma percepção mais apurada de nossas próprias qualidades. Assim como explica a mensagem 51 do *Oráculo Lung Ten*:[4] "É bom falar das coisas boas que fazemos. Isso só será negativo se, quando estivermos falando, nosso coração começar a doer, um sinal de orgulho, arrogância ou superioridade, sentimentos que afastam as pessoas de nós".

A dor no coração é sintoma de uma dor muito antiga, que carregamos des-

---

2.   Radmila Moacanin, *A Psicologia de Jung e o Budismo Tibetano*, Ed. Cultrix/Pensamento, p. 28.
3.   John Welwood, *Em Busca de uma Psicologia do Despertar*, Ed. Rocco, p. 33 e 60.
4.   Compilado por Bel Cesar, Ed. Gaia, p. 51.

de nossa origem em *um início sem princípio*: a ideia de que somos separados uns dos outros.

Segundo o Budismo Tibetano, esse é o nosso pecado original. Nossa mente já está tão habituada a raciocinar a partir da ideia de que somos seres independentes, que sofre sem saber por quê. Sofremos pelo hábito de sofrer!

Todos os nossos problemas surgem do hábito, tão arraigado em nós, de pensar que somos separados uns dos outros. Isso traz a sensação de "não--pertencimento" que induz ao sentimento de abandono. Tendemos a reagir a esse sentimento por meio do ressentimento ou do ódio, ou tentamos nos proteger dele por meio de um apego excessivo, criando defesas, rodeados pelo medo da separação, isto é, da solidão.

Cláudio Cipullo, um discípulo do Lama Gangchen, exemplifica muito bem esta questão quando diz: "Às vezes, temos a síndrome da gota solitária no oceano. Nos sentimos sós, como se fôssemos os únicos a carregar o oceano inteiro nas costas".

Nas profundezas do sentimento de solidão, há um sentimento latente de vergonha de si mesmo. Como, intuitivamente, sabemos que não estamos verdadeiramente sós, sentimos vergonha de nossa solidão, pois ela revela nossa ignorância. A vergonha aqui nos ajuda a reconhecer que alimentar um sentimento de abandono é inapropriado.

Quanto mais nos identificarmos com a ideia de que somos sós, isto é, separados uns dos outros, mais alimentaremos ressentimento e raiva por aqueles de quem sentimos necessidade de nos aproximar. Assim, surgirá um destrutivo círculo vicioso: sentiremos necessidade de estar perto daqueles de quem sentimos raiva por terem nos abandonado. Então, tentaremos agir como se fôssemos afetivamente autossuficientes, e acabaremos por nos tornar arrogantes.

O coração dói sempre que o ego se manifesta com muita força. Ou seja, quando ele fica "inflado", toma conta do nosso ser. Desse modo, ele se apresenta em sua potência de separação. Pois, nesses momentos, somos dominados por sentimentos que nos afastam dos outros, como o orgulho ou a sensação de superioridade. Segundo a Psicologia Budista, existem seis formas de orgulho:[5]

Orgulho inferior: quando nos comparamos com outras pessoas que consideramos inferiores a nós e assim nos sentimos superiores.

Orgulho superior: quando nos comparamos com outras pessoas que estão no mesmo nível que nós, mas, na realidade, nos consideramos superiores a elas.

---

5. Ver Gueshe Lobsang Tsultrim, *Vida y Enseñanzas de un Lama Tibetano*, Ediciones Dharma, Espanha, p. 73.

Orgulho extremo: quando nos comparamos com outras pessoas que, de fato, são superiores a nós e continuamos a nos considerar superiores a elas.

Orgulho egoísta: quando consideramos de modo presunçoso que uma parte de nosso corpo é autoexistente por ser perfeita.

Orgulho autoafetado: quando temos uma humildade falsa. Por exemplo, quando diante de pessoas que possuem um conhecimento muito maior que o nosso nos declaramos humildes e insignificantes por saber apenas um terço do que eles sabem.

Orgulho distorcido: sentir orgulho por seguir algo que, na realidade, não é correto ou sua base não é real.

Nesse sentido, atribuir única e exclusivamente a si todos os méritos ou todos os deméritos faz parte do mesmo mecanismo.

A sensação de estar "fora do eixo", que surge quando sentimos vergonha, se deve ao fato de, nesses momentos, perdermos a referência ao eixo que nos une a todos. Ao contrário do que se costuma pensar, sentimo-nos desconfortáveis, não porque perdemos o suposto eixo individual, mas sim porque estamos excessivamente presos, agarrados a ele. Ficamos aprisionados a uma referência egoica que exerce um poder tirânico sobre nós: ela quer que sejamos perfeitos!

Desta forma, a vergonha de si e o orgulho de si, conceitualmente, se equivalem, pois ambos surgem de uma imagem exagerada, portanto, distorcida de si mesmo. A solidão surge como consequência, baseada no hábito de sofrer em busca de uma perfeição.

Estamos presos em nosso próprio circuito interno?

No livro *Os Lugares que nos Assustam*, Pema Chödrön faz uma analogia sobre como o ego funciona usando o exemplo dos pais de uma amiga sua que, por morarem em uma área onde há muita violência, vivem em um condomínio fechado por muros, vigiados por cães de guarda e isolado por portões elétricos. Esperam com isso estar protegidos. No entanto, esses mecanismos de proteção terminaram por gerar uma sensação de insegurança cada vez maior. "Ultimamente, eles se tornaram paranoicos até mesmo a respeito daquelas pessoas que têm permissão para atravessar os portões. [...] Por seu isolamento, eles estão se tornando incapazes de lidar com um mundo imprevisível." E acrescenta, "como disse Albert Einstein, a tragédia de nos sentirmos separados do resto do mundo é que essa ilusão se transforma em uma prisão".[6]

---

6. Pema Chödrön, *Os Lugares que nos Assustam*, Ed. Sextante, p. 20 e 21.

Diante do sentimento de vergonha, estamos às voltas com algo que queremos encobrir, silenciar, guardar só para nós. É um sentimento que nos isola e tranca em nós mesmos. Nesses momentos, estamos ativando um programa de circuito interno. Funcionamos como esses sistemas internos de TV instalados em condomínios ou casas; as imagens são sempre as mesmas, vão se sucedendo e passando continuamente pelos mesmos lugares.

Ficamos revendo e repassando imagens privadas, gravadas no nosso circuito interno e que não podem ser divulgadas. Imagens ou informações que não queremos que caiam no domínio público, que não queremos veicular. Na vergonha, não estamos em "Rede Nacional", sequer estamos em rede! Nos tornamos seres apartados, acanhados e aflitos. Somos domesticados, condicionados e adestrados pela necessidade de esconder uma suposta indignidade.

Em nosso interior são gerados sentimentos ruins que ficam fechados em nós. Abrir-se para o outro é um antídoto para romper os vícios deste circuito repetitivo.

Quanto menos abertos estamos para o mundo, menos interesse temos em trocar e interagir e mais rígidos e inflexíveis nos tornamos. E quanto menos flexibilidade nós temos, mais vergonha nós sentimos.

Quanto mais nos distanciamos do mundo e das pessoas, mais potente nosso Ego se torna. E todo problema deriva desse reforço egoico.

Na vergonha há uma intransigência, quase uma arrogância, por mais estranho que isso possa parecer. Ela é o sentimento de não aceitação. E mais, trata-se de não aceitar a própria não aceitação. E, ainda, não aceitar a possibilidade de não ser aceito.

O medo de não sermos aceitos pelos outros que, muitas vezes, está na origem do sentimento de vergonha, na verdade, é um reflexo de algo muito mais fundamental que é o fato de nós mesmos não nos aceitarmos. A vergonha é sintoma da não aceitação de uma autoimagem.

Freud em *O Ego e o Superego (Ideal do Ego)*[7] fala da "existência de uma gradação no ego, uma diferenciação dentro dele, que pode ser chamada de 'ideal do ego' ou 'superego'".[8] E diz que na origem do ideal do ego jazem ocultas nossas identificações.

É através da formação do ideal do ego que aquilo que trazemos como marcas em nós é assumido pelo ego como seu. Assim é que, como nos diz Freud, no mesmo texto: "Quando éramos criancinhas, conhecemos naturezas

---

7. Sigmund Freud, *O Ego e o Id*, parte III "O Ego e o Superego (Ideal do Ego)", Obras Psicológicas Completas, Edição *standard* Brasileira, v. XIX, Ed. Imago.
8. Idem, p. 42.

mais elevadas, admiramo-las e tememo-las, e, posteriormente, colocamo-las em nós mesmos".[9]

O ideal do ego ou superego, no entanto, se confronta com os outros conteúdos do ego. Ele não é simplesmente o resíduo das nossas identificações, mas também representa uma formação reativa enérgica contra elas.

A relação do ideal do ego com o ego, segundo Freud, "não se exaure com o preceito: 'Você *deveria ser* assim (como o seu pai)'. Ela também compreende a proibição: 'Você *não pode ser* assim (como o seu pai), isto é, você não pode fazer tudo o que ele faz; certas coisas são prerrogativas dele'".[10] Ou seja, o ideal do ego traz consigo uma proibição, uma interdição. Ele é, ao mesmo tempo, o autojulgamento que declara que o ego não alcança o seu ideal.

E é justamente essa tensão entre as exigências da consciência (que exerce censura moral) e os atos concretos do ego que é experimentada como sentimento de culpa.

Segundo Freud, portanto, o sentimento de culpa (bem como o de inferioridade) pode ser entendido como uma expressão da tensão entre o ego e o ideal do ego.[11]

Culpa: uma consciência reparadora

Na Psicologia Budista a palavra *culpa* surge como *remorso*, ou seja, ela já carrega consigo seu antídoto: uma consciência reparadora.

A culpa, assim como a vergonha, pede por uma reparação. Ficamos com aquilo na cabeça e não sossegamos enquanto não fizermos algo que nos alivie. E o alívio só vem através da possibilidade de reparar o que fizemos.

"Há uma grande diferença entre sentir-se arrependido e envergonhado pelos atos passados e remoê-los constantemente, a ponto de ficar amargo e até perder o gosto pela vida. A primeira atitude é dinâmica, a segunda é estéril."[12]

Enquanto não reconhecermos nossos limites, estaremos tentando nos enganar. A vergonha é uma tentativa de não olhar para nossas fragilidades porque nos sentimos incapazes de lidar com elas.

É interessante pensar que na raiz da palavra reparação encontra-se a ideia de *reparar*: Ou seja, perceber, notar, observar. Portanto, a reparação de uma

---

9. Idem, p. 51.
10. Idem, p. 49.
11. Sigmund Freud, *O Ego e o Id*, parte V "As relações dependentes do ego", Obras Psicológicas Completas, Edição *standard* Brasileira, v. XIX, Ed. Imago, p. 67.
12. Tsering Paldrön, *A Arte da Vida*, Ed. Ground, p. 63.

vergonha envolve a necessidade de reconhecer um limite, bem como de fazer alguma coisa sobre aquilo.

Porém, esse reconhecimento deve significar uma verdadeira aceitação. Ele deve representar um profundo sentimento de compaixão para consigo mesmo. Esse é o único antídoto para a vergonha. Na compaixão, eu tenho a possibilidade de *me* abraçar, *me* acolher, *me* fazer companhia. Eu não preciso me esconder de mim mesmo. Não preciso ficar na referência dessa censura introjetada que me acusa de ter cometido um erro irreparável. Só assim poderei também não me esconder dos outros, não me isolar ou me fechar.

Quando estamos "conectados" com o sentimento de vergonha, acionamos a separação radical – estamos separados de nós mesmos, e dos outros. Ou seja, por um lado, estamos cindidos entre as possibilidades concretas que nosso Eu Real oferece e as exigências de um Ideal do Eu que sempre apontam para um Eu Ideal, portanto, impossível de se concretizar. Por outro, nos sentimos separados das outras pessoas projetando nelas a censura ou as críticas que já fazemos em nós mesmos.

A vergonha vem de uma perda de admiração por nós mesmos que nos impede de aprofundar o contato com nosso potencial de Autocura.

Todos nós carregamos uma esperança de autogratificação por meio da autoadmiração. Quem esperamos *ser* para, então, *sermos felizes*?

O que reforça nosso sentimento interno de potência e autorrealização?

Será a capacidade de nos autoadmirar que irá nos ajudar a encontrar inpiração e força para seguir adiante em nossas realizações. Por isso, é importante, continuamente, nutrirmos admiração por nossas próprias capacidades.

III
O Eu e seus agregados

*Um termo tibetano muitas vezes traduzido como Ego,
significa literalmente "apego ao eu" (dak-dzin),
ou "agarrando-me ao eu que imagino ser".*

John Welwood

Segundo a Psicologia Budista, a existência de nosso Eu convencional está sustentada por cinco agregados, isto é, por cinco fatores que formam o processo cognitivo: um físico (a forma) e quatro mentais (sensação, discriminação, fatores composicionais e consciência). O ser humano é uma entidade dinâmica resultante da inter-relação entre estes fatores.

Geshe Kelsang Gyatso esclarece, em seu livro *Entender a Mente*: "O Eu é apenas um rótulo imputado na dependência dos cinco agregados. O conjunto, ou coleção, dos cinco agregados é a base para imputarmos o eu, mas não é o eu em si. Se nos satisfizermos com esse eu – um mero termo, ou rótulo, imputado aos agregados –, conseguiremos estabelecer um eu que existe e funciona, ou seja, o eu convencionalmente existente. Contudo, se procurarmos um eu real, que exista 'atrás' do rótulo, nada encontraremos".[1]

O **agregado da forma** é composto pelos órgãos sensoriais do corpo físico que servem de base para os agregados mentais. Vemos, ouvimos, cheiramos, degustamos e apalpamos.

Por meio do **agregado da sensação**, qualificamos mentalmente essa experiência sensorial como agradável, desagradável ou neutra.

A seguir, surge o **agregado da discriminação**, que inclui a memória.

---
1. Geshe Kelsang Gyatso, *Entender a Mente*, Ed. Tharpa Brasil, p. 224.

Distinguimos um objeto dos demais, e, ao identificá-lo, nasce o impulso de "quero", "não quero" ou "tanto faz" que amadurece em nossa mente. Portanto, com esse agregado, surgem o apego, a raiva e a indiferença.

Este impulso com relação ao objeto irá gerar uma ação (pegar, rejeitar ou manter-se indiferente). Esta ação é engendrada pelo **agregado dos fatores composicionais** – que são as impressões kármicas em nosso *contínuo mental* capazes de ativar o movimento em direção a um objeto. O contínuo mental é a nossa energia muito sutil que transmigra de uma vida para outra. E com ela, todas as marcas da intenção ou da motivação com que nos dirigimos para determinada ação.

Os fatores composicionais dizem respeito, então, ao propósito que faz nossa mente deslocar-se para um objeto e nele se fixar. Revelam, portanto, a intenção que planeja nossas ações, direcionando-as para determinada meta. Eles são os 51 Fatores Mentais descritos no Abhidharma.[2]

Este é um passo muito sutil da mente. Pois, se os fatores composicionais são as motivações que estão por trás de nossas ações, impulsionando-as, eles são a base de nossos hábitos – sejam eles positivos ou negativos. E é neste momento que as sementes kármicas são plantadas, deixando suas impressões em nosso contínuo mental e irão se manifestar quando surgirem condições externas semelhantes a elas.

Segundo a Psicologia Budista, são estas impressões, chamadas *marcas mentais*, que irão determinar o comportamento de uma pessoa. Por exemplo, "quando a semente da afinidade fica madura, nos sentimos atraídos por uma determinada pessoa ou situação".[3]

"Medo, tristeza, raiva e felicidade em nós trazem também a marca do individual e do coletivo. Nosso cérebro não é apenas individual. Nossa maneira de pensar, sentir e criar reflete a consciência coletiva. E nossa consciência coletiva reflete e também ajuda a manifestar o mundo que percebemos e no qual vivemos."[4]

No entanto, não devemos esquecer que nossos gostos e hábitos não são determinados apenas por fatores culturais. Estão baseados nas marcas mentais presentes no nosso contínuo mental e são amadurecidos pela experiência sensorial.

O processo começa no sensorial, e a apreciação que leva à escolha se dá de um modo tão rápido que é praticamente imperceptível. Quando chego a dizer "eu quero", aquilo já está comigo, eu já me apossei do objeto antes mesmo de perceber que o desejava.

---

2. Ver Apêndice, seção referente ao Capítulo I.
3. Thich Nhat Hanh, *Transformações na Consciência*, Ed. Pensamento, p. 70.
4. Idem, p. 65.

O reconhecimento ou a consciência do desejo só irá se dar no passo seguinte.

Chegamos, então, ao **agregado da consciência**, que funciona como uma espécie de carimbo que autentica o desejo, legitima a escolha.

Ele irá fixar a crença de nossas projeções, dar vida às nossas projeções reconhecendo-as como verdadeiras. É somente nesse momento que confirmamos algo como verdadeiro. É nessa etapa que damos consistência ao Eu, ou que fixamos todo o processo.

Gueshe Sherab, em seus ensinamentos, compara o agregado da consciência com o processo de envio de um fax. As informações estão todas lá, prontas para serem recebidas, mas para receber um fax é preciso que você dê o sinal e coloque o papel. E é esse documento impresso que confirma a operação.

Por isso, não devemos permitir que as informações ou percepções que não desejamos que se estabeleçam ou que se concretizem, sejam impressas em nossa consciência. Se quisermos "desprogramar" algo em nós, é preciso tirar o papel desse fax interno. Só assim impedimos que o padrão seja concluído e, desse modo, ele perde sua força de atuação.

Mas fazer isso não significa deixar de perceber, ou negar as informações, pois, nesse caso, estaríamos alienados por nossas censuras automáticas. Até porque, assim como quando recebemos um fax, ouvimos o telefone tocar, sabemos que as informações estão ali, apenas não vamos dar o sinal para que estas informações sejam transferidas para o nosso "aparelho", ou, no caso do sinal ser dado automaticamente, podemos ao menos impedir que elas sejam "impressas" em nós.

Agindo assim, "desburocratizamos" o Eu, ou seja, nós o livramos de toda aquela papelada que ele tende a acumular, documentos e comprovantes da sua identidade e consistência.

Nosso Eu é, portanto, o resultado de uma experiência que começa pela experiência sensorial e percorre experiências mentais subsequentes. Eu vejo (agregado da forma), gosto (agregado da sensação), quero (agregado da discriminação), ajo (agregado dos fatores composicionais) e confirmo minha ação como real, única e verdadeira (agregado da consciência).

Ocorre, no entanto, que as nossas percepções sensoriais são mediadas por experiências que são capazes de criar distorções no modo como apreendemos o mundo.

Como as emoções influenciam as percepções sensoriais

É interessante notar que existe uma parte do nosso cérebro chamada tálamo que é responsável pela seleção dos impulsos que têm "permissão" para tornarem-se conscientes, de acordo com o que está armazenado no nosso "banco de dados" de experiências agradáveis e desagradáveis.

A existência dessa "instância" cerebral (tálamo) indica, portanto, que grande parte de nossa percepção do mundo é baseada em experiências anteriores, previamente registradas.

Todas as informações que chegam à nossa mente estimuladas pela visão, pela audição, pelo tato e pelo paladar passam inicialmente pelo tálamo. Apenas as informações provenientes do olfato chegam diretamente ao sistema límbico, sem passar pelo crivo do tálamo.

Tudo o que apalpamos, vemos, escutamos e saboreamos, sofre uma espécie de censura que atua sobre a própria percepção. Isso então significa que, de fato, só olhamos o que "podemos" ver e só ouvimos o que "podemos" escutar.

Uma experiência desagradável pode estar vinculada a determinado estímulo sensorial comprometendo a percepção, ou seja, fazendo com que a pessoa negue, não queira enxergar, ou fuja daquele estímulo.

Nesse sentido, mesmo as experiências agradáveis operam distorções. Pois, se determinada imagem, som, gosto ou textura remete a uma experiência agradável, a tendência é que ela fique amarrada ou fundida àquela percepção. Assim, a pessoa fica "condicionada" a obter prazer sempre com aquilo. De maneira geral, não nos preocupamos com isso por serem percepções prazerosas. No entanto, é importante ter em mente que o mecanismo também é bastante restritivo.

Percebemos aquilo que estamos condicionados a perceber. E esperamos encontrar seja o prazer ou o desprazer sempre nos mesmos lugares. E é isso que restringe a nossa capacidade de percepção, nos impedindo de lidar com a multiplicidade do mundo, negando sua constante transformação.

O fato é que aquilo que percebemos através dos nossos sentidos é muito pregnante e tendemos a considerá-lo como inquestionável, apesar das evidências apontarem constantemente para a possibilidade de estarmos equivocados. Inúmeras vezes podemos jurar que algo sumiu e, quando vamos procurar, simplesmente aquilo estava lá o tempo todo. Ou ainda temos certeza de ter ouvido alguém dizer tal coisa que depois descobrimos que ele jamais disse.

Questionar a fidedignidade da experiência visual ou da percepção adquirida através do olhar, sem dúvida, causa muito estranhamento e desconforto. Estamos por demais acostumados a confiar "cegamente" no que vemos. "A verdade é que não enxergamos somente com os olhos. O sistema visual inclui grande parte do cérebro. De fato, a parte dominante do aparelho visual é o cérebro. A formação de uma imagem nítida na retina é apenas uma etapa do processo."[5] Portanto, talvez seja preciso rever todo e qualquer dado baseado unicamente na visão.

---

5. Dr. Mario Luiz de Camargo, médico oftalmologista da Faculdade de Saúde Pública da USP.

"A maior parte do que consideramos nossa identidade são as sombras de hábitos passados e uma sobrecarga sensorial", escreve Christopher Hansard em seu livro *The Tibetan Art of Living*.[6]

O Eu e sua maior armadilha: a rigidez

Nós não somos nunca completamente aquilo que pensamos ser! Bons ou ruins.

Ao confirmar uma ação como real, única e verdadeira, acentuamos nosso egocentrismo.

Enquanto houver crença nos agregados, existirá crença no Eu – e como consequência, sentimento de solidão e de vergonha.

Uma vez presos aos hábitos de nosso Eu, existimos a partir de nossas emoções reativas. Quando nos libertamos dos condicionamentos do Eu, agimos com base na compreensão de que estamos todos interligados. O entendimento de que não há divisão entre nós e o mundo elimina o sentimento de carência arraigado, cuja base é esse Eu que centraliza nossa mente e constantemente duvida que poderá obter o que necessita para garantir sua felicidade.

Kalu Rinpoche esclarece: "Da noção do eu procede necessariamente a esperança de obter o que é agradável e que conforte o eu em sua existência. Sobre o polo eu se introduzem assim a esperança e o medo".[7] No entanto, quando reconhecemos as armadilhas do eu, percebemos que não somos condenados à prisão dos esquemas que ele produz.

Tudo indica que o "olhar iluminado", a possibilidade de olhar sem esses hábitos do ego, é um olhar de abertura, de total comunicação. "O Ego é a bota que desgastamos no espinhoso caminho da espiritualidade." Escutei, certa vez, Sua Santidade Dalai Lama falar numa entrevista para a televisão.

A mente iluminada é capaz de reconhecer a essência secreta e invisível de toda a matéria, isto é, está livre da percepção da realidade obstruída pelas marcas mentais.

Podemos, assim, ampliar nossa abertura mental e diminuir a tensão interna.

Para perceber as armadilhas do eu, precisamos nos manter abertos e atentos ao mesmo tempo. Essa atitude interna de prontidão ao mesmo tempo livre de tensão baseia-se na vontade de superar o sofrimento. A vontade implica um esforço que, por sua vez, depende da energia vital acumulada.

---

6. Christopher Hansard, *The Tibetan Art of Living*, Ed. Hodder Mobius.
7. Kalu Rinpoche, *Ensinamentos Fundamentais do Budismo Tibetano*, Ed. ShiSil, p. 255.

A reserva de energia vital que possuímos corresponde à nossa capacidade física e mental. Por isso, precisamos aproveitar os momentos de bem-estar para superar os padrões negativos do Eu.

Sem energia positiva acumulada, podemos ler este texto, compreender o que nele está escrito, mas não seremos capazes de colocar em prática estes ensinamentos.

O entendimento de como o Eu é formado nos ajuda a superar nossas crenças sobre a concretude de nossos padrões mentais negativos. Ao refletir sobre os agregados, começamos a nos conscientizar de que é possível nos libertarmos dos condicionamentos mentais. Assim, podemos, por exemplo, olhar algo, achar agradável, mas não necessariamente querer aquilo. Ou, ainda, olhar, achar agradável, querer, mas não precisar tomar necessariamente uma atitude em direção àquilo.

Normalmente, agimos sem perceber as etapas pelas quais estamos passando e ainda por cima confirmamos aquela atitude como necessária, justificamos aquela escolha como se fosse a única possível, sem nos darmos conta do automatismo que está em jogo.

E é isso que congela o processo e nos faz, por exemplo, em um momento de raiva, pensar "Eu não posso existir sem raiva" ou "Eu estou triste, não posso existir sem a tristeza".

É também o que nos faz pensar que não conseguimos ser diferentes, apesar de querermos ser.

Quando nos damos conta de que gostar, querer e agir ocorrem em momentos diferentes, são distintos, e que um não precisa levar necessariamente ao outro, passamos a ter mais flexibilidade na nossa experiência interna.

A primeira coisa que é preciso entender é que o Eu não precisa ser tão rígido como ele é.

Quando acreditamos na rigidez do Eu, e partimos do princípio de que o que está, é – ou seja, que se algo é "assim", não pode ser "assado" –, colocamos um carimbo e firmamos uma experiência conosco. Desse modo, ficamos atrelados àquela experiência e nos ressentimos ou sofremos pensando: "Isso não poderia ter acontecido comigo... Eu não podia ter passado por isso...".

A vergonha – voltamos a ela – tem esse padrão de funcionamento. Ela tem essa espécie de "liga" que faz com que o sentimento de humilhação, de demérito ou de aviltamento fique "grudado" em nós. Nosso pensamento volta compulsivamente à cena ou situação em que passamos por uma vergonha.

A vergonha vem de uma experiência de ser. Ficamos literalmente colados na experiência e nos confundimos com ela. Cristalizamos a experiência em nós e dizemos: "Eu sou uma vergonha!" Neste sentido a vergonha é uma expressão da rigidez de nosso Eu, que funciona como um grande ímã que vai atraindo e tomando unicamente para si tudo que acontece.

Como o cachorro que corre atrás de seu próprio rabo, muitas vezes não conseguimos nos abandonar e ficamos presos a um movimento inútil e automático de ficar buscando algo que já está conosco: nossa clareza mental. Isso ocorre primeiro porque não conseguimos parar de olhar para o nosso próprio umbigo (ou rabo!), ficamos ali naquela referência em nós mesmos, e a vergonha pela qual passamos toma conta de tudo e vira um centro de gravitação de energia.

Segundo, porque não nos conformamos. Quando diante de uma situação de vergonha pensamos: "Como eu pude fazer isso?", "Como pude dizer aquilo?", isso não significa que acreditamos que poderia ter sido diferente, que poderíamos não ter dito ou feito tal coisa. Ao contrário, não nos "conformamos" com o que ocorreu, porque aquilo não se "conforma" à ideia que temos de nós. Aquela situação não se ajusta, não cabe na formatação prévia que demos ao nosso Eu. Então, na verdade, não nos conformamos, ficamos ressentidos e desesperados, porque supomos que nosso Eu deveria ser de um certo modo.

Ou seja, das duas uma, ou aquilo atesta que eu *sou* motivo de vergonha e toma conta do meu ser que fica identificado com a experiência. Ou aquela experiência não se conforma a mim, portanto, aquilo *não pode ser*.

O que imaginamos exerce um poder maior sobre nós do que aquilo que vemos

O que imaginamos exerce um grande poder sobre nós. "Para o nosso cérebro não existe diferença entre as imagens produzidas mentalmente ou as imagens captadas pelos olhos. Podemos evocar imagens mentais que produzirão padrões neurais que irão influenciar os outros centros nervosos e modificar as nossas emoções", nos diz o oftalmologista da Faculdade de Saúde Pública da USP, Dr. Mario Luiz de Camargo.

"Estudando a anatomia e a fisiologia do sistema visual podemos compreender melhor como isto ocorre", esclarece. O processo de enxergar pode ser dividido em etapas cuja primeira é a sensação – quando a retina recebe as imagens vindas do exterior, que são transformadas em estímulos nervosos que subsequentemente serão integrados aos demais centros nervosos como o sistema límbico (responsável pelas emoções) –, até chegar à sua etapa culminante, que é a percepção, ou tomada de consciência do estímulo visual.

"As técnicas de visualização mental das práticas meditativas podem atuar em nosso sistema nervoso como se fossem visões reais do mundo exterior. E de uma maneira até mais direta que na visão comum", explica ele, pois atuam "na última etapa do processo, ou seja, na percepção visual".

Portanto, apesar de não termos consciência deste fato, o que imaginamos possui um poder maior e mais direto sobre nós do que aquilo que vemos. Esta é a razão pela qual os exercícios de visualização propostos pelas meditações dirigidas possuem um real poder de cura.

Desta forma, podemos reconhecer a verdadeira dimensão e flexibilidade do nosso espaço interno. Não precisamos acionar esse circuito de 220 kW de emoções rodando e girando sem ter por onde sair. Se pudermos lembrar que existe flexibilidade na nossa experiência interna, poderemos desfazer essa ideia de rigidez e separação do Eu. E, então, gradualmente nos libertar.

IV
Antídotos para o sofrimento da vergonha

A imagem exterior do homem e as circunstâncias que o rodeiam são o resultado de sua autoimagem.
Samael Aun Weor

É com os nossos olhos que vemos o mundo, mas, na realidade, é com a nossa mente que o interpretamos!

Apesar de olharmos para o mundo como uma realidade externa e independente de nós, são as imagens internas arquivadas em nossa mente que o interpretam. O mundo exterior é, portanto, um reflexo de nosso mundo interior. Neste sentido, são as imagens internas que atraem e selecionam os eventos de nossa vida!

Assim como explica Izabel Telles: "Tudo aquilo que alguma vez o emocionou fica gravado na sua mente sob a forma de imagens – que podem afetá-lo negativamente ou ser aproveitadas a seu favor. Para o cérebro, não há diferença entre imaginar algo – pensar numa determinada pessoa ou cena – e vê-la de fato. E, como o corpo é comandado pela mente, as imagens mentais podem influir na nossa vida do dia a dia. Quem envia as informações à mente para que ela crie as imagens é a consciência, que recolhe continuamente as impressões vindas do mundo exterior e do mundo interior – através dos nossos relacionamentos, de lugares, pessoas, acontecimentos, memórias... E está nas nossas mãos fazer com que os filtros da consciência mandem informações corretas para a mente. O comando da nossa vida vem de dentro".[1]

---

1. *http://vidanova.terra.com.br/conteudo/conteudo.asp?id=3231.*

É nossa autoimagem que gera continuamente sentimentos e pensamentos em nosso íntimo. Podemos nos exercitar para identificá-la. Mas ela inclui censuras, o que faz com que este não seja um exercício fácil, pois resistimos a olhar aquilo que não queremos ver: o nosso lado sombrio.

No entanto, uma coisa é certa: tudo que ignoramos sobre nossa parte sombria cresce silenciosamente, e um dia será tão forte que não haverá como deter sua ação. Portanto, é nossa autoimagem que dita nosso destino.

O mestre do Budismo Tibetano Tarthang Tulku escreve, em seu livro *The Self-Image*: "A autoimagem não é permanente. De fato, o sentimento em si existe, no entanto, perde totalmente o seu poder de sustentação assim que você perde o interesse por alimentar a autoimagem".[2] Ou seja, nesse instante, você poderia ter uma experiência inteiramente diferente da que você julgou possível em um estado anterior de dor.

No entanto, é tão fácil deixar a autoimagem se perpetuar, dominar toda a sua vida e criar um estado de coisas desequilibrado.

Como nos envolver menos com nossa autoimagem e nos tornarmos mais flexíveis

Somos seres humanos, não animais, e não precisamos viver como se estivéssemos enjaulados ou em cativeiro.

No nível atual, antes de começarmos a meditar sobre a autoimagem, não percebemos a diferença entre nossa autoimagem e nosso Eu. Não temos um portão de acesso ou ponto de partida. Mas, se pudermos reconhecer apenas alguma pequena diferença entre a nossa autoimagem e nós mesmos, ou "Eu" ou "si-mesmo", nossa visão se amplia.

"A autoimagem pode representar uma espécie de fixação. Ela o apanha, e você como que a congela. Você aceita essa imagem estática, congelada, como um quadro verdadeiro e permanente de si mesmo."[3] Por exemplo, se por algum motivo uma menina passa a acreditar que as meninas não são boas, ela então irá pensar: "Sou menina, portanto, não sou boa". É muito fácil criar generalizações quando partimos de princípios ditados por uma autoimagem rígida.

A vergonha de si mesmo é, portanto, um sintoma da não aceitação de uma autoimagem. Sofremos de um contínuo sentimento de "não sermos ainda quem deveríamos ser". Em outras palavras, sentiremos vergonha, sofreremos

---

2. Tarthang Tulku, *The Self-Image*, Ed. Crystal Mirror, p. 33 e 34.
3. Peggy Lippit, *Reflexões sobre a Mente*, organizado por Tarthang Tulku, Ed. Cultrix, p. 151.

um esvaziamento, enquanto não desenvolvermos a habilidade de reconhecer e aceitar, com compaixão, nossos próprios limites.

No entanto, se não estivermos comprometidos com a decisão de evoluir internamente, reconheceremos nossas falhas como uma sentença de condenação: "Se não sou capaz, jamais serei".

O psicoterapeuta budista Mark Epstein escreve em seu livro *Continuar a Ser*: "O grosso da minha função em psicoterapia consiste em trabalhar com esse sentimento de 'Eu não sou' de uma forma ou de outra. É o principal bloqueio psicológico a uma realização espiritual".[4]

Para não ficarmos presos à cobrança interior, podemos nos conscientizar de que identificar nossas falhas faz parte de um processo de crescimento interior.

Enquanto não reconhecermos nossos limites, estaremos tentando nos enganar. Perceber nossos erros e limitações é também um modo de pararmos de nos decepcionar com nossas próprias atitudes. Quem já não se decepcionou por ter se colocado numa determinada situação que o fez se sentir frágil e indefeso?

Aceitar a não aceitação de si mesmo é o antídoto da vergonha. Portanto, o melhor é começar por aceitar o ponto onde a encontramos. Por isso, na próxima vez em que você sentir vergonha, procure parar para escutar o que você se diz quando se sente mal. Isso indicará as áreas onde há receio de perder a admiração por si mesmo.

A monja budista Pema Chödrön sugere a prática de meditação *Tonglen* como um método para nos ajudar a entrar em contato com a abertura e suavidade do próprio coração. Nesta prática inspiramos uma fumaça negra, e convidamos para nosso interior todo e qualquer sentimento de vergonha e, ao expirar, emanamos luz e calor para onde quer que haja este mesmo sentimento de vergonha.

"Protegemos nosso coração com uma armadura tecida com o hábito muito arraigado de afastar a dor e agarrar o prazer. Quando começamos a inspirar a dor, em vez de afastá-la, passamos também a abrir nosso coração ao que é indesejável. Nosso relacionamento direto com as áreas de nossa vida de que não gostamos ventila o ambiente abafado do ego. Da mesma maneira, quando abrirmos nosso coração trancado e deixarmos sair o que é agradável, irradiando para o exterior e compartilhando, também reverteremos completamente a lógica do ego, o que significa reverter a lógica do sofrimento."[5]

Essa prática é capaz de despertar em nós o sentimento de afinidade com os outros. "Se estivermos dispostos a deixar de lado o enredo pessoal, sentiremos

---

4. Mark Epstein, *Continuar a Ser*, Ed. Gryphus, p. 147.
5. Pema Chödrön, *Comece Onde Você Está*, Ed. Sextante, p. 52.

exatamente o que os outros seres humanos sentem. Todos nós compartilhamos os mesmos sentimentos."[6] De fato, o que pudermos reconhecer em nós mesmos reconheceremos em todos os demais.

No Budismo, aprendemos que temos uma natureza pura, divina, radiante e interligada. Se nutrirmos esse reconhecimento de que *nós somos* essa qualidade luminosa, sem negarmos a sombra e a dor que a encobre, estaremos no caminho da realização espiritual.

Numa palestra em Milão, depois de nos ter levado a fazer a pergunta: "O que de fato me fez sofrer nestes últimos anos?", Lama Michel Rinpoche nos disse: "Não precisamos ser apenas o resultado de nossos hábitos, podemos ser algo a mais, sair do automatismo, e sermos livres deles – esse é o verdadeiro modo de ser generoso consigo mesmo: oferecer-se um novo olhar".

Meditação de *Autotonglen* para superar a vergonha

Coloque uma música que faz você se sentir muito bem ao ouvi-la. Observe como sua mente flui diante da satisfação e do prazer. Procure, aos poucos, responder à seguinte pergunta: "O que eu sei sobre mim mesmo e preferiria não saber?".

Em seguida, elabore e afirme para você mesmo aquilo que, de agora em diante, o seu inconsciente deve, de fato, saber.

Visualize-se inspirando uma fumaça negra repleta de todo e qualquer sentimento de vergonha que você sente carregar. E, ao expirar, visualize luz e calor se expandindo por todo seu corpo, dissipando a vergonha onde quer que ela tenha se instalado em seu corpo ao inspirá-la.

Finalize esta meditação dedicando toda a energia positiva acumulada por meio de sua intenção e concentração para todas s pessoas que passam pelas mesmas dificuldades que você.

---

6. Idem, p. 51.

V
As armadilhas da autossabotagem

> *As pessoas fingem que há alguém ou algo que, misteriosamente, impede seu sucesso e crescimento. Para combater a autossabotagem é necessário ter um projeto de vida.*
> Tadashi Kadomoto

Há momentos da vida em que reconhecemos que estamos prontos para dar um novo salto, efetivar uma mudança profunda, mas, aos poucos, nós nos pegamos cometendo os mesmos erros de nossa "vida passada". Isso ocorre porque, apesar de querermos mudar, nossos hábitos mentais negativos ainda não nos permitem fazê-lo! Então, é como se tivéssemos dado um grande salto para cair no mesmo lugar. Caímos em armadilhas criadas por nós mesmos. Nos autossabotamos.

Ao procurar refletir sobre a autossabotagem, não encontrei nenhum texto na Psicologia Budista que se referisse a este mecanismo que implica autodestruição e falta de amor para consigo mesmo. Aliás, em um encontro com psicólogos ocidentais, o próprio Dalai Lama expressou estranheza quando a psicóloga Sharon Salzberg enfatizou que os ocidentais chegam a desprezar a si mesmos por falta de autoestima.

Algo semelhante ocorreu quando fui conversar com o mestre budista Gueshe Thubten Tenzin sobre o assunto. Inicialmente ele teve dificuldade de localizar uma palavra tibetana que representasse a autossabotagem. Após um longo debate, concluiu que a tradução mais próxima seria *Drin-Tchung*, que quer dizer "pequena gentileza" ou "ausência de gentileza para consigo".

Quando nos autossabotamos, na verdade, estamos criando barreiras internas que bloqueiam o nosso desenvolvimento. Cultivar o desejo de evoluir é uma atitude de autoestima. A falta de boa vontade para com o nosso próprio desenvolvimento reflete uma ausência de amorosidade para conosco.

Precisamos, portanto, encontrar esse amor, essa ternura e gratidão dentro de nós. Devemos cultivar a *maitri* que é a completa aceitação de nós mesmos, como somos, e assim, através de um relacionamento simples, direto e sem mágoas conosco, poderemos desenvolver nossa boa vontade.

Gueshe Thubten Tenzin enfatiza que devemos começar por sentir gratidão e reconhecimento pela preciosa vida humana. Segundo ele, a causa da marca mental da autossabotagem surge por não termos uma mente que saiba apreciar, dar valor e fazer o melhor uso de uma oportunidade positiva.

A apreciação ocorre quando dedicamos tempo e atenção para homenagear nossa evolução interna como a causa de nossa verdadeira felicidade. No entanto, nos dias de hoje, estamos tão viciados em acompanhar o ritmo acelerado dos meios de comunicação que pouco apreciamos o momento presente. Estamos tão habituados a supervalorizar aquilo que pode ser *visto* e *tocado* que temos dificuldade de reconhecer o valor das experiências que ocorrem somente em nosso interior.

Fred B. Bryant e Joseph Veroff, da Loyola University – criadores de um novo campo da Psicologia, ainda restrito, a que chamam *savoring*, que podemos traduzir por "apreciação"[1] – enfatizam a importância de cinco atitudes para promover a apreciação. São elas: (1) partilhar com outras pessoas aquilo que você valoriza; (2) formar memória dos eventos positivos encontrando objetos que o ajudem a recordá-los; (3) praticar a autocongratulação; (4) aguçar suas experiências sensoriais (como, por exemplo, ouvir música de olhos fechados) e (5) deixar-se ser absorvido pela própria experiência.

Conversando com Lama Michel Rinpoche sobre esta questão, ele assinalou a importância de identificarmos em nossa própria mente a causa de nossa felici-dade para superarmos o hábito da autossabotagem. Ele me disse: "Se a pessoa não entender que as causas de sua felicidade estão na sua própria mente, irá sempre projetar no mundo externo tudo que lhe acontecer, inclusive suas ações positivas. Dessa forma, ao atingir suas metas, ela não irá reconhecer que foi o seu próprio esforço e dedicação que a levou às suas conquistas. Se estivermos habituados a pensar que tudo ocorre fora de nós, não nos veremos como cau-sadores dos acontecimentos, e, portanto, não nos sentiremos merecedores de seus efeitos". As pessoas de sucesso não se sabotam porque sabem reconhecer em si mesmas uma autoimagem de realizadoras!

Nós nos autossabotamos quando não nos consideramos merecedores de nossos projetos de vida, e, portanto, apesar de nos esforçarmos, criamos bar-

---

1. Martin E. P. Seligman, *Felicidade Autêntica*, Ed. Objetiva, p. 127.

reiras para realizá-los. Lama Michel Rinpoche me disse ainda: "Temos tanto apego pelo que é conhecido que, apesar de nos sentirmos infelizes, o medo da mudança é maior que o desejo de ter sucesso em superá-lo".

Como escreve Pema Chödrön: "Independentemente de como nos sentimos, podemos desejar ser felizes. Podemos aprender a agir e a pensar de modo que plantemos sementes para nosso futuro bem-estar, tornando-nos gradualmente mais conscientes daquilo que causa felicidade, bem como do que causa aflição. Sem bondade amorosa com nós mesmos é difícil, senão impossível, senti-la, genuinamente, em relação aos outros".[2]

Lama Michel falou-me de outro termo que poderia aproximar-se do mecanismo da autossabotagem na Psicologia Budista: *Dagnyi La Nyebe Lelo* que significa a preguiça de se autodiminuir, isto é, de colocar-se para baixo. No entanto, no Capítulo XVII, falaremos mais sobre este tipo de *preguiça da inferioridade*, na qual cultivamos a sensação de não sermos capazes ou ainda estarmos imaturos para fazer o que sabemos que é necessário ser feito.

O sentimento de culpa sustenta o padrão da autossabotagem

A culpa é uma autocondenação por sentir-se incapaz de algo. É um mecanismo que muitas vezes não tem lógica. Já testemunhei pessoas que, por exemplo, se culpam por não estarem presentes no momento da morte de seus entes queridos. Nos culpamos por um hábito de nos maltratarmos inutilmente!

A base do mecanismo de autossabotagem nos ocidentais pode ser encontrada na tradição judaico-cristã que "[...] tende a conceber o sofrimento como efeito de uma causa externa – Deus – a título de castigo pela desobediência à lei divina. Na tradição budista, a tendência é conceber o sofrimento como causado pelo próprio ser que sofre – como a consequência natural da satisfação irrestrita dos desejos egoístas".[3]

Neste sentido, a marca mental da autossabotagem é sustentada por um padrão inconsciente de que *merecemos* ser punidos. Desde pequenos escutamos o Mandamento "Amai-vos uns aos outros". Odiar nos foi transmitido como uma atitude pecaminosa. No entanto, muitas vezes odiamos quem amamos. Começando pelos nossos pais. "A culpa por odiar aqueles que mais ama convence a criança de que não é merecedora de nada que seja bom, alegre ou prazeroso.

---

2. Pema Chödrön, *Os Lugares que nos Assustam*, Ed. Sextante, p. 55.
3. Ron Leifer, *Projeto Felicidade*, Ed. Cultrix, p. 159.

A criança sente que se ela tivesse que ser feliz um dia, o castigo, que parece inevitável, seria ainda maior. Portanto, a criança evita inconscientemente a felicidade, pensando dessa forma dar uma compensação e assim evitar uma punição ainda maior. Essa fuga da felicidade cria situações e padrões que sempre parecem destruir tudo que é mais ardentemente desejado na vida."[4]

Até mesmo diante da adversidade podemos optar pelo desenvolvimento interno. "O lado positivo do sofrimento é que ele nos dá a oportunidade de compreender as causas dele mesmo. Cria-nos a possibilidade de compreender o papel do desejo e da aversão em nossa vida."[5]

Do ponto de vista budista, a espiritualidade surge quando decidimos nos responsabilizar cem por cento por nosso autodesenvolvimento: purificar nossa mente de seus hábitos mentais destrutivos. Assim, abandonamos qualquer tentativa de vitimização, pois partimos do princípio de que a semente de todo conflito não se encontra nos acontecimentos externos, mas nas qualidades da mente, do Eu e seus agregados, que moldam a percepção que temos dos acontecimentos e a maneira pela qual reagimos a eles.

O Eu atrai para si suas experiências e percepções, uma vez que traz consigo suas marcas mentais, as sementes de nossos hábitos.

Como vimos no capítulo anterior, o que determina nossa maneira de ver o mundo são nossos hábitos mentais, isto é, as marcas que imprimimos em nossa mente por meio das intenções com as quais agimos com nosso corpo, palavra e mente. Ou seja, conforme nossa motivação interna, quando fazemos, falamos ou pensamos algo, deixamos marcas em nossa mente que se tornam nossos hábitos mentais.

"Já vimos claramente que nada do que acontece para nós é uma coisa boa ou ruim *vinda de si mesma*, porque se o fosse todo mundo se sentiria do mesmo modo. Por exemplo, a pessoa que nos irrita no trabalho deveria então irritar todo mundo exatamente da mesma forma, porque a sua 'irritação' estaria sendo irradiada de dentro dela e atingindo a todos no escritório. No entanto, a verdade é que sempre haverá *alguém* que vai achar essa mesma pessoa boa e amável. [...] No entanto achamos algumas coisas como sendo boas, e achamos algumas coisas como sendo ruins. Se esse sentimento não está vindo da coisa em si, de onde está vindo então? [...] Não precisamos de muito para entender que, obviamente, o modo como vemos as coisas está *vindo de nós mesmos*",[6] escreve Gueshe Michael Roach.

---

4. Eva Pierrakos, *Não Temas o Mal*, Ed. Cultrix, p. 64.
5. Ron Leifer, *Projeto Felicidade*, Ed. Cultrix, p. 92.
6. Gueshe Michael Roach, *O Lapidador de Diamantes – estratégias de Buddha para gerenciar seus negócios e sua vida*, Ed. Gaia, p. 51 a 53.

Portanto, se estas marcas mentais são as sementes formadoras de nossos hábitos, seremos felizes ou não de acordo com a qualidade das sementes que estão em nossa consciência. Se elas forem de medo, quando elas amadurecerem, iremos vivenciar situações carregadas de dúvida e insegurança.

O Budismo tem como meta tornar consciente o inconsciente

Em nosso íntimo, obedecemos, sem nos darmos conta, ordens inconscientes geradas por frases que escutamos inúmeras vezes quando ainda éramos crianças. Toda família tem as suas. "Não fale com estranhos" é, por exemplo, uma das clássicas. Nesse caso, como a nossa mente foi programada para não falar com estranhos, cada vez que encontramos uma nova pessoa que gostaríamos de conhecer, nos sentimos ameaçados. Uma parte de nosso cérebro nos diz "abra-se" e a outra adverte "cuidado".

O desafio, em um primeiro momento, pode ser, em si, encorajador, e por isso nos atiramos em novas experiências e estamos dispostos a enfrentar os preconceitos. No entanto, quando começam a surgir dificuldades de lidar com esse novo empreendimento, imediatamente percebemos em nós a presença desta parte inconsciente que discordava que nos arriscássemos: "Bem que eu já sabia que falar com estranhos era perigoso".

Cada vez que desconfiamos de nossa capacidade de superar obstáculos, cultivamos um sentimento de covardia interior que bloqueia nossas emoções e nos paralisa. Enquanto tivermos resistência em rever nossos erros e aprender com eles, estaremos bloqueados. Desta forma, a vergonha, a preguiça e o orgulho serão expressões de autossabotagem, isto é, de nosso medo de mudar.

Muitas vezes, o medo da mudança é maior do que a força para mudar. Por isso, nos autoiludimos com soluções irreais. Para nos adaptarmos a uma situação que seria dolorosa, fazemos uma espécie de acordo: nos autoiludimos. A autoilusão é um jogo da mente que busca uma solução imediata para um conflito, porém, que não represente uma mudança ameaçadora. Nós nos autoiludimos quando não lidamos diretamente com nosso problema-raiz.

Dificilmente percebemos que nos autossabotamos. Para superar o medo da mudança, é preciso sentir que somos capazes de assumir as novas responsabilidades que dela advêm. Por exemplo, se quisermos prosperidade financeira, teremos que nos sentir à vontade frente ao dinheiro.

A questão da prosperidade material merece um exame mais atento, pois é bem mais complicada do que possa parecer. "O dinheiro é um assunto que provoca vergonha em todo mundo. As pessoas se constrangem por ter muito dinheiro ou pouco dinheiro, e também se envergonham de que outros tenham muito ou pouco. Quando você se sente constrangido com relação ao dinheiro, nenhuma quantia lhe parece estar correta. O dinheiro é um assunto muito mais subjetivo e emocional do que em geral se acredita."[7] Se durante a infância absorvemos a ideia de que ser rico é ser invejado e assim menos amado, cada vez que tivermos a possibilidade de ampliar nosso patrimônio nós nos sentiremos ameaçados! Então, buscaremos um jeito de sermos ricos e pobres ao mesmo tempo, isto é, de *ter sem possuir*.

Neste sentido, apesar de sermos proprietários de algo, não nos apropriaremos de nossas posses, teremos dificuldade de apreciá-las, assim como de tornarmo-nos, de fato, responsáveis por elas. Enquanto mantivermos esta postura distanciada, não estaremos sintonizados com as necessidades desta realidade, e, portanto, teremos atitudes inapropriadas com relação ao que possuímos que podem até mesmo nos levar à falência.

Um mecanismo parecido ocorre quando, por exemplo, abusamos do cartão de crédito, gastando muito mais do que possuímos, para nos sentirmos, pelo menos nos momentos da compra, ricos e prósperos. Não é fácil perceber que a traição começa em nós mesmos, pois normalmente sequer nos damos conta de que estamos nos autossabotando!

Na autoilusão, tudo parece perfeito. Atribuímos soluções mágicas aos nossos problemas: "Com o tempo a dor de uma perda passará", "Seu amado irá se arrepender de ter deixado você e voltará para seus braços como se nada houvesse ocorrido". No entanto, só quando passarmos a ter consciência de nossos erros é que não seremos mais vítimas deles!

Temos uma imagem idealizada de nós mesmos, que nos impede de sermos verdadeiros. Produzimos muitas ilusões a partir desta idealização. Muitas vezes, dizemos o que não sentimos de verdade. Isso ocorre porque não sentimos o que pensamos!

Muitas vezes, não queremos pensar naquilo que sentimos, pois, em geral, temos dificuldade para lidar com nossos sentimentos sem julgá-los. Estarmos abertos aos nossos sentimentos demanda sinceridade e compaixão. Reconhecer que não estamos sentindo o que deveríamos sentir ou gostaríamos de estar sentindo é um desafio para conosco mesmos. Algumas de nossas autoimagens não querem ser vistas!

Podemos observar as frases prontas que surgem em nossa mente nos desencorajando de ser felizes. Elas revelam os padrões negativos responsáveis por nossos comportamentos repetitivos de autossabotagem.

---

7. Phil Laut, *O Dinheiro é Meu Amigo*, Ed. Pensamento, p. 47.

Não basta querer *não pensar* em algo para deixar de senti-lo. Os sentimentos não desaparecem só porque são indesejáveis. Aliás, pensar e sentir são duas funções que precisam estar harmonizadas entre si. Podemos pensar em nossas emoções, mas será necessário senti-las para que elas possam fluir. No entanto, não são os sentimentos em si que nos proporcionam sabedoria, mas sim o processo de abrirmo-nos a eles.

À medida que reconhecemos nossos hábitos mentais destrutivos, podemos decidir não segui-los. Mas esta não é uma decisão que resulta da força puramente intelectual, mas sim da prática constante de tomar as rédeas de nossa mente. Não basta arrepender-se, é preciso erradicar o padrão mental que leva à autodestruição.

Como diz Thich Nhat Hanh, "emancipação – participação no reino de alegria e paz – é uma questão de tocar e transformar as sementes, de ajudar as sementes positivas a crescerem. [...] Cuidando de nossas sementes, plantando e regando as boas, não deixando as negativas se manifestarem, estaremos no caminho da maturação".[8] Portanto, o segredo para atair a felicidade está em regar as sementes positivas de nossas marcas mentais. Para isso, antes, temos que cultivá-las!

---
8. Thich Nhat Hanh, *Transformações na Consciência*, Ed. Pensamento, p. 72 e 73.

VI
Saber parar para lidar com a confusão emocional

Segundo o Budismo, é possível lidar com as emoções de forma positiva, pois não há nada de intrinsecamente errado com elas.
Traleg Kyabgon

As emoções são nossas principais forças motivadoras: elas nos levam a reagir, a nos defender de situações que nos aprisionam e limitam. O medo, por exemplo, nos faz cultivar o discernimento; a tristeza nos conscientiza sobre a necessidade de abandonar o passado e atualizar nossas percepções do momento presente.

Sem emoção, nossos conflitos internos se congelam. Passamos a ter uma memória fria dos fatos, uma atitude mental que busca excluir os sentimentos. No entanto, toda energia emocional não expressa e não compreendida continua viva dentro de nós, esperando uma resolução. Instintivamente buscamos harmonia interior.

Quando uma dor emocional não é resolvida, ela se volta contra a própria pessoa. Surgem sentimentos de culpa ou de inadequação, ressentimentos que acabam por se expressar no corpo através de dores de cabeça, asma, distúrbios digestivos ou outros sintomas próprios das doenças psicossomáticas. Portanto, mesmo que não queiramos encarar nossas emoções, somos obrigados a reconhecê-las e senti-las. É melhor evitar que se acumulem dentro de nós como tarefas emocionais inacabadas.

Quando estamos emocionalmente confusos, nossa mente se desloca em várias direções ao mesmo tempo e intensifica nossas avaliações. Nossos pensamentos e sentimentos tornam-se ineficazes, não sabemos mais qual direção seguir.

O primeiro passo em direção à clareza é aceitar a confusão. Ron Leifer escreve: "Todo o mundo está confuso porque todo mundo está desnorteado a respeito da causa, do significado e do propósito fundamental da vida. [...] aceitar a confusão é um passo em direção à clareza. Quando fica claro que estamos confusos, então a nossa busca pelo menos começa num momento de clareza sincera".[1] Toda autoavaliação baseada em uma autoimagem confusa gera mais confusão emocional. Portanto, temos que aprender a identificar o momento certo de parar e nos distanciarmos da confusão para observá-la.

No entanto, nossa mente acelerada e intensificada não pode parar bruscamente sem causar danos. Temos que agir com delicadeza. É como se estivéssemos dirigindo em alta velocidade e puxássemos o freio de mão. O carro rodopiaria, capotaria algumas vezes, até parar em algum ponto onde encontrasse apoio.

Agir com delicadeza nos ajuda a recuperar o bom senso e a ter flexibilidade para nos abrirmos para novas possibilidades. Parar com delicadeza é tentar deixar de exercer o controle e permitir que o corpo relaxe. Com delicadeza, podemos acolher nossas emoções, entrar em contato com elas e deixá-las ir. A delicadeza nos torna capazes de lidar com os sentimentos desconfortáveis que nossa autocrítica comumente considera inaceitáveis.

Nós crescemos sendo educados a não aceitar nossas experiências emocionais. Fomos disciplinados a nos criticar quando sentimos algo a mais ou a menos do que era esperado. E, assim, aprendemos a avaliar nossos sentimentos como certos ou errados.

Esse condicionamento nos levou a um bloqueio interno, pois quando sentimentos inadmissíveis surgem, tememos, de algum modo, que seremos punidos por não estarmos à altura do que "deveríamos" sentir. Desta forma, começamos a lutar contra nós mesmos. Só quando aceitamos sentir o inadmissível, voltamos a ser "um" em nosso mundo interno.

Uma atitude de autoacusação revela autorrejeição

Na maioria das vezes, quando estamos confusos, intensificamos nossos mecanismos de autorrejeição: "Eu não poderia estar sentindo isso!".

"Rejeitamos a nós mesmos quando tentamos controlar nossos sentimentos. Rejeitamos a nós mesmos quando manipulamos nossos sentimentos, achando que deveríamos ou não estar tendo certo sentimento, ou, então, quando tentamos realmente controlar as circunstâncias e as pessoas externas", escreve

---

1. Ron Leifer, *Projeto Felicidade*, Ed. Cultrix, p. 102.

John Ruskan no livro *Purificação Emocional*.[2] E complementa: Não nos damos conta das inúmeras vezes que nos autorrejeitamos, porque esse sentimento nos protege de sentir o que não queremos sentir. Desta forma, nos distanciamos de nós mesmos e da capacidade de nos auto-observarmos.

Para não nos distanciarmos de nós mesmos, precisamos compreender que devemos aceitar tudo o que estiver acontecendo em nosso interior, menos a autorrejeição!

Enquanto nossa capacidade de análise estiver contaminada pelo hábito da autoacusação, é melhor mantê-la de fora.

O segredo está em sentir cada emoção sem rotulá-la como boa ou ruim. Podemos nos tornar um testemunho ativo de nossa confusão emocional aceitando as emoções sem contrariá-las. Assim, seremos capazes de deixar a emoção surgir e se dissipar por si mesma.

Precisamos, de fato, da energia da delicadeza para sermos capazes de despertar a disponibilidade interna necessária para lidar com sentimentos que consideramos inaceitáveis e intoleráveis. Só assim, como uma árvore que suporta uma forte tempestade porque está bem enraizada, podemos manter nossos pés no chão quando nossas emoções estão confusas. Caso contrário, perderemos nosso eixo.

Sermos delicados conosco é um modo de nos aceitarmos. Autoaceitação não significa ser condescendente com as nossas confusões emocionais. Não é preciso sermos *permissivos* com a confusão, mas precisamos nos permitir experimentá-la para podermos nos conhecer melhor.

Quando uma confusão emocional surgir, podemos nos propor a ficar com ela mais um pouco e perguntar-nos com delicadeza: "O que está acontecendo aqui?".

Sem negar o que está acontecendo, respirando algumas vezes com profundidade, podemos dar a esta experiência desconfortável um pouco mais de atenção do que usualmente somos capazes, rompendo assim o hábito de temer a sensação de si mesmo.

Muitas vezes, tememos certas emoções por receio de não suportá-las. Então, da próxima vez que nos depararmos com a ideia preconcebida de que sentir algo pode ser perigoso, podemos inverter o processo. Em vez de evitarmos aquilo que estamos sentindo, podemos nos abrir para conhecer o que nos ameaça: "O que pode acontecer de tão ruim?".

Em um primeiro momento, quando percebemos a confusão emocional, sentimos um aperto no peito. Mas a intenção de nos mantermos abertos à

---

2. John Ruskan, *Purificação Emocional*, Ed. Rocco, p. 147.

experiência da nossa própria dor nos oferece um sentimento de expansão: temos, à frente, um novo caminho para seguir.

Descobrimos que estamos livres de nossos conflitos emocionais quando nos oferecemos uma nova chance, um novo olhar. Assim, passamos a encarar nossas emoções sob uma perspectiva mais ampla e começamos a perceber que é possível e saudável recuar e abrir espaço em torno delas.

Se nos identificamos demasiadamente com as emoções, elas passam a ter um poder ditatorial sobre nós: ditam ordens absolutas que esperam que sejam respeitadas por todos. Elas passam a nos ocupar cada vez mais, e, quando não somos mais capazes de manter o que sentimos em nosso espaço interior, tornamo-nos violentos. Mas, a partir do momento em que voluntariamente nos propomos a não nos identificarmos com nossas emoções, deixamos de ser reativos emocionalmente e nos tornamos ativos com relação ao nosso fluxo emocional.

Ao reconhecer que podemos fazer algo por nós mesmos, isto é, que não precisamos ser vítimas de nossas emoções negativas, começamos imediatamente a diminuir o poder que elas têm sobre nós.

O segredo para não ficarmos atolados em nossas emoções negativas é, portanto, aprender a não nos identificarmos excessivamente com elas. Podemos questionar as convicções profundas que temos a respeito de nós mesmos.

"Algumas pessoas acreditam que as emoções são perigosas. Mas raramente elas são o problema: são as histórias que criamos sobre as emoções e a pouca consciência que temos delas que geram o sofrimento. Sem consciência, os sentimentos dolorosos podem se corromper e se transformar em vício ou em ódio ou degenerar para o torpor. Assim, acabamos perdendo o contato não apenas com o que é sentido, mas com a sabedoria essencial do coração."[3] Percebemos, desta forma, que negar o que se passa em nosso interior nos mantém afastados de nós mesmos.

É preciso reconhecer a negatividade para se separar dela

Lidar com um sentimento não é reprimi-lo, mas sim abrir-se sinceramente para ele. Para fazer isso, porém, é preciso abrandá-lo, pois só assim o medo diminui e começamos a relaxar.

Quando relaxamos a ponto de nos tornarmos suaves e dispostos a ser sinceros conosco, é porque acessamos nossa energia pura.

---

3. Jack Kornfield, *Depois do Êxtase, Lave a Roupa Suja*, Ed. Cultrix, p. 173.

Todos os métodos de purificação da mente visam o mesmo objetivo: separarmo-nos da energia impura que obscurece nossa verdadeira natureza, que é imaculada. Aliás, só podemos nos separar das impurezas porque elas não pertencem à nossa essência. A paz interior é a habilidade de manter a energia em seu estado original: limpa, leve e energeticamente positiva.

Lama Gangchen Rinpoche nos ensina um método prático e simples para manter a mente aberta, disposta a apreciar a vida e a cultivar um senso contínuo de leveza e bem-estar: colocar dentro de caixas os objetos que representam nossos problemas ou escrevê-los em um papel. "Coloquem seus problemas nas caixas e, um dia, vocês podem desfazer-se delas. Mas se vocês quiserem manter seus problemas com vocês, deixem-nos dentro das caixas! Deixem os problemas num espaço fora de vocês. Cada um tem que fazer sua experiência para entender o que estou falando. Se vocês ficarem com saudade de um problema, podem abrir a caixa e olhar para ele. Vocês logo vão sentir que não querem mais o problema, que não precisam mais dele. Na realidade, os problemas não fazem parte da natureza de nossa mente. A energia da mente deve ser sempre um espaço limpo e leve. Assim poderemos reconhecer o espaço de nossa mente como algo muito precioso. Algo tão precioso que queremos preservar acima de tudo."

Para perceber o quanto os problemas são pesados e negativos, muitas vezes precisamos, literalmente, separarmo-nos deles. É como viver em São Paulo. Só quando passamos uns dias fora é que nos damos conta *do quanto* a cidade é agitada, barulhenta e poluída!

No entanto, algumas vezes, nem ao menos conseguimos perceber que estamos sofrendo. Por isso, não sabemos exatamente o que devemos colocar nas caixas!

Uma vez identificada a negatividade, precisamos aprender a lidar com ela de modo aberto e direto, isto é, sem nos deixarmos levar pela corrente dos pensamentos negativos. É preciso saber analisá-la sem nos fundirmos com ela. A mente alerta não perde a visão clara do discernimento entre o que *deve* e *não deve* seguir.

Certa vez, disse a Lama Gangchen: "Acho que estou conseguindo olhar de frente para a negatividade". Ele respondeu: "Olhar é bom, mas não a toque. Veja a negatividade como quem olha o noticiário da TV. Você escuta as notícias negativas, mas não deixa que elas entrem em sua casa".

O Budismo nos estimula a observar nossa mente como os cientistas pesquisam um vírus: são capazes de examiná-lo profundamente sem serem contaminados por ele!

O objetivo é integrar nossas diferentes facções interiores e criar intimidade, isto é, *proximidade*, com a própria mente. Só assim somos capazes de identificar nossos problemas. Mas não basta "encará-los", é preciso aprender a lidar positivamente com eles.

O mais importante, portanto, é aprender a nos separarmos da negatividade que o problema desperta em nós. Quando soubermos recuperar nossa energia interna, o problema, em si, deixa de ser "um problema".

O pior sofrimento é o apego ao sofrimento

É difícil admitir, mas temos apego a nossos problemas. Muitas vezes, estamos tão apegados aos nossos problemas que não conseguimos nos desfazer deles. Afinal, estamos tão identificados com nossos dramas pessoais que nem sabemos mais quem seríamos sem eles.

Quando uma emoção destrutiva passa a ocupar a maior parte de nossa mente, é hora de nos distanciarmos dela. Precisamos aprender a reconhecer quando somos capazes de nos abrir para as emoções e quando precisamos nos afastar delas.

A distância física ou mental daquilo que desencadeia esta emoção pode nos ajudar a recuperar o espaço interno perdido.

Não podemos parar o mundo, mas podemos parar a nós mesmos. Parar não é perder tempo. Pode parecer paradoxal, mas a finalidade última de parar é gerar forças para seguir em frente.

Quando estamos envolvidos demais na sensação de ter um problema, sentimo-nos "sem saída". No entanto, se nos predispomos a ver o problema, em vez de tê-lo, conseguimos naturalmente nos distanciar dele. Afinal, só podemos *enxergar* algo que está fora de nós.

Guelek Rinpoche nos alerta: "O primeiro passo para sair de um problema é criar a forte determinação de ficar livre dele. Essa determinação deve ser feita mesmo quando ainda se está preso ao problema".

Para sair do sofrimento, precisamos, antes de tudo, aceitar a situação em que nos encontramos. Em seguida, munidos da determinação de deixar o sofrimento, temos que nos posicionar em direção à porta por onde queremos sair. Apesar de sabermos intelectualmente que sempre há uma saída, a maior parte das vezes não a enxergamos. Estamos tão convencidos de sermos vítimas de nossa própria dor, que não fazemos mais do que persistir, lamentando, sentindo-nos injustiçados por as coisas serem assim...

Somente mudamos uma atitude interna quando estamos convencidos emocionalmente da real necessidade de mudar. É como se tivéssemos que nos dar por vencidos, nos render, para nos desapegarmos das expectativas às quais estávamos inutilmente nos agarrando.

"Se percebermos que estamos sendo tomados por uma justa indignação, este é um sinal claro de que já fomos longe demais e que nossa capacidade de causar alguma mudança estará comprometida. Crenças e ideais se tornaram somente uma outra maneira de erigir muralhas."[4]

Quando nossas convicções tornam-se rígidas, tornamo-nos polarizados: caímos nos extremos e perdemos a visão equilibrada, capaz de perceber a situação como um todo. Ter flexibilidade torna-se, então, a arte de não ser exagerado.

Exagerar uma emoção é uma forma de rejeitá-la

A rigidez é um sintoma de que estamos ressentidos. E quando nos sentimos ressentidos, tornamo-nos reativos: surge em nós o impulso de agredir quem nos magoou e nossa energia automaticamente se esvai. Deixamos de ser "donos de nós mesmos" e nos tornamos presas da necessidade de tirar satisfações com quem nos feriu. Não percebemos que agindo assim estamos transferindo enorme poder para o outro. Quando pensamos: "Enquanto eu não tirar isso a limpo, não sossegarei", o sossego ou a nossa calma passam a estar subjugados à capacidade de entendimento do outro. Só quando reconhecemos a natureza reativa de nossa mente, podemos nos dar conta do quanto nos abandonamos nestes momentos. Recuperaremos nossa capacidade de observar uma emoção negativa quando nos apropriarmos de nós mesmos.

Devemos lembrar que precisamos saber conter a expressão de nossas próprias emoções, para não nos deixarmos contaminar por emoções alheias que são adversas às nossas. Nestes casos, a melhor atitude – apesar de ser não a mais comum, porque não é a mais fácil – é nos conter para não criar uma tensão ainda maior.

"Sempre que eu encontrar pessoas cheias de maldade e emoções obscuras e violentas, devo considerá-las tesouros preciosos", nos diz um dos *Oito Versos de Treinamento da Mente* escritos pelo Gueshe Langri Tangpa, no Tibete, no século XI.[5]

Esses versos, escritos há tantos séculos, são práticos e adaptáveis a qualquer época ou cultura. Eles nos mostram que os momentos nos quais somos provocados justamente nos oferecem a oportunidade de aprender a despertar a tolerância frente à provocação. Por isso, as pessoas tidas como inimigas são preciosas: só elas podem nos ensinar a ter a *verdadeira* paciência. O méto-

---

4. Pema Chödrön, *Os Lugares que nos Assustam*, Ed. Sextante, p. 25.
5. Ver Lama Gangchen Rinpoche, *NgelSo Autocura III*, Ed. Gaia, p. 362.

do consiste em desviar nossa atenção da pessoa que está nos provocando e concentrarmo-nos na nossa respiração, enquanto procuramos refletir sobre os aspectos negativos de perder o controle emocional.

Podemos nos manter firmes em nosso eixo, vivenciando emoções intensas, sem nos deixarmos ser controlados pelas provocações dos outros.

Quando nos apropriamos de nossas emoções positivas, estamos prontos para compartilhá-las sem correr o risco de nos contaminarmos pelos possíveis comentários adversos que muitas vezes surgem.

No entanto, devemos procurar repartir nossos sentimentos com pessoas que sejam empáticas a eles. A inveja e os ciúmes são expressões de ausência de empatia. Expor nossa felicidade para aqueles que a invejam é uma forma de autossabotagem, pois sabemos que estamos prestes a receber um "balde de água fria".

Mas se quisermos aproveitar também essa situação adversa para evoluir espiritualmente, podemos praticar outro dos *Oito Versos de Treinamento da Mente*, que diz: "Quando outras pessoas me causarem dificuldades devido à inveja, devo tomar para mim a derrota e lhes oferecer a vitória". Oferecer a vitória, aqui, é um treinamento de humildade e altruísmo. Não significa se submeter, mas sim encontrar em si a força de não se deixar levar pela influência negativa.

Nossas emoções podem ser autênticas e valorosas para nós e não representar absolutamente nada para os outros. Muitas vezes, precisamos nos isolar para suavizar nossas emoções e vivenciá-las sem interrupções.

Noto que quando os Lamas nos contam boas notícias ou mesmo quando compartilham algo difícil, eles não transmitem um sentimento de urgência em comunicar o ocorrido.

No início, sempre que encontrava Lama Gangchen, depois de meses sem ter estado com ele, sentia uma urgente necessidade de lhe contar a minha vida, precisava colocá-lo imediatamente a par de tudo que tinha acontecido comigo. Esta ansiedade vem diminuindo lentamente. Ao longo dos anos, aprendi a reconhecer que ele sempre está disponível para me escutar, e entendi que não há pressa em me comunicar.

Lama Gangchen Rinpoche disse certa vez a uma amiga: "Quando você estiver feliz compartilhe sua felicidade, mas guarde algo com você, assim irá aprender a manter sua energia sem dispersá-la".

Quando vivemos emoções profundas em solidão, descobrimos que podemos ser nutridos por elas. Quando superamos a necessidade de compartilhar nossas emoções, como forma de sermos reconhecidos por aqueles que nos rodeiam, aprendemos a evitar que nossa energia se escoe.

Assim, também tenho buscado aprender a lidar com minhas próprias emoções. Por saber que sou capaz de acolhê-las, já não preciso ansiar por senti-las. Reconheço que desta forma posso viver de modo direto o momento presente, sem deixar que a incerteza do futuro desperte em mim um sentimento de urgência e vulnerabilidade.

VII

Sutrayana e Tantrayana: dois grandes métodos budistas para lidar com as emoções

Embora Sutra e Tantra persigam a mesma meta, utilizam métodos bem diferentes para alcançá-la.

Traleg Kyabgon

No capítulo anterior, refletimos sobre a importância de aprender a acolher as emoções para que elas sejam liberadas. Desta forma, passamos a criar intimidade, isto é, proximidade com a nossa própria mente. Assim, podemos considerar os momentos em que surgem sentimentos desagradáveis como uma oportunidade para purificá-los e não precisamos mais tentar suprimi-los ou negá-los.

O Budismo Tibetano é composto por dois grandes métodos para transformar emoções negativas em emoções positivas: o *Sutrayana* e o *Tantrayana*, transmitidos por Buddha Shakyamuni há 2.500 anos.

Sutra é uma palavra sânscrita que designa *aforismo* ou texto que expõe (dentro da filosofia hindu e budista) o "fio" de uma ideia, de uma doutrina ou de uma ciência. Após a morte de Buddha, os Sutras foram transmitidos em pali, de acordo com uma tradição de transmissão oral dos ensinamentos.

A palavra Tantra (*gyü* em tibetano) significa "continuidade", "porque os ensinamentos tântricos enfatizam a ideia da continuidade entre a natureza interior de uma pessoa na condição de samsara e a natureza interior da mesma pessoa no estado de nirvana".[1] Neste sentido, Tantra significa o "fio de energia contínua que sustenta a energia sutil de nosso corpo e mente". Esse *continuum indestrutível* de energia é o que passa de vida para vida. Por meio dos Métodos Tântricos, o praticante irá purificar totalmente o seu *continuum indestrutível* até

---

1. Traleg Kyabgon, *A Essência do Budismo*, Ed. Mandarim, p. 185.

transformá-lo no Corpo-Vajra e na Mente-Vajra de Buddha. O sistema tântrico tem muitos nomes diferentes, como Tantrayana, Vajrayana e Mantrayana.

Os ensinamentos tântricos são mantidos em segredo até certo ponto, não porque não devam ser revelados, mas porque a maioria de nós é incapaz de compreendê-los. O método tântrico é mais veloz e, portanto, mais poderoso que o método do Sutra, mas também pode mais facilmente ser mal interpretado. Exige grande disciplina e sabedoria, isto é, um compromisso pessoal muito mais sério, pois lida com nossas energias psicofísicas mais potentes.

No entanto, temos demonstrado uma crescente necessidade de contato com os ensinamentos tântricos, para aprendermos a lidar diretamente com a nossa energia. Como Lama Gangchen Rinpoche nos disse, em 1995, enquanto visitávamos a Stupa de Borobudur, na Indonésia: "Perdemos o apetite pela energia grosseira, agora temos fome de energia sutil. Estamos aqui, visitando este lugar sagrado, porque queremos aprender a fazer contato com a nossa energia interna sutil".

O método Sutrayana

O método Sutrayana foi ensinado no século XV, no Tibete, pelo mestre Lama Tsong Khapa num livro conhecido como *Lam Rim Tchenmo – As etapas do caminho gradual para a iluminação.*

Seus ensinamentos baseiam-se na prática de aplicar antídotos mentais. Ou seja, usar as emoções positivas (isto é, as virtudes) para combater as emoções negativas. Assim, o antídoto da raiva, por exemplo, é a paciência, do apego, a satisfação, e do ciúme, o regozijo.

Através desse método, inicialmente evitamos o confronto direto com as emoções negativas, e treinamos lidar com elas meditando sobre seus antídotos, desenvolvendo, desta forma, as virtudes necessárias para confrontá-las. Portanto, este é um caminho gradual, onde iremos confrontar as emoções negativas apenas quando estivermos preparados para enfrentá-las.

Sua Santidade Dalai Lama associa a capacidade de nos familiarizarmos com as virtudes mentais para lidar com as fortes emoções destrutivas com o bom funcionamento do sistema imunológico: "[...] no reino físico, quem tem um sistema imunológico bem saudável, embora se exponha à doença – resfriado, por exemplo – tem maiores possibilidades de superar qualquer doença. Ao passo que, se o sistema imunológico está deficiente, então, além de estar muito mais propenso a doenças, também diminuem as probabilidades de recuperação. De maneira semelhante, quando se trata de lidar com emoções destrutivas e melhorá-las, é muito difícil para as pessoas comuns aplicar um antídoto exatamente no momento em que a emoção forte já ocorreu. [...] O necessário é uma preparação geral para que o estado mental fundamental se assemelhe a um sistema imunológico saudável. Familiarizar-se com esses métodos – o lado da sabedoria e também das habilidades. Essa familiarização nos dá certa força, certa experiência. Depois, ao ver que a raiva, o apego ou os ciúmes estão prestes a chegar, é muito mais fácil lidar com eles. Quem tem essa preparação básica, em situação ideal deve estar capacitado para detectar os sinais das emoções que se aproximam, se o nível de percepção for suficientemente alto. Terá cultivado um temperamento que lhe permite detectar os primeiros sinais dessas emoções para poder evitar seu surgimento. Ou, caso isso não seja possível, quando surgirem emoções fortes como a raiva, talvez não se deixe dominar por elas. Os estados emocionais não durariam muito, não o dominariam".[2]

Ao estudar a função da mente, a Psicologia Budista não visa tomá-la como objeto de estudo científico, mas sim compreender a natureza dos defeitos mentais para poder superá-los. Infelizmente, em nossa cultura ocidental, dedicamos pouco tempo e energia para refletir e conhecer a natureza de nossa mente.

Por falta de uma educação não formal sobre as nossas emoções, tornamo-nos incapacitados de lidar com elas. Para manter contato com as emoções positivas que necessitamos desenvolver, é preciso primeiro sermos capazes de identificá-las. Só então poderemos nos familiarizar com elas por meio de sua vivência.

Portanto, o primeiro passo, no método Sutrayana, é dedicar nosso tempo para estudar a natureza das virtudes, como as *Seis Perfeições*[3] – generosidade, moralidade (ética), paciência, esforço entusiástico, concentração e sabedoria –, e então praticá-las como antídotos dos estados mentais negativos.

Assim, a generosidade é o antídoto da avareza e do apego; a moralidade é o antídoto da indisciplina que leva às ações negativas; paciência é o antídoto da raiva; o esforço entusiástico é o antídoto da preguiça e do desencorajamento; a concentração é o antídoto do descontrole e da dispersão mental; e a sabedoria, o antídoto da ignorância.

No entanto, todos nós sabemos que não é fácil agir de maneira pura. São muitas as vezes que pensamos estar praticando uma ação virtuosa e, no entanto, estamos agindo de um modo desgovernado e ignorante. Isto é, mesmo quando bem-intencionados, se agirmos sem sabedoria, iremos apenas gerar mais confusão.

---

2. Dalai Lama e Daniel Goleman, *Como Lidar com Emoções Destrutivas*, Ed. Campus, p. 175.

3. Ver Apêndice, seção referente ao Capítulo X.

Por isso, ao praticar cada uma destas *Perfeições*, é preciso que as demais estejam também presentes. Por exemplo, de pouco adianta termos atitudes generosas, se elas são moralmente condenáveis. Ou seja, praticar a verdadeira *generosidade* é agir de um modo *ético*. A ética é um estado de espírito que se abstém de se envolver em qualquer situação ou acontecimento que pode ser, ou vir a se mostrar, prejudicial aos outros. O mesmo ocorre com a paciência. Ela deve funcionar como um autêntico antídoto para a raiva. Se não reagimos a uma situação provocadora com a intenção de sermos pacientes, mas, logo em seguida, nos tornamos rancorosos e planejamos uma retaliação, não estaremos sendo éticos e tampouco realmente pacientes. Para praticar a verdadeira *paciência*, é preciso cultivar simultaneamente o *esforço entusiástico* em perseverar nos nossos propósitos.

Praticar uma virtude (ou *perfeição*), segundo o Sutrayana, significa inicialmente refletir profundamente sobre os seus benefícios. Só assim seremos capazes de praticá-la com determinação e clareza. Por exemplo, se compreendermos o quanto a raiva e o rancor destroem nossa capacidade de julgar e pensar, poderemos praticar a paciência para controlar a nós mesmos e, assim, não nos deixarmos contaminar pela raiva alheia.

Portanto, ao praticar o Método Sutrayana, de acordo com o *Lam Rim*, teremos que ser capazes de discernir quais são as emoções construtivas e quais são as destrutivas, para combatê-las ao invés de cultivá-las.

Lama Gangchen Rinpoche nos ensina como praticar o método Sutrayana em seu livro *Autocura I* de maneira simples e profunda ao nos fazer a seguinte pergunta: "O que parece ser nosso amigo, mas na realidade é nosso inimigo?".[4] Podemos achar que a raiva nos dá força para reagir, ou que o apego nos gera prazer, mas na realidade estas emoções têm um grande poder destrutivo. Ele esclarece: "Nossa mente é muito dura. Não aceita o verdadeiro benefício. Gostaríamos de ter benefício, faz parte da nossa natureza fazer coisas boas. Essa é a maneira correta de pensar, é a mente positiva. A mente negativa é aquela que diz: 'Sim, sim, mas...'".[5]

Precisamos aprender a realmente discernir o positivo do negativo, o benéfico do maléfico. O nosso maior problema é que seguimos mais facilmente a influência da mente negativa do que a da mente positiva, por isso necessitamos da Autocura. Como nos diz Lama Gangchen: "Temos de refletir: o que é nosso amigo, o que nos traz benefícios – muito ou pouco, temporários ou não, o que nos traz problemas. Primeiro devemos compreender tudo isso com

---

4. Lama Gangchen Rinpoche, *Autocura I*, Ed. Gaia, p. 57.
5. Idem, p. 59.

muita clareza. Depois é preciso nos despedir de nossos problemas. Então é que acontecerá, de forma prática, a verdadeira Autocura".[6]

Portanto, de acordo com o Sutra, o primeiro passo é prestar muita atenção ao que estamos fazendo, observar o que faz bem e o que não faz bem – tanto para nós como para os outros – e depois renunciar ao que verdadeiramente não é bom.

Mas, por ser um caminho gradual, o método Sutrayana pressupõe um período de treinamento e observação.

O método Tantrayana

Uma vez fortalecidos, podemos praticar o método Tantrayana, também conhecido por Vajrayana. Quando aprendemos a não resistir às emoções, mas sim a transformá-las, nos habituamos a reconhecer a sua natureza passageira. Por mais densa e intensa que uma emoção possa ser, agora *sabemos* que ela não estará ali para sempre. Já relaxamos no fluxo de que tudo vem, tudo vai. A percepção de que qualquer evento mental é impermanente nos possibilita compreender a essência da sabedoria budista no Método Tântrico: a natureza vazia de nossas emoções.

Dizer que a natureza das emoções é vazia não significa dizer que as emoções não existem ou que são estéreis, vazias de qualidade ou potencial. Mas sim que, por sua natureza impermanente, insatisfatória e desprovida de existência independente, elas podem ser totalmente eliminadas. A isso, o Budismo denomina Nirvana: o total alívio e cessação das aflições da mente, a verdadeira paz – um estado de êxtase e plena beatitude.

Ao compreender que estamos atados às nossas emoções aflitivas somente de modo temporário, podemos reconhecer que somos livres, isto é, que é possível nos soltar delas. Não estamos condenados aos nossos dramas emocionais. Podemos nos desprender dos detalhes e das exigências que sobrecarregam nossos conflitos internos ao reconhecer a qualidade *espaço* de nossas emoções. Como explica Lama Gangchen Rinpoche: "Os pensamentos e as emoções surgem e depois perdem a energia e se dissolvem de novo na mente. É como um pássaro que soltamos no convés de um barco no oceano: podemos vê-lo voando no céu ali perto por algum tempo. Depois ele se cansa, sua energia se esgota e ele volta para o barco, pois não tem outro lugar para pousar. Da mesma forma, nossos pensamentos e nossas emoções surgem de

6. Idem.

nosso espaço interior e depois perdem o impulso e voltam para esse espaço, onde se dissolvem".[7]

Cara a cara com as emoções

Lama Michel, quando tinha 15 anos, me contou que teve o seguinte sonho: "Sonhei que estava com o Rinpoche em frente a um campo de futebol. O Rinpoche elogiou o campo e, então, ele foi se transformando em quadras dos mais diversos esportes. Ele dizia o nome de cada esporte enquanto apontava para cada uma das quadras à nossa frente. Até que apontou para duas barras paralelas e disse: 'Esse é o nosso jogo, esse é o Tantra: ficar cara a cara e não ficar enrolando – nós encaramos a verdade de frente'".

Em geral, quando não conseguimos lidar com uma situação de frente, nos sentimos inadequados e perdemos nosso eixo de equilíbrio interno. Um sinal de que estamos enfraquecidos e fora de nosso eixo é que adquirimos o hábito de reclamar.

O método Tantrayana nos ensina a lidar diretamente com nossas emoções negativas – isto é, usá-las como combustível para o nosso desenvolvimento espiritual: transformar o veneno em remédio. Segundo a perspectiva tântrica, não precisamos rejeitar nenhuma emoção, pois podemos usar todas as nossas experiências de uma forma positiva.

"A partir da perspectiva Vajrayana, portanto, a questão não é descartar as emoções e sim liberá-las. No entanto, existe aqui um perigo: se não tivermos a ferramenta básica para liberar nossas emoções – se formos incapazes de renunciar ao apego e à aversão sutil em sua origem –, então, diz Tsoknyi, 'estamos apenas diante de outra emoção – não estamos livres'. O ideal é que as emoções se tornem autoliberadas, ou livres do revestimento das nossas reações habituais, no momento em que surgem na mente."[8]

O Tantra é um método vivencial no qual trazemos o resultado futuro para o presente. Se o resultado futuro é a transformação das emoções negativas em positivas, no caminho Tantrayana devemos lidar com estas emoções. Assim, se, por exemplo, queremos transformar a raiva em paciência, aceitamos lidar com a emoção da raiva sem reagir a ela. Aprendemos a ser pacientes com nossa própria raiva!

"O Tantra é conhecido como o veículo do resultado porque, com ele, imaginamos já possuir um corpo, palavra, mente, qualidades e ações de cristal

---

7.   Lama Gangchen Rinpoche, *NgelSo Autocura Tântrica III*, Ed. Gaia, p. 350.
8.   Tara Bennett-Goleman, *Alquimia Emocional*, Ed. Objetiva, p. 403.

puro. A essência da filosofia tântrica é tornar possível o impossível pelo poder da imaginação positiva. [...] O Tantra ativa muitas energias sutis poderosas em nosso corpo e mente e, se não tivermos um treinamento ou disciplina mental, esse excesso de energia pode tomar o caminho da resistência mínima por meio de nossas emoções negativas do apego, ciúme, orgulho, egoísmo, etc. Esse é um mau uso do caminho rápido para a Iluminação, que pode até aumentar nosso sofrimento, prendendo-nos mais profundamente ainda à prisão samsárica."[9] Samsara refere-se à existência cíclica: o ciclo infinito e descontrolado de morte e renascimento.

Por esta razão, Lama Gangchen nos aconselha a praticarmos a união do Sutra com o Tantra: "Podemos dizer que o Sutra torna a estrada até a Iluminação muito uniforme e boa, enquanto o Tantra é a Ferrari que voa por essa estrada em máxima velocidade. Se formos realmente entrar no mundo do Tantra, devemos tentar equilibrar e estabilizar nossa personalidade e energia usando as meditações do Lam Rim".[10]

"O Sutra nos dá todas as práticas preliminares, como a renúncia, a bondade, um bom coração, a permanência serena e as informações completas sobre como chegar da forma correta à percepção do objeto, o espaço absoluto da vacuidade. O Tantra nos dá as práticas de transformação da energia dos elementos, do corpo e da mente e os meios para gerarmos a mente muito sutil mais profunda e plena de Bem-aventurança, a que realmente precisa relaxar no espaço absoluto e meditar na vacuidade."[11]

A prática do Tantra, portanto, necessita do Sutra, isto é, das realizações básicas de amor, compaixão e da mente desperta.

Os Sutras são acessíveis a todas as pessoas dispostas a desenvolver a natureza positiva e pura de sua mente. Já a prática do Tantra tibetano requer iniciação e permissão de um Lama qualificado, que proporciona a energia que cura profundamente o corpo e a mente.

Hoje em dia temos um acesso muito maior às práticas tântricas do que havia nos tempos do Tibete antigo. Atualmente, podemos praticar a *Autocura Tântrica NgelSo* mesmo sem termos recebido a sua transmissão oral – seus efeitos, porém, serão mais notáveis se a tivermos recebido.

Desde o tempo de Buddha, muitos meditadores praticaram o Tantra e atingiram a iluminação, assim como transmitiram esses métodos aos seus discípulos.

---

9. Lama Gangchen, *NgelSo Autocura Tântrica III*, Ed. Gaia, p. 128 e 366.
10. Idem, p. 359.
11. Idem.

A transmissão ininterrupta desses ensinamentos de uma geração de professores e curadores para a próxima é chamada de *Linhagem Tântrica*.

O vínculo mestre e discípulo

O Caminho Tântrico é conhecido por ser rápido e poderoso, no entanto, é importante a presença e conexão com um mestre iluminado ligado a uma linhagem para praticá-lo. Será ele quem irá nos possibilitar a compreensão energética dos ensinamentos.

Podemos entender as palavras de sabedoria, mas se não estivermos com a mente sutil desperta não conseguiremos transformar nossa ignorância. Isto é, se a compreensão dos ensinamentos for apenas intelectual, iremos continuar agindo sempre da mesma maneira.

Percebemos quando nossa mente sutil começa a se manifestar quando vivenciamos a diferença entre escutar um ensinamento e compreendê-lo. O mestre nos abençoa para realizarmos esta compreensão. "Receber bênçãos" no Budismo quer dizer transformar nossa mente positivamente.

A maioria de nós, ocidentais, tem dificuldade em compreender a relação mestre-discípulo. De um modo geral, a ideia de "se entregar" a um mestre espiritual está carregada de preconceitos. John Welwood escreve: "Hoje em dia, muitas pessoas pensam que se entregar significa abrir mão da inteligência ou da individualidade, e adotar uma posição fraca, dependente e submissa. Entretanto, a verdadeira entrega nunca é uma escravização, mas um passo em direção à recuperação do verdadeiro poder".[12]

Desde que me tornei discípula de Lama Gangchen Rinpoche, em 1987, acompanho o processo de muitas pessoas de diferentes níveis sociais, culturais e econômicos que se tornaram, também, suas discípulas: *amigos espirituais*, como Lama Gangchen costuma dizer. Apesar de diferentes, todos encontram nele a mesma energia de amor e cura. Como ele próprio escreve em seu livro *NgelSo Autocura Tântrica III*: "Nós nos ligamos a um Lama Curador porque gostamos de sua vibração de amor, sua energia de cura e seu sorriso interior. Além disso, desejamos ser como ele e, para isso, precisamos que ele nos mostre o caminho. As imensas possibilidades do desenvolvimento humano revelam-se para nós, e até o que parece impossível, por exemplo, a iluminação tântrica em uma só vida, torna-se possível. Precisamos sempre nos lembrar, porém, que o Lama Curador não vai nos transformar em Buddhas. Cada um tem que

---

12. John Welwood, *Em Busca de uma Psicologia do Despertar*, Ed. Rocco, p. 294.

despertar seu próprio Buddha interior, seguindo as instruções e praticando sua própria Autocura. O Lama Curador pode nos mostrar o caminho, mas nós mesmos temos que trilhá-lo".[13] Quando nos ligamos a um mestre, nossa energia sutil torna-se automaticamente conectada a ele, nos levando a despertar nosso próprio mestre interior.

Autocura Tântrica NgelSo

Por muitos séculos, a linhagem dos ensinamentos tântricos esotéricos foi mantida em segredo. Até mesmo aqueles que viviam em monastérios budistas tibetanos e dedicavam sua vida aos estudos dos ensinamentos de Buddha tinham que estudar filosofia por muitos anos e fazer muitos pedidos sinceros até poderem ter acesso a esses ensinamentos.

Agora, devido à crescente urgência de métodos poderosos para gerar a paz interior e mundial, Lama Gangchen Rinpoche está no Ocidente para transmitir um método de Autocura Tântrica, conhecido por *NgelSo*, que resulta da união do Sutra e do Tantra com a medicina e a astrologia. A sílaba *Ngel*, por querer dizer exaustão, degeneração, está associada à escuridão. E *So*, por significar recuperação e regeneração, está associada à luz. *NgelSo* é, portanto, o processo de transformar as energias degenerativas e obscuras em energias regenerativas, como a luz.

Como revela Lama Gangchen Rinpoche: "O conteúdo de meus livros de Autocura foi mantido em segredo e praticado durante muitos séculos pelas minhas encarnações passadas. Tendo recebido de meu Guru, Yidam e Protetor, a mensagem de que a Autocura é o melhor método por meio do qual posso contribuir para o desenvolvimento da sociedade conteporânea, decidi imprimir agora meus discos e oferecê-los abertamente a todos os meus amigos. Talvez eu seja louco, desculpem-me! Apenas sinto que nestes tempos difíceis será de benefício imprimir meus secretos programas tântricos".[14]

---

13. Lama Gangchen Rinpoche, *NgelSo Autocura Tântrica III*, Ed. Gaia, p. 314.
14. Idem, p. 106.

VIII
Como abrir mão de uma visão egocentrada para ter boa autoestima

Conhecendo-te a ti mesmo, evitas perder um dia.
Tu te tornas luminoso para os outros.
Dugpa Rinpoche

Aprendemos desde muito cedo o mandamento da Bíblia: "Amai-vos uns aos outros, como amas a ti mesmo". Mas o que significa amar a si mesmo?

No livro *A Cabala da Inveja*, o rabino Nilton Bonder discute a questão: "Obviamente, para amar o próximo como a nós mesmos, devemos nos amar, como premissa. No entanto, a maior parte das interações que temos com os outros apresenta dimensões de conflito e tensão próprias do convívio e da sobrevivência. Nestes casos, como podemos amar o outro como a nós mesmos? Se numa situação de disputa amamos o outro como a nós mesmos, acabamos amando-o de maneira diminuída e, portanto, não dispomos de amor próprio para amá-lo como a nós mesmos. Como se, em situações de disputa, 'amar ao próximo como a nós mesmos' corresse o risco de transformar-se em 'amar ao próximo *mais* do que a nós mesmos'. Se esta colocação parece complicada no dia a dia, tanto nos mercados como em qualquer situação de relacionamento com outros, descobrimos ser ela uma contradição constante".[1]

Começamos a viver esta contradição muito cedo em nossas vidas. Desde pequenos, aprendemos que é *feio* sermos egocentrados: "Se você for egoísta, vai ficar sem amigos", "Deixe os outros se servirem primeiro", mensagens como estas, ditas com palavras ou gestos, tinham a intenção de nos ensinar a ter "bons modos". Aprendemos como devemos nos comportar com os outros,

---
1. Nilton Bonder, *A Cabala da Inveja*, Ed. Imago, p. 132.

mas não nos foi ensinado como nos comportarmos com relação a nós mesmos. Pouco nos falaram sobre como ter uma boa autoestima, sobre amarmos a nós mesmos.

Conforme crescemos, começamos a perceber que o modo como nos relacionamos com os outros reflete o tipo de relacionamento que temos conosco. "Se não sabemos como amar a nós mesmos, não temos condições de amar os outros", isto pode ser um velho clichê, mas contém uma grande verdade. Assim, compreendemos que, para nos relacionarmos com o mundo exterior, é necessário cuidar também de nosso mundo interior. Nossa inquietação interna nos afasta tanto dos outros quanto de nós mesmos. A autoestima, ao contrário, gera um sentimento de segurança e paz interior.

Durante o Ano-Novo de 1994, em Milão, Lama Gangchen Rinpoche nos falou: "Tenha paz interior para mudar a sua vida". Inicialmente, fiquei profundamente tocada, mas, ao mesmo tempo, confusa. Como poderia, então, mudar minha vida se não tinha paz interior?

Depois, Gangchen Rinpoche continuou nos dizendo: "Aprendemos tantas coisas difíceis e importantes, mas não aprendemos como ter paz. A negatividade não existe. Somos nós quem a criamos. O problema é que nós não sabemos reconhecer a positividade. Primeiro, é preciso reconhecer a paz interna, para depois desenvolvê-la, senão a perderemos novamente".

De alguma forma me acalmei, pois compreendi que ele estava prestes a nos ensinar o que é a paz interna. De fato, neste dia, pela primeira vez em minha vida, escutei alguém me falar sobre o que é *ter paz*. Na realidade, Gangchen Rinpoche nos transmitiu tanta paz que pude finalmente reconhecê-la também em mim.

Espero que você também possa, agora mesmo, ao ler minhas anotações daquele dia, sentir o impacto destes ensinamentos:

"Uma mente tensa é como estar como as mãos tensas: você não consegue tocar nada. Por isso, precisamos nos decidir por não cultivar uma mente estúpida e nos programar algo muito preciso. É só uma questão de não seguir as emoções negativas, de aceitar a paz e segui-la. Depois de ter paz, tudo passa a vir automaticamente de modo positivo. Primeiro temos que fazer o nosso *make up* interno em nosso espelho interno. A essência do *make up* interno é a moralidade do espaço com paz. Abraçar tudo com paz.

Assim, é possível criar a interdependência positiva. Paz significa falar e trabalhar levemente, com uma postura agradável. Gestos violentos, xingar, tiram a nossa paz. A paz é tanto ativa quanto passiva. Não é só contemplativa, é, também, energética. É ter uma mente saudável: relaxada e acordada ao mesmo tempo.

Quando vocês estiverem se arrumando, não deixem sua mente correr. Vistam-se com paz interna. Não há problema em estar ocupado e fazer muitas coisas se vocês tiverem paz interna. Pois, aí, as coisas irão dar certo mesmo que vocês não estejam pensando nisso".

Abrir o coração

Uma vez Lama Gangchen me disse diretamente: "O Caminho do Tantra é maravilhoso, mas só se você quiser abrir o seu coração. Senão, ele se torna um caminho muito difícil de percorrer, e aí não vale a pena".

As diversas tradições espirituais nos ensinam sobre a importância de abrirmos nossos corações e abandonarmos nossa atitude comumente egocentrada para que haja paz no mundo. A mensagem essencial da filosofia budista consiste, justamente, em nos esclarecer que o apego à nossa autoimagem é a raiz de todo nosso sofrimento. Pois o hábito de considerar nosso próprio Eu como o único referencial verdadeiro na percepção da realidade está arraigado em nossa atitude mental desde que nascemos.

Abrir o coração é uma atitude pouco familiar em nossa cultura ocidental que estimula o espírito competitivo. Aprendemos tantas vezes a fechar nosso coração para nos proteger, que abri-lo é um grande desafio.

No entanto, conviver com Lama Gangchen Rinpoche nos inspira a enfrentar este desafio. Pacientemente, ele nos ensina a superar o hábito de pensar no que se restringe somente a nós mesmos. Ao seu lado, testemunhamos o valor de um coração verdadeiramente aberto. "Com o coração aberto algo acontece", disse-me ele, certa vez.

O Budismo nos mostra que, enquanto nos interessarmos apenas por nós mesmos, nada acontece e os nossos problemas sempre parecerão intransponíveis. Contaminada pela avareza, a mente egocentrada está continuamente preocupada com a ideia do Eu, e torna-se, assim, tensa e angustiada.

Nas rezas da prática de meditação Autocura Tântrica NgelSo elaboradas por Lama Gangchen Rinpoche, recitamos: "Por favor, corte a minha atitude Egocêntrica e abençoe-me para que eu desenvolva a Bodhichitta pura".[2]

Os *Bodhisattvas* (*Bodhi*: iluminação; *Sattva*: ser) dedicam suas vidas a atingir a Iluminação com o propósito de beneficiar a todos os seres, ou seja, a felicidade alheia está incluída em seu processo de evolução. Eles não visam apenas o bem-estar pessoal, pois compreenderam que a atitude mental ego-

---

2. Lama Gangchen Rinpoche, *NgelSo Autocura Tântrica II*, Ed. Gaia, p. 226.

centrada impede de manter a mente estável e livre de estados mentais negativos. Buscam, assim, desenvolver a *Bodhichitta* (*Bodhi*: iluminação; *chitta*: mente): um estado mental conhecido como "mente de Iluminação", ou seja, um estado mental que favorece a Iluminação. Esta é uma atitude que requer sabedoria, uma mente clara e também aberta.

O caminho espiritual nos chama para a abertura: ter empatia pelos outros, reconhecer que estamos todos interligados. Enquanto estivermos presos por uma visão egocentrada, intensificada pela ideia de que somos seres separados uns dos outros, não poderemos ser empáticos, pois estaremos limitados pela carência de ser constantemente reconhecidos por eles.

Somente quando estamos bem conosco, temos energia disponível para perceber o outro. De fato, precisamos, antes de tudo, abrir nosso coração para nós mesmos. Cultivar a autoestima, portanto, reconecta-nos com a sabedoria da interdependência.

"Quando nos tornamos mais perspicazes e compassivos diante de nossas próprias dificuldades, espontaneamente sentimos mais ternura pelos outros seres humanos. Ao conhecer nossa própria confusão, ficamos mais dispostos e capazes para colocar a mão na massa e tentar aliviar a confusão dos outros."[3]

Abrir-se para o outro é um exercício de autoconhecimento

A autopercepção é um pré-requisito para a empatia: é preciso sermos sensíveis às nossas nuanças emocionais ao entrarmos em contato com o outro. "Sem a capacidade de captar nossos próprios sentimentos, ou impedir que eles se apossem de nós, ficaremos irremediavelmente desconectados dos estados de ânimo das outras pessoas. A empatia é o nosso radar social",[4] escreve Daniel Goleman em seu livro *Trabalhando com a Inteligência Emocional*. "[...] A empatia requer, no mínimo, ser capaz de ler as emoções de outra pessoa. Num nível mais elevado, implica aperceber-se e reagir às preocupações e sentimentos não verbalizados de alguém. No nível mais alto, ter empatia é compreender as questões e as preocupações que ficam por detrás dos sentimentos de alguém."[5] O mesmo temos que saber fazer com nossos próprios sentimentos.

Abrir-se para o outro é, portanto, um exercício que envolve o autoconhecimento. "O autoconhecimento é inseparável do conhecimento dos outros. Da

---

3. Pema Chödrön, *Quando Tudo se Desfaz: instruções para tempos difíceis*, Ed. Gryphus, p. 55.
4. Daniel Goleman, *Trabalhando com a Inteligência Emocional*, Ed. Objetiva, p. 149.
5. Idem.

mesma forma, o amor por si é inseparável do amor pelos outros."[6] "Desperta-te no olhar dos outros. Eles também são tua fonte."[7]

No entanto, isso não quer dizer que o outro possa fazer, por nós, o esforço de harmonizar-nos interiormente.

A clareza de intenções e autovalorização geradas pela harmonia interna são condições prioritárias para uma comunicação saudável com o outro.

Se estivermos internamente tensos, carentes de atenção, e agirmos de modo agradável, apenas com a esperança de receber algum alívio, então nossa atitude será baseada na força de uma frágil gentileza.

Muitas vezes, atitudes aparentemente gentis estão baseadas em uma autoestima baixa e surgem como um pedido para sermos amados. Desse modo, estamos fadados a criar mal-entendidos e corremos o risco de confundir gentileza com autoanulação. Quando nos pegamos dizendo com muita frequência "não se preocupe comigo", é melhor ficarmos atentos, pois provavelmente já ultrapassamos as fronteiras de nossas necessidades e em breve teremos um colapso nervoso!

Vamos analisar o que acontece quando, sob a intenção de nos abrirmos para o outro, está apenas o desejo de receber atenção. Nessa situação, surge um paradoxo: queremos ver o outro para, secretamente, sermos vistos por ele. Aqui, *quem necessita ser visto* é o Ego frágil, carente, baseado numa baixa autoestima.

Nesses casos, o outro pode até receber o que necessita e sentir-se bem com nossa atitude agradável, mas não terá necessariamente compreendido que havia, por trás da gentileza, um pedido de mais atenção. Ele só perceberá que a generosidade recebida estava baseada em condições, quando lhe forem cobradas atitudes de reconhecimento. Isso é muito comum nos relacionamentos: somos gentis com os outros desde que eles não nos decepcionem. Isso acontece porque, quando agimos com base no Ego, percebemos o outro como um prolongamento de nós mesmos.

Quando agimos com a motivação inconsciente de sermos reconhecidos, estamos agindo para satisfazer nossas próprias necessidades. Esperamos obter algum resultado, em vez de estarmos fazendo, de fato, algo para o outro, livre de segundas intenções. Dugpa Rinpoche escreve: "Nunca te apegues aos resultados obtidos. Eles te desviariam do Caminho, impedindo o progresso. Busca sempre novas metas para tua vida, uma paixão sempre nova".[8] E diz ainda:

---

6. Dugpa Rinpoche, *Princípios da Vida*, Ed. Nova Era, p. 102.
7. Idem, p. 96.
8. Idem, p. 16.

"Vencer exige uma grande renúncia. Aquele que se apega aos frutos de suas obras não progride mais. Ele se vê emperrado, paralisado pela própria criação. Desapega-te pela meditação, sem renunciar às tuas obras".[9]

Uma coisa é atender as necessidades dos outros por amor a eles. Outra é atender as necessidades dos outros por necessidade de receber o reconhecimento deles.

Não há nada de errado em querer ser visto e reconhecido pelos outros. Reconhecer e ser reconhecido faz parte da dinâmica dos relacionamentos sadios. Quando reconhecemos algo ou alguém, ativamos seu poder latente.

Cabe ressaltar que o reconhecimento sadio é aquele expresso com naturalidade. Você sente que a pessoa está sendo sincera, que ela está, de fato, grata. Um elogio, por exemplo, é uma forma de agradecimento – quando alguém nos elogia está agradecendo pela inspiração que lhe causamos. No entanto, muitas vezes, o elogio está contaminado pela inveja e passa a ser uma arma para derrubar o outro. Isto é, se aquele que recebe o elogio ficar com o seu Ego inflado, irá se tornar vulnerável, pois, na medida em que se torna demasiadamente cheio de si mesmo, ele perde a visão do outro.

O problema surge quando o reconhecimento e a aprovação externa passam a ser mais importantes que o reconhecimento interno. É preciso desenvolver uma autoestima que sabe valorizar seu próprio esforço.

Para praticar a verdadeira generosidade, portanto, é preciso ter, em primeiro lugar, uma autoestima fortalecida pelo próprio reconhecimento de suas potencialidades. Como nos diz Márcia Mattos: "[...] são necessárias uma correta e real dimensão dos recursos da personalidade e a capacidade de recrutá-los [...]. Não adianta só tê-los, tem-se que tomar posse deles. E considerá-los um bem. Às vezes, temos os meios, mas não sabemos que os temos. Ou não os usamos, não os praticamos. Não os valorizamos. [...] A melhor maneira de abordar um recurso da personalidade é ter uma percepção positiva dele. Imaginar que aquilo que se tem é bom. É valioso".[10]

É preciso, portanto, saber inventariar corretamente nossos recursos para podermos agir com autonomia em relação ao reconhecimento ao outro. Só atingimos essa autonomia quando assumimos cem por cento aquilo que acontece conosco ou aquilo que se passa dentro de nós. É verdade que não podemos controlar os acontecimentos, mas podemos controlar nossas reações ou o modo como iremos vivenciar aquilo que nos aconteceu. Ou seja, não importa aquilo que fizeram conosco, mas sim aquilo que fazemos com o que fizeram de nós.

---

9. Idem, p. 47.
10. Márcia Mattos, *Livro das Atitudes Astrologicamente Corretas*, Ed. Campus, p. 29.

A autoestima define nosso destino

Ter uma boa autoestima é confiar em nossa capacidade de enfrentar os desafios básicos da vida. Quando a cultivamos, nos adaptamos às exigências que se apresentam.

Nossa autoestima baseia-se na capacidade de aceitar tanto nossos limites quanto nossas necessidades. Reconhecer nossos limites nos protege de autoagressões, expondo-nos a situações que estão além de nossas condições. Aceitar nossas necessidades ajuda-nos a identificar nossas prioridades.

Uma pessoa com baixa autoestima sente que não merece nada, ou que só merece sob certas condições. Ela sente que não é tão importante quanto os outros, e por isso as prioridades dos outros são mais importantes que as suas.

Autoestima é o julgamento que a pessoa faz de si mesma, indicando o quanto ela se acredita capaz, significativa, bem-sucedida e merecedora. Quanto maior for o número de escolhas e decisões conscientes que precisamos tomar, mais urgente será a necessidade de desenvolver uma boa autoestima. Quanto mais baixa for nossa autoestima, menor será nossa coragem de arriscar e, consequentemente, menos iremos nos realizar.

Arriscar-se requer desprendimento das expectativas e confiança em si mesmo. Se quando éramos crianças, nos sentimos traídos pelos nossos próprios pais repetidas vezes, seja porque não cumpriram suas promessas, seja porque literalmente nos abandonaram, não adquirimos familiaridade com o sentimento de confiança. Portanto, teremos que desenvolvê-lo agora como adultos. Nunca é tarde demais!

Fazer isso envolve uma constante dedicação e esforço em dar a si uma nova chance de abrir-se para o outro. A coragem para apostar em nós mesmos envolve a capacidade de confiar em nossa habilidade de escolher pessoas dignas de nossa confiança.

Portanto, para curar nossas emoções baseadas numa baixa autoestima, é preciso abandonar uma postura retraída e defensiva e correr o risco de dar um voto de confiança a si mesmo ao confiar em alguém!

Precisamos cultivar a confiança em nosso direito de ser feliz, na sensação de que temos valor, de que somos merecedores, de que temos direito de expressar tanto nossas necessidades quanto nossos desejos e de desfrutar dos resultados de nossos esforços. Em outras palavras, temos o direito de sermos bem tratados!

Lembro-me de certa vez em que precisava decidir se dava um telefonema no qual me arriscava a escutar um **não**, ou se devia "me calar para sempre". Quando decidi telefonar e encarar o medo da rejeição, escutei uma voz interna que me disse: "Você ainda poderá se tratar bem, mesmo que seja maltratada pelos outros".

Nossa insegurança e medo de sermos rejeitados nos mantêm presos às exigências de autoafirmação diante do outro. Caímos, assim, nas armadilhas de um jogo emocional tenso, e esquecemos que a qualidade de nossas emoções é de espaço, portanto, podemos nos desprender delas.

Não precisamos nos abandonar porque estamos em conflito interno. Quando existe espaço em nosso interior para acolher os sentimentos paradoxais, há cura.

Ao aceitar a presença de um sentimento desagradável, permitindo que ele esteja em nossa consciência sem resistências, nós nos libertamos de sua pressão e nossa energia vital volta a fluir. Como resultado da experiência direta com nossos sentimentos, surge uma nova compreensão, livre de acusações.

Quando passamos a acolher nossa vulnerabilidade, nossa mente sossega, pois não precisamos mais escapar ou resistir. Podemos, então, aceitar a insegurança como parte inerente da existência e depositar confiança no fluxo da vida.

Há momentos em que nos sentimos solitários, pois podemos contar, de fato, apenas conosco. Então, podemos ter uma atitude de autocompaixão, propondo-nos a continuar nos amando apesar de sentirmos que não estamos sendo amados pelo outro. Dizer a nós mesmos, com profunda honestidade: "Ok, estou só, e não estou sendo visto, mas assim mesmo posso estar bem". Falar assim consigo mesmo tem o poder de curar nossa mente. Quando deixamos de ter aversão à rejeição, começamos a amar a nós mesmos.

Certa vez, numa situação em que estava me sentindo rejeitada, Lama Gangchen Rinpoche me disse: "Não importa o que os outros dizem, o que importa é o resultado de seu trabalho. Falar cria *porquês*. Quem toma as decisões é quem sempre recebe as críticas. Troque a palavra *problemas* por *pequenas dificuldades*. Por pequenos problemas não devemos perder grandes oportunidades. Temos grandes projetos, por isso não precisamos nos identificar com pequenas dificuldades. Siga em frente".

Da próxima vez que você estiver numa situação em que não esteja sendo valorizado ou que se sinta ridicularizado, pergunte-se: "Por que é mesmo que eu estou nesta situação?". Faça algo positivo por você: uma boa autoestima é expressa em ações e não permanece só na intenção.

A autoestima nos ajuda a lidar
com nossa própria negatividade

Lama Gangchen nos ensina que nossa prioridade é manter nossa mente livre de estados mentais negativos! É ter paz. Para isso, precisamos estar conectados com nosso compromisso de crescimento interno.

Saber dizer não à negatividade, portanto, indica uma boa autoestima. Significa que a pessoa, além de ter boa autoridade interna, tem também capacidade de reconhecer suas prioridades.

Jean-Yves Leloup, psicólogo, sacerdote ortodoxo, alerta: "Antes de dizer sim, é preciso saber dizer não. [...] É preciso saber dizer NÃO para poder dizer um SIM VERDADEIRO".[11]

Portanto, enquanto não soubermos dizer *não*, é melhor nos afastarmos de situações que favoreçam a negatividade, ameaçando ou diminuindo nossa autoestima.

Devemos evitar situações em que somos diminuídos, mesmo que sob a forma de brincadeiras. Fico impressionada com a quantidade de vezes que, sob o pretexto da intimidade, somos agredidos com piadinhas ou comentários que nos "puxam para baixo". Observo isso principalmente na dinâmica de pequenos grupos. Se gravássemos as conversas que surgem espontaneamente em situações informais, veríamos que são poucas as apreciações honestas, os elogios sinceros e as observações de fato construtivas. Em geral, somos duros e pouco expressivos afetivamente. Tendemos a ser excessivamente críticos, irônicos, exigentes e vigilantes uns com os outros. Com certeza, se não fossem nossos padrões mentais negativos, nós teríamos mais autoestima.

Por isso, distanciarmo-nos conscientemente de pessoas que reforçam nossos sentimentos de inadequação e nos fragilizam é um ato de autoestima. Em situações assim, procuro me dizer: "Ainda estou vulnerável, não me 'dou alta' para enfrentar isso agora".

Após aprender a identificar um padrão negativo, as condições em que ele surge e o que o sustenta, podemos superá-lo por meio de uma nova orientação: "Ok, isto já foi, de fato, algo que me desequilibrava, mas hoje eu me conheço nesta situação melhor do que ontem, e por isso já posso me oferecer um novo posicionamento: posso fazer isso por mim e pelo outro, para que esta situação flua melhor para nós dois".

Guelek Rinpoche disse, durante um *workshop* sobre o Amor e Compaixão: "Vocês têm que reconhecer que há dentro de vocês uma natureza humana bela, boa. Quando nós nos tornamos seres iluminados é a bela natureza dos seres humanos existente em cada um de nós que se torna iluminada. Nada está vindo de fora para atingi-lo, isto não ocorre, é de dentro de cada indivíduo. Este indivíduo torna-se capaz de brilhar e funcionar bem. A iluminação realmente acontece desta forma. Vocês não precisam olhar para a pessoa à direita ou esquerda, está dentro de vocês. E isto é o problema, pois vocês se recusam

---

11. Jean-Yves Leloup, *Caminhos da Realização*, Ed. Vozes, p. 43.

a ter o conhecimento sobre vocês mesmos. Vocês não apenas recusam o conhecimento como também o negam. Não apenas o negam como dizem para si mesmos: 'Eu sou uma má pessoa'. Como vocês podem fazer isso com vocês mesmos? Não é muito duro? É. Alguns de nós somos muito duros conosco mesmos, nos subestimamos muito. Agora é hora de olhar para outra direção e reconhecer a beleza da natureza humana e as boas qualidades dentro de nós mesmos. Reconhecer nossa compaixão e começar a cuidar de nós mesmos. Uma vez que desenvolvemos amor próprio, então começaremos a desenvolver amor para com os outros".

A possibilidade de reconhecer e desenvolver esse amor por si mesmo, e consequentemente pelo outro, *define o nosso destino* e, por decorrência, o destino de nossa humanidade. Pois, enquanto o ser humano não puder reconhecer sua própria beleza, não terá condições de cuidar da beleza da vida. Como afirma Dalai Lama: "Somos todos nterligados, interdependentes, em relação constante uns com os outros. Somos responsáveis pela felicidade e pela infelicidade da humanidade".

IX
Quando o melhor é ficar em silêncio

> *Easy Silence*
> *When words hide silence, listen to silence and not to words.*
> *Easy words are the silence of companionship.*
> *Easy silence speaks well of togetherness.*
>
> The Tao of Relationships[1]

> *Não é necessário que você saia de casa.*
> *Permaneça à mesa e escute.*
> *Nem mesmo escute, espere apenas.*
> *Nem mesmo espere, esteja absolutamente silencioso e só.*
> *O mundo virá apresentar-se para que você lhe tire a máscara,*
> *ele não pode fazer de outra forma,*
> *extasiado, curvar-se-á diante de você.*
>
> Franz Kafka

Você passou algum tempo em silêncio hoje?

Antes de começarmos a refletir sobre a natureza do silêncio, o melhor é observá-lo. Feche os olhos e fique em silêncio por alguns minutos e apenas observe o que acontece em sua mente. Depois, expire e abra os olhos. O que acontece quando buscamos o silêncio?

---

1. *O silêncio confortante*
   Quando palavras ocultarem o silêncio, escute o silêncio e não as palavras.
   As palavras confortantes são o silêncio do companheirismo.
   O silêncio confortante transmite bem a união.
   O Tao dos Relacionamentos

Alguns usam palavras como contemplação, verdade, calma, encontrar um ponto de referência, sensação de localizar o eixo.

Eu acredito que fazer silêncio numa sala de meditação é mais fácil do que fazê-lo em casa, onde a demanda é constante. É muito bom compartilhar a experiência de ficar em silêncio em grupo. Em geral, quando estamos a sós, evitamos o silêncio prolongado: ligamos a TV, colocamos uma música, atendemos ao telefone, algo acontece que nos faz sair de uma atitude silenciosa.

Ficar em silêncio, num lugar silencioso nos ajuda a "desconectar" da pressão externa e nos oferece uma nova noção de tempo. O silêncio que encontramos numa sala de meditação nos ajuda a contemplar nosso mundo interior.

O silêncio nos traz a experiência do tempo natural: quando não colocamos *tempo* no tempo, podemos viver o *tempo* sem pressões. Conforme nos familiarizamos com o silêncio do tempo, um "tempo sem hora marcada", adquirimos mais espaço em nosso mundo interior.

O silêncio favorece a introspecção, uma imersão em nós mesmos que dá acesso a algo que está muito além das palavras, algo que não pode ser facilmente expressado porque é da ordem do sentir.

É como se disséssemos: "Quero ter paz para amadurecer alguma coisa que ainda não sei o que é". Quando o tempo de amadurecimento se conclui, surge, então, a necessidade de comunicação – estamos prontos para sair do silêncio. Temos *algo* a expressar para o mundo.

Estar em silêncio não significa isolar-se. A comunicação existe também para além das palavras. Não devemos usar o silêncio como uma forma de nos fecharmos, mas sim de abrir as portas para nosso mundo interior e lá buscar uma comunicação mais profunda, livre dos conceitos ou das sensações imediatas.

Os monges praticantes, Lamas e meditadores se retiram e afastam do mundo para diminuir os estímulos sensoriais que ativam as impressões kármicas, podendo assim aumentar a autopercepção. "Na tradição budista do Sudeste Asiático há 21 diferentes palavras para o silêncio: o silêncio entre os pensamentos, o silêncio de uma mente concentrada, o silêncio da consciência, e assim por diante."[2]

Se nossa mente estiver muito contaminada por padrões emocionais negativos, podemos buscar o afastamento do mundo como uma forma de fuga, e quando estivermos isolados dos estímulos externos, nos sentiremos mais ansiosos do que antes. Por isso as técnicas de meditação começam com a purificação.

Certa vez, Lama Gangchen nos disse: "O silêncio faz tudo crescer". Portanto, precisamos cultivar em nossa mente uma base positiva, sobre a qual iremos

---

2. Mark Epstein, *Pensamentos sem Pensador*, Ed. Gryphus, p. 179.

relaxar enquanto estivermos em silêncio. Do contrário, o silêncio pode se tornar uma fonte de ansiedade.

Silêncio quer dizer interrupção do ruído. Mas não é isso que ocorre dentro de nós quando nos calamos. Se nos silenciarmos e fecharmos os olhos para escutar a mente, poderemos nos surpreender ao perceber o quanto estamos presos ao círculo vicioso das nossas lamúrias internas – repetimos ininterruptamente o que já estamos cansados de nos dizer. E, como estamos viciados em nos comunicar através das palavras, é muito difícil parar de dizer a si mesmo o que não se quer mais ouvir.

No silêncio, escutamos os segredos que escondemos de nós mesmos. Às vezes, parece que temos medo do silêncio, como a criança tem medo do escuro. Temos que ter coragem para escutar nossos ruídos internos, pois eles revelam nosso passado, presente e futuro. Quando mergulhamos em nosso silêncio interno, permitimos nos dizer e ouvir o que até então não nos permitíamos sequer pensar. Por isso, é melhor ficar em silêncio antes de expressar ao mundo decisões importantes.

Quando achamos que não somos ouvidos, brigamos secreta e silenciosamente. E assim, muitas vezes, sem saber como comunicar nossas necessidades, buscamos diferentes formas de chamar a atenção. Certa vez, quando eu era ainda uma criança, resolvi, intuitivamente, experimentar o silêncio com esse objetivo, mas não tive muito sucesso...

Lá em casa, éramos seis irmãos. Me escondi atrás de uma porta e fiquei ali, quietinha, olhando pela fresta da porta, para ver o que acontecia. Ao final de um longo tempo, percebi que ninguém sentia minha falta: meus irmãos corriam pela casa, minha mãe passava de lá para cá, e eu continuava ali naquele cantinho, invisível, inaudível. Quando ouvi minha mãe, finalmente, perguntar por mim, lembro-me que senti vergonha de ter me escondido e fiquei nervosa, pois não sabia como sair de uma situação em que eu mesma havia me colocado. Então, esperei um momento em que ninguém me visse saindo de trás da porta e "apareci" para minha mãe me ver. Não consegui realizar meu intuito de chamar a atenção dos outros, mas, com certeza, consegui chamar a atenção *de mim mesma*, pois até hoje me lembro desta façanha que, em silêncio, agora me revelou sua mensagem: por meio do silêncio, guardamos memórias de nossas conquistas e frustrações.

O silêncio tem essa característica: permite que a gente observe o que ocorre à nossa volta com mais atenção. Quando não nos sentimos obrigados a falar e atuar, quando nos permitimos calar, terminamos por perceber melhor o que os outros têm a dizer ou expressar. Lidamos com aquilo que se expressa além das palavras. Saímos do automatismo das reações ou da obrigação de responder e reagir aos estímulos, e só assim podemos "pensar" antes de agir.

A fala é, de modo geral, algo muito automatizado em nós. Ficamos muito desconfortáveis quando alguém não responde imediatamente a alguma pergunta que fazemos – desde pequenos, aprendemos que devemos ter as respostas na "ponta da língua" como sinal de que sabemos sobre algum assunto ou para provar que somos "espertos". Também causa muito incômodo quando uma conversa não tem o andamento ideal. Não é à toa que, em festas ou reuniões, o silêncio costuma causar constrangimento. Consideramos tímidas ou "inadaptadas", ou, pior ainda, antipáticas, as pessoas que se mantêm caladas nessas ocasiões e geralmente buscamos "tapar" os espaços de silêncio falando qualquer bobagem que nos vem à cabeça, só para não deixar a conversa "morrer".

Ao final de um dia, se observamos a quantidade de coisas que dissemos "só por dizer", só por obrigação de responder, ou só para "tapar buraco", iremos perceber o quanto nossa fala pode ser vazia.

O que nos impele a falar?

Sentimos que *devemos* preencher o silêncio. Falar dá essa falsa noção de preenchimento. Achamos que estamos nos explicando, e, ao final, usamos palavras demais. Mas, se observarmos bem, na maior parte das vezes, falamos para não nos escutar. Do que estaríamos nos defendendo? De nosso próprio ruído interno.

Precisamos nos manter em silêncio até amadurecer algo que está sendo processado em nós em um nível sutil, além das palavras: emoções ainda não elaboradas. Escutar o silêncio é ouvir nosso coração.

O silêncio permite que o ciclo de nossas emoções e pensamentos possa ser completo. As emoções surgem, se intensificam e depois naturalmente se vão. O silêncio nos torna menos reativos e mais receptivos.

Ficar em silêncio é uma forma de desprogramar os automatismos que nos levam a agir precipitadamente. Assim, o silêncio proporciona a criatividade. Pois uma atitude ou um pensamento criativo só surge quando temos a possibilidade de abandonar hábitos e padrões rígidos e preconcebidos.

Muitos de nossos condicionamentos estão sustentados por restrições sem sentido. Em algum momento, aprendemos a nos impor certas regras, que agora já não necessitam mais serem seguidas. Às vezes, só quando vivenciamos uma situação no seu limite é que descobrimos que não precisamos mais daquele padrão de comportamento.

Tive oportunidade de perceber isso quando saí de casa aos 19 anos e fui morar fora do Brasil. No primeiro mês, fiz um relatório completo e detalhado para o meu pai com todas as minhas despesas. E, então, ele me escreveu dizendo: "Agora você está vivendo por sua conta, não precisa mais me justificar seus gastos". Lembro que fiquei surpresa e ao mesmo tempo agradecida por ele ter *me devolvido* para mim mesma.

Custamos a compreender que, quando nos tornamos adultos, já não precisamos mais justificar nossos atos para quem consideramos responsáveis por nós. Ou seja, uma vez que nos tornamos responsáveis pela nossa própria vida, passamos a ter a nossa própria consciência como avaliadora de nossas ações. Então, não precisamos mais dar explicações, constantemente fazer "relatórios" para os outros buscando nos justificar. Aprendemos que podemos nos calar e conter a energia do vivido em nosso interior.

Podemos nos silenciar, sem nos apagar

Um brilho silencioso surge em nosso interior quando somos capazes de ficar em nós mesmos, sem ter a necessidade de sermos aprovados pelos outros. Em outras palavras, podemos continuar a ser, mesmo quando não somos vistos e reconhecidos. O autorreconhecimento é em si uma forma de libertação.

O silêncio nos permite o distanciamento necessário para agirmos de um modo inaugural. Quando superamos antigas restrições, surge uma nova oportunidade de sermos autênticos. Podemos nos surpreender com o efeito de mudança que ele pode causar. O silêncio pode gerar o novo.

Guelek Rinpoche disse, certa vez, durante seus ensinamentos, que se fizéssemos diariamente vinte minutos de silêncio durante seis meses, sem interrupção, mudaríamos totalmente nossa vida.

O afastamento gerado pelo silêncio é, em si, organizador. Quando nos distanciamos, podemos enxergar de um modo mais amplo as situações e ouvir melhor, sem tanta interferência dos nossos ruídos internos.

Falar é agir, direcionar, tomar decisões. Quando nossa energia torna-se demasiadamente ativa, forte e incisiva, atropelamos os acontecimentos, criamos interferências.

Ou seja, quando nos rendemos ao controle do Ego, buscando direcionar o que nos ocorre, tomando atitudes e providências, isso, ao invés de fazer com que as coisas andem, termina por impedir o próprio fluxo dos acontecimentos. Tomando unicamente para nós o controle e direcionamento das situações, bloqueamos o espaço de interdependência, e assim interferimos na natureza dos fatos, no ritmo dos acontecimentos. Quem não ouviu a expressão "dançar conforme a música"? Muitas vezes, manter o Ego no controle das atitudes é como sambar na hora da valsa. Perdemos a noção dos outros também envolvidos, perdemos a noção do todo, do conjunto e tentamos impor um ritmo particular aos eventos.

Devemos permitir que a consciência do Ego recue, que ela diminua para que possa emergir um outro tipo de consciência, para além do Ego, que nos permite ter a experiência de que estamos intrinsecamente ligados aos outros. Para que, assim, possamos vibrar nessa experiência de comunhão.

O silêncio é uma medida espaço-temporal ideal que nos permite manter a comunicação, sem estarmos tão próximos que não possamos ouvir o outro, nem tão distantes a ponto de cortar a ligação.

Compartilhar o silêncio com alguém

Em geral, falamos muito mais do que é preciso. Desperdiçamos energia vital ao falar demais. Muitas vezes, justamente porque falamos demais, não somos ouvidos. Existem momentos em que o melhor é ficar em silêncio.

Compartilhar o silêncio com alguém é uma prática contínua de receber e dar incondicionalmente a energia vital que surge em cada um, a cada momento.

Quando superamos a necessidade de conversar, podemos ficar ao lado de alguém em silêncio, saboreando um estado meditativo positivo e natural. A energia humana, quando trocada de maneira simples e genuína, é em si mesma curativa.

Tenho tido repetidas vezes esta experiência de acompanhar pacientes que enfrentam a morte. Apesar de jamais saber de antemão o que irá ocorrer a cada encontro, uma coisa é certa: haverá um momento em que ficaremos em silêncio de mãos dadas.

O Sr. Paulo foi uma pessoa com quem pude vivenciar o silêncio que cura. Ele tinha quase 70 anos e estava morrendo devido a um avançado processo de câncer. Era muito sensível e espiritualizado. Cada vez que o visitava, recebia uma mensagem que refletia diretamente em minha vida.

Em nosso segundo encontro, ao entrar no seu quarto escuro e silencioso, encontrei-o sonolento, mas consciente. Deixei as luzes apagadas e coloquei um CD com um mantra budista conhecido por "Sutra do Coração" (*Heart of Perfect Wisdom* – On Wings of Song & Robert Gass). O arranjo musical desta gravação é suave e evoca um sentimento de calma e profundidade.

Assim que me aproximei, ele pegou minha mão e colocou-a sobre o seu coração. Assim ficamos, em silêncio, durante os 29 minutos e 55 segundos de duração desta gravação. Várias vezes ele me pedia apenas para ajeitar as suas pernas, mudá-las de posição ou para ajudá-lo a tomar um gole de água com o canudo. Depois segurava novamente minha mão sobre o seu coração.

Eu me sentia cada vez mais relaxada e presente. É um alívio sentir a mente descansada no "aqui e agora com o outro". Ao final, ele apenas me disse: "Obrigado, há quarenta dias que eu não me sentia capaz de transmitir minha energia para outra pessoa. Você soube recebê-la. É uma energia que eu trago do fundo da Terra".

Conversar pode ser uma maneira de ordenar a mente confusa e acelerada, mas quando tocamos o limite energético ao qual as palavras podem chegar, temos de ficar em silêncio. Nossas necessidades não são só mentais, temos necessidade de acessar também uma comunicação não verbal. Quando o silêncio está presente de maneira harmônica, sentimo-nos em paz: finalmente, está tudo bem. Não é preciso dizer mais nada, podemos *apenas* ser.

Quando fazemos o exercício de nos calar em situações em que costumeiramente reagiríamos agressivamente, para nos defender, descobrimos outros potenciais de comunicação.

O silêncio pode ser um modo contundente de expressar algo

Algumas vezes, frente a situações de conflito, nos encontramos impedidos de nos expressar. As pessoas envolvidas no conflito simplesmente não querem nos ouvir ou podem até mesmo estar ausentes fisicamente. Nessas ocasiões, calar-se pode ser a atitude mais eficaz. Desse modo, o silêncio torna-se uma voz ativa. Podemos não agir, mas continuar emanando a energia de nossa verdade, sendo coerentes com nossos princípios. O silêncio pode ser uma forma de protesto.

O silêncio pode ser também uma maneira positiva de confrontar o oponente sem discutir, ou brigar. Numa situação de conflito, ele pode ser o modo de criar o espaço necessário para que as coisas possam ser ditas.

Quando buscamos o silêncio, estamos intuitivamente buscando acalmar nossa mente, isto é, sabemos que precisamos nos serenar para encontrar harmonia e pensar melhor.

Assim, o silêncio pode ser um sinal de que estamos buscando um tempo de paz em que a nossa mente possa estar suficientemente livre para que a verdadeira comunicação possa fluir. Em outras palavras, ficamos em silêncio porque intuitivamente sabemos que há momentos em que é preciso se calar.

O silêncio é o primeiro passo para descansarmos nossa mente da pressão dos preconceitos e do hábito da dúvida. O silêncio nos ajuda a resgatar a espontaneidade de nossos sentimentos mais profundos. Quando duvidamos de nossas próprias experiências emocionais, será o silêncio que nos ajudará a nos sintonizar com a verdade de nosso coração.

Estamos viciados em olhar para fora. Queremos sempre saber a opinião dos outros sobre tudo, principalmente sobre nós.

Mais uma vez, fique em silêncio e veja o que acontece. No início, não sabemos ficar simplesmente a sós conosco, mas, aos poucos, aprendemos a não nos abandonar. Nunca é tarde para aprender a estar consigo mesmo.

Mas para apreciar o silêncio interno, temos que apreciar, de fato, o contato íntimo com nosso mundo interior: aprender a nos fundirmos com os sentimentos que surgem em nossa mente, como a tristeza ou a raiva.

"Escondidos dentro de nós, estão não só os nossos medos e confusões, mas também as nossas aspirações e sentimentos mais profundos",[3] escreve o mestre budista Tarthang Tulku.

Devemos entender que nenhuma emoção é errada ou precisa ser negada. É preciso aceitar toda e qualquer emoção, principalmente se quisermos nos separar dela. Pois é somente ao aceitar uma emoção que ela se dissolve. Esse é o modo mais eficaz de deixar de "conversar" com nossos pensamentos repetitivos. Se pararmos de lutar com nosso diálogo interior, ele irá, aos poucos, se calar. Desta forma, ficar em silêncio aquieta a respiração e desacelera a mente.

A prática do silêncio

Quando realizamos um retiro para meditar, o voto de silêncio nos ajuda a manter a concentração que conquistamos durante a meditação.

Em 1990, viajando com Lama Gangchen Rinpoche, em Bali, fizemos um retiro de silêncio e jejum por alguns dias. Na realidade, a ideia era *tirar férias*. Foi a primeira e última vez que ouvi esta palavra ao lado de Gangchen Rinpoche. Como estávamos num grupo muito pequeno de pessoas, ele aceitou nossa proposta de *viajar de férias* para Bali, após ter feito o retiro anual no Mandala de Borobudur, na Indonésia. Ficamos num hotel muito tranquilo onde podíamos de fato descansar. Rinpoche nos impôs uma só regra: o voto de silêncio.

Eu me lembro que, durante uma madrugada muito quente, fomos todos nadar. E assim mesmo não quebramos o voto de silêncio. *Brincar sem falar* foi uma experiência maravilhosa. Ao final do dia, ele nos disse: "Vocês gostaram? Então vamos fazer mais um dia de silêncio e de jejum também. Porque se aprendermos a controlar o corpo e a fala, será mais fácil controlar a mente".

---

3. Tarthang Tulku, *Conhecimento da Liberdade*, Ed. Instituto Nyingma do Brasil, p. 200.

Os sábios tibetanos usam a expressão *penpatang*, que significa "dar o tom do dia", (a expressão é semelhante a uma outra que quer dizer "atirar uma flecha") para descrever o processo de criar uma boa energia para o dia através da prática do silêncio.[4]

A técnica consiste em passar alguns momentos em silêncio pela manhã. Para tal, primeiro devemos encontrar um lugar na casa onde seja possível ficarmos quietos. Devemos, então, buscar uma posição que seja confortável e nela "parar" o corpo até o momento em que (nós e nossa mente) decidimos sair do silêncio.

Essa prática encontra-se descrita no texto *Casa do Tesouro do Conhecimento Elevado* e existe há pelo menos 1.600 anos. É chamada, em tibetano, *uk djuk- -nuop*. Consiste em focar a mente no silêncio, sem qualquer outro pensamento ou experiência, e deixar-se levar pelo movimento da respiração.

Devemos nos concentrar no movimento de entrada e saída do ar. Mas com um detalhe: primeiro a saída do ar, depois a entrada. Para isso, fixamos nossa mente no interior das narinas e contamos a saída do ar como a primeira metade e depois a entrada como a outra metade. Esse modo de contar a respiração nos ajuda a focalizar nos pensamentos interiores, pois tem um poder extra de fazer a mente voltar-se para dentro. O costume antigo é repetir isso umas dez vezes com a condição de que, se nos distrairmos e perdermos a contagem, devemos reiniciá-la. Quando alcançamos a décima respiração, estamos prontos para focar nossa mente em um assunto escolhido para aquele dia.

Antes de refletir sobre um problema, é muito útil limpar nossa mente dos excessos. Concentrar-se na respiração é um bom método. Cada vez que expirarmos, poderemos simplesmente reconhecer esta expiração ao dizer: "expirando". Assim, o fluxo dos pensamentos irá diminuir rapidamente, pois iremos descansar a mente numa experiência sensorial.

Devemos dedicar a maior parte da prática de silêncio a tratar, de maneira direta e objetiva, algum problema que esteja nos impedindo de obter sucesso, seja nos negócios, seja na nossa vida pessoal.

De pouco adiantará, no entanto, se apenas tentarmos sentir a respiração durante a prática – isso com certeza irá nos acalmar por um tempo, mas perderemos a serenidade assim que tivermos que enfrentar o primeiro problema do dia.

"Se você aprender e praticar esse momento de silêncio pessoal – mesmo sendo apenas alguns minutos por dia – este provavelmente vai se tornar um dos momentos mais importantes e apreciados da sua vida."[5]

---

4. Como nos informa o mestre budista Gueshe Michael Roach no capítulo "Criando uma boa energia para o dia com a prática do silêncio" em seu livro *O Lapidador de Diamantes*, Ed. Gaia, p. 147.

5. Gueshe Michael Roach, *O Lapidador de Diamantes*, Ed. Gaia, p. 148.

Meditação centrada no silêncio

Para meditar, precisamos primeiro aprender a ficar em silêncio e a guardá-lo em nosso interior.

Isso não significa *escapar* do ambiente externo e nos *fecharmos* na realidade interior. Ao contrário, devemos nos tornar receptivos a tudo que for percebido pelos nossos sentidos. Acolher as sensações sem rejeitá-las. Gradualmente nos tornaremos cada vez mais relaxados e atentos ao mesmo tempo, sem sermos *interrompidos*, *distraídos* ou *transportados* por tudo o que se apresenta em nossa mente.

Por isso, é importante escolher o lugar onde iremos meditar. Precisamos de um ambiente de paz para desacelerar a mente.

Por alguns minutos, fique em silêncio, consciente de que assim poderá purificar a sua mente das emoções impuras e exageradas.

Mantenha o foco sobre cada emoção que surgir, apenas reconhecendo-a como raiva, tristeza, satisfação, medo, coragem, dúvida, decisão, orgulho, perseverança, apego, calma, irritação, pressa, confiança...

Sinta seu corpo, o movimento de sua respiração e o peso de sua cabeça. Experimente as sensações que ele desperta a cada segundo.

Tente identificar em que parte do seu corpo está cada emoção. Familiarize-se com cada sensação que vier à tona.

É precisamente o fato de estarmos "colados", isto é, identificados com as emoções que nos faz senti-las com tensão.

Não é preciso modificá-las. Apenas reconhecê-las. Gradualmente nossa lucidez nos ajuda a nos "descolar" de cada emoção. Assim, não somos mais arrastados por elas.

A tensão diminui e a liberdade interna aumenta.

Aos poucos, dirija sua atenção para a região da barriga. Nela guardamos nossa energia emocional: ressentimentos, dúvidas e expectativas.

Ao inspirar, sua barriga irá se elevar. Ao expirar, ela vai diminuir. Inspire com suavidade, e, ao expirar, libere intencionalmente o que quer que nela esteja contido.

A cada respiração solte mais e mais a sua barriga. Aos poucos você poderá sentir a sensação de calor que surge quando ela está relaxada.

Agora, coloque a mão direita sobre o coração e a mão esquerda sobre a barriga. Perceba como sentir estas duas áreas interconectadas desperta a sensação de confiança, abertura e aceitação. O silêncio incondicional nos leva além da dualidade dos pensamentos.

Utilize essa energia curativa para lidar com as situações difíceis.

X
Colher a essência da vida

Não vejo diferença entre estar no ano 2000 ou no ano 900.
Os números são só uma forma de contar o tempo.
Se todos os dias a gente fizer coisas boas a mais e coisas ruins a menos,
vai ser possível a gente se libertar do sofrimento antes de o século terminar.

Lama Michel Rinpoche, aos 13 anos

Em seus ensinamentos em Milão, no dia 7 de março de 2001, Lama Michel Rinpoche comentou um texto de Paponka Rinpoche no qual são descritos os *Métodos para tornar significativa a preciosa vida humana*, baseados no texto budista *Lam Rim – Estágios do Caminho para a Iluminação*. Este último consta de uma série gradual de meditações para nos ajudar a desenvolver as premissas necessárias para atingir a iluminação, isto é, a libertação completa de todas as marcas mentais negativas da mente nos níveis grosseiro, sutil e muito sutil.

Paponka Rinpoche foi um grande Lama da escola budista Guelupa.[1] Ele foi o Guru-raiz[2] do tutor de Sua Santidade o 14º Dalai Lama, Tridjang Rinpoche, que, por sua vez, foi o Guru-raiz de Lama Gangchen Rinpoche.

A qualidade da essência do Budismo Tibetano até os dias de hoje foi preservada viva graças à "linhagem ininterrupta", como é conhecida a transmissão dos ensinamentos feita de mestre a discípulo. Por meio dela, o mestre abençoa seu discípulo, repassando-lhe sua realização espiritual. Não é muito fácil para

---

1. Ao longo da história do Budismo no Tibete, a influência de diferentes mestres indianos resultou na formação de diversas escolas ou linhagens. Dentre estas, quatro se destacam: Guelupa, Kagyupa, Sakyapa e Nyingmapa.
2. Guru-raiz é o mestre espiritual principal de um discípulo. Ele é o responsável por sua orientação e iniciação, além de lhe transmitir os ensinamentos e tradições orais das práticas que realizará no seu desenvolvimento espiritual.

nós, ocidentais, entendermos o poder da linhagem, apesar de termos tradições que dão igualmente muito crédito à continuidade de certos valores.

Paponka Rinpoche viveu no início do século passado (1878-1941) em Lhasa, no Tibete. Formou-se como Gueshe, um título similar ao doutorado em filosofia, no Monastério de Sera Me, também no Tibete. Escreveu muitos textos que são usados até hoje pelos estudantes do Dharma, como, por exemplo, o livro *A Liberdade na Palma da sua Mão*, que contém a essência dos 15 volumes por ele publicados sobre os vários aspectos do Budismo.

O verso de Paponka Rinpoche comentado por Lama Michel Rinpoche diz:

Sou feliz por acordar hoje para praticar o Dharma Mahayana,
Farei com que a minha vida seja significativa.
E que neste dia eu possa, especialmente, colher a essência da vida.

Vamos começar por compreender os termos budistas[3] que surgem quando refletimos sobre esta primeira frase: *Sou feliz por poder acordar hoje para praticar o Dharma Mahayana.*

Dharma é a medicina espiritual que cura os sofrimentos do corpo e da mente. *Dharma* são os ensinamentos de Buddha e as experiências e realizações interiores que atingimos por meio desses ensinamentos. O *Dharma* inclui também todos os métodos, meditativos ou não, que transformam a negatividade em sabedoria.

O Dharma Mahayana significa literalmente "o grande veículo". São os ensinamentos de Buddha sobre como se tornar um *Bodhisattva*, isto é, como desenvolver a mente de *Bodhichitta,* cuja meta é atingir a Iluminação para poder ajudar todos os seres a saírem do sofrimento.

A moralidade *mahayana* enfatiza o desenvolvimento das *Seis Perfeições,*[4] que são métodos para amadurecer nossa mente como a mente de um Buddha: um ser que purificou totalmente as energias do corpo, a palavra, a mente, as qualidades e as ações, tendo abandonado todas as ilusões mentais e os registros por elas deixados.

Sou feliz por acordar hoje para praticar o Dharma Mahayana.

Esta primeira frase, então, nos diz que ser feliz é acordar e saber quem somos: praticantes de um bom coração, decididos a agir contra nossos defeitos mentais para inspirar os outros a fazerem o mesmo.

---

3. As definições que apresentarei a seguir foram retiradas do glossário do livro *Autocura Tântrica II*, de Lama Gangchen Rinpoche, Ed. Gaia.
4. Ver Apêndice, seção referente ao Capítulo X.

Certa vez, Gueshe Sherab concluiu um ensinamento dizendo: "O propósito da vida é tornar a mente mais flexível". Esta frase teve um forte impacto em minha mente.

Constantemente, temos que nos confrontar com situações desagradáveis e muitas vezes queremos nos projetar para fora delas. Se não tivermos flexibilidade, isto é, se não soubermos lidar com as situações tal como nos são apresentadas pela vida, estaremos sempre buscando saltá-las. E, ao final, teremos saltado a própria vida, passando sem realmente vivê-la.

Como diz Dugpa Rinpoche: "Não imagines que amanhã te depararás com as circunstâncias favoráveis, que mudarão tua vida. O amanhã nunca vem socorrer aquele que sofre. Não há outra realidade a não ser o agora. Tudo começa hoje".[5]

Se estivermos sempre esperando dias melhores para então sermos felizes, estaremos constantemente resistindo a viver nossa vida. Para sentir que a vida é significativa, devemos estar dispostos a aceitar o presente, seja ele qual for!

Só aceitamos verdadeiramente o presente quando reconhecemos um propósito e um sentido para o que nos acontece. Com um propósito aceitamos tudo, até mesmo nossa própria morte. Por isso, precisamos diariamente nos reconectar com o significado de estarmos vivos. Este significado pontua a vida e a faz fluir.

A vida sem significado é sem sabor

Se tivermos um propósito que nos mantenha conectados com nosso futuro, podemos viver *no* agora. Caso contrário, estaremos vivendo *para* o agora – uma atitude que nos leva à depressão, pois, sem um sentido de evolução, a vida é uma perda de tempo total e, portanto, vamos lentamente perdendo energia vital.

"Quando começamos a estar atentos, vivendo no agora e dirigindo nossa atenção para a menor fração do instante presente, algo extraordinário acontece. Paramos de viver fantasias, medos e antecipações do futuro, e aprendemos a soltar nossas preocupações que consomem tanto o nosso tempo, ao se pensar no que aconteceu no passado e no que poderia ter sido. À medida que aprendemos a soltar as coisas, nossa energia nos é devolvida."[6]

Desejar algo é saudável. Só colocamos energia onde temos um plano interno. Mas quando trazemos nossas aspirações para a realidade concreta e nos

---

5. Dugpa Rinpoche, *Princípios da Vida*, Ed. Nova Era, p. 109.
6. Lama Surya Das, *O Despertar do Buda Interior*, Ed. Rocco, p. 325.

defrontamos com os obstáculos práticos para realizá-las, passamos a sentir, também, que somos vulneráveis e, portanto, frágeis.

Quando nos sentimos imaturos ou despreparados para realizar nossos projetos, surge o sentimento de inadequação, que, por sua vez, desperta a insegurança. Então, nos isolamos e nos recolhemos como uma concha. Ficamos vulneráveis por sentir algo que não contávamos que fôssemos sentir, e frágeis por não sabermos nomear o que estamos sentindo!

Será, justamente, lidar de forma direta com estes sentimentos, sem rodeios, que nos fará sentir vivos, pois quando somos autênticos legitimamos nossa vida. Caso contrário, nossos projetos não passarão de uma proposta mental e não terão o poder energético de ativar o seu significado.

Nesses momentos, precisamos poder dizer a nós mesmos: "Ok, essa é a minha experiência, então darei um significado a ela!". Quando assumimos o peso de nossas experiências, elas nos levam a sentir o sabor da existência. Quando não negamos a vida, podemos senti-la!

O valor e significado de vida são o desejo de estar em contato com o nosso mérito inerente. Simplesmente, ser quem somos para contribuir com algo para o mundo. Lembrar é renovar. Quando trazemos à consciência nossos valores e virtudes, respondemos à vida de forma vibracional: nos sentimos, de fato, vivos.

"Mesmo em um curto período de tempo como trinta minutos, temos o potencial de gerar uma inacreditável energia e luz interna. Seríamos realmente bobos se deixássemos nossa vida consumir-se em prazeres hedonísticos sem gerarmos nenhuma energia positiva, possibilitando-nos assim uma morte com um saldo vazio no banco kármico e uma mente cheia de confusão e sofrimento no estado intermediário."[7]

Como despertar a mente ao acordar de manhã

Lama Michel muitas vezes fala em seus ensinamentos sobre a importância de corrigir nosso estado mental assim que acordamos. É interessante observar nosso primeiro pensamento ao acordar. Em geral, não nos damos conta disso, mas esse pensamento revela como estamos conectados à vida.

Todo pensamento tem como base outro pensamento mais sutil que ele, isto é, uma intenção. Precisamos nos silenciar para escutar a intenção que está sustentando nossa mente que fala mais alto.

---

7. Lama Gangchen Rinpoche, *NgelSo Autocura Tântrica III*, Ed. Gaia, p. 243.

Os ensinamentos budistas enfatizam a importância de nos sintonizarmos, assim que despertamos, com a motivação daquele dia. Como Lama Michel nos inspira a pensar: "Que eu possa fazer neste dia alguma coisa de bom a mais e uma coisa de ruim a menos". Depois, antes de dormir, devemos fazer uma avaliação de como vivemos este dia. Ao final de nossa avaliação, devemos nos alegrar por nossas conquistas e refazer nosso compromisso com a positividade.

De manhã, logo que acordo, procuro manter os olhos fechados para observar melhor minha mente. Como, em geral, levo algum tempo para despertar de fato, procuro aproveitar a mente sonolenta, que é ainda maleável, para me dizer algo que faça sentido, isto é, que me conecte com o propósito daquele dia. Noto que quando deixo de agir assim fico mais descentrada e me irrito facilmente. Quando começo, por exemplo, a perceber que até mesmo a dificuldade de enviar um fax está me estressando, reconheço que estou agindo de maneira automática, rígida e desconectada de meu eixo interior. Então, é hora de parar e fazer as pazes com o mundo interno: ser uma luz para nós mesmos é optar pelo que nos parece melhor, e seguir esta escolha. Assim, nos conectamos com a vida a cada instante, tal como ela se apresenta.

Então, quando acordarmos de manhã, poderemos ajustar nossa motivação de estar vivos dizendo-nos algo como: "Que eu hoje possa me tornar uma pessoa melhor, e que a minha presença possa inspirar outras pessoas a se sentirem melhor também".

O *Caminho Mahayana* nos incentiva a usar as *Seis Perfeições* como a base de nossa prática diária. Assim, podemos focar uma delas como sendo a qualidade a qual iremos nos dedicar neste dia.

As *Seis Perfeições* são:

1. Generosidade
2. Moralidade
3. Paciência
4. Esforço entusiástico
5. Concentração
6. Sabedoria

As *Seis Perfeições* também são chamadas *As Seis Paramitas*. *Paramita* significa "atravessar para a outra margem". Buddha disse: "Não fique esperando que a outra margem venha até você. Se quiser atravessar para chegar à margem da segurança, do bem-estar, da coragem e da ausência de raiva, terá que nadar ou remar. Você precisa fazer um esforço".[8] Este esforço faz parte da prática

---

8.   Thich Nhat Hanh, *A Essência dos Ensinamentos de Buda*, Ed. Rocco, p. 229.

das *Seis Perfeições*. Praticá-las ajuda a atingir a outra margem – a margem da liberdade, da harmonia e dos bons relacionamentos.

1. A generosidade é uma prática do desapego

A primeira prática da travessia é a *paramita* da **generosidade**.
Segundo a filosofia budista existem quatro formas de generosidade:

- Partilhar os ensinamentos que geram paz interior da forma adequada à mente e à cultura das pessoas, sem esperar pagamento ou recompensa.
- Oferecer coisas materiais, como nosso corpo e nossos recursos.
- Oferecer proteção, consolo e coragem. Podemos proteger os outros de perigos de outros humanos, de não humanos e dos elementos.
- Oferecer amor (oferecer incondicionalmente aos outros nosso tempo, apoio emocional, energia positiva e boas vibrações).

A generosidade é o antídoto da avareza. É o melhor investimento contra a pobreza emocional e material futura. Por meio da generosidade nos abrimos para a vida, perdemos o medo de nos comunicar.

Desenvolver a habilidade de sermos generosos é um ato de grande autoestima.

Durante uma sessão de psicoterapia, uma paciente me perguntou nervosa: "Mas, afinal de contas, o que é generosidade?". No impulso respondi: "É a disponibilidade que temos de compartilhar nossa abundância". Então, com um tom de voz frustrado, ela me disse: "Se eu estou sempre na falta, nunca vou poder ser generosa?". Então, concluí: "Bom, só podemos dar o que temos, senão seria como fazer milagres com o santo do outro. Mas não medimos nossa generosidade por nossas posses, mas pela disponibilidade de compartilhá-las".

Existe um limite para a generosidade, já que, em termos concretos, não podemos oferecer tudo. No entanto, internamente, devemos, sem hesitação, estar sempre abertos a doar. Nós temos sempre algo para oferecer aos outros, mesmo que estejamos nos sentindo carentes.

Lama Zopa Rinpoche, quando nos visitou em São Paulo, ficou impressionado com a quantidade de crianças carentes pedindo esmola na rua. Então, ele me disse: "Em geral dizemos para os pedintes: 'Desculpe, eu não tenho nada para te dar'. Seria melhor sorrir e se calar mantendo internamente um estado de querer oferecer alguma coisa, mesmo que concretamente você não lhe dê nada. Se você desejar que ele possa sair do sofrimento, já estará lhe oferecendo algo de positivo".

A prática de dar e receber ao mesmo tempo

A disponibilidade interna de oferecer algo está totalmente ligada à nossa autoimagem. Na realidade, nós vivemos muitos conflitos em torno da prática de dar e receber. Muitas pessoas preferem dar a receber; outras, ao contrário, preferem receber e acham que nunca têm nada para oferecer. Quando nos alegramos verdadeiramente com algo que recebemos ou quando alguém está de fato feliz em nos oferecer alguma coisa, uma energia muito particular de alegria intensa é gerada. Por quê? Porque neste momento dar e receber ocorrem simultaneamente. São poucas as vezes que isso, de fato, acontece.

Isto me faz lembrar quando recebi as instruções de Lama Gangchen Rinpoche sobre o uso de suas *pílulas abençoadas*, conhecidas como "as pílulas de recuperação da energia das Bodhichittas branca e vermelha". Essas pílulas são usadas na medicina tibetana. São feitas de ervas e pedras preciosas, uma receita muito antiga da linhagem de Lama Gangchen. A produção das pílulas requer um conhecimento muito preciso sobre influência das estrelas e dos planetas no crescimento e colheita das plantas medicinais. Normalmente elas são colocadas em um creme ou na água, que funcionam como o veículo para sua energia sutil, e são usadas nas bênçãos.[9] Naquela ocasião, Lama Gangchen me disse: "O poder destas pílulas está em sua força sutil. Basta passar os dedos sobre elas e pegar um pouco do creme. O poder delas jamais se extingue, pois elas são capazes de dar e receber energia ao mesmo tempo, ao contrário dos ocidentais que quando estão dando não pensam que podem receber e vice-versa".

Uma boa maneira de treinar a mente a oferecer algo com verdadeira generosidade, isto é, livre de qualquer sensação de apego ao objeto oferecido, e da ideia de receber alguma recompensa por este ato, é fazer oferendas de água num altar. Segundo a tradição budista, oferecemos água para aos Buddhas com os quais realizamos a prática de meditação. Não fazemos oferendas aos Buddhas porque eles necessitem delas, mas sim para criar um potencial positivo e desenvolver nossa mente.

Em geral, temos muito apego, somos mesquinhos: ficamos com o maior e o melhor e damos para os outros somente o que não queremos mais. Por isso, sempre nos sentimos pobres e insatisfeitos. E sempre tememos perder o

---

9. "A composição material dessas pílulas possui uma estrutura similar e compatível à estrutura do corpo humano. No entanto, o que lhes dá o poder de cura é gerado pela sabedoria, compaixão e habilidade mental do Lama Curador, que caracteriza a mente desperta de um mestre. Para realizar isso, ele entra num estado meditativo no qual corporifica diferentes aspectos do Buddha, como o Buddha da Medicina. Então o Lama Curador transpõe a sua faculdade desperta para qualquer veículo suscetível, servindo de meio de cura: podem ser as pílulas, a água, a respiração, a voz, a saliva, suas próprias mãos, fórmulas mântricas, seus pensamentos e visualizações." Lama Gangchen Rinpoche, *Autocura I*, Ed. Gaia, p. 75.

que temos. É para quebrar esses hábitos destrutivos causados pelo apego, que fazemos a prática das oferendas.

Oferecer a água é um bom treino para a verdadeira generosidade porque, como ela é quase sempre acessível e abundante, podemos oferecê-la sem nos contaminar pelo sentimento de perda, tão comum quando temos apego por aquilo que estamos oferecendo. Após abençoar, com mantras e visualizações, os potinhos de água, não devemos vê-los como simples objetos, mas sim transformados na beatitude da sabedoria transcendental. No final do dia, podemos jogar a água dos potes sobre plantas para abençoá-las. Uma vez vazios, os potes devem ser colocados de lado, apoiados uns sobre os outros, e não emborcados.

2. A moralidade é uma prática que mantém a mente saudável

Ao praticar a **moralidade** ou a *paramita da disciplina*, a segunda das *Seis Perfeições*, iremos desenvolver os valores e virtudes sobre os quais iremos nos sustentar.

No Ocidente, a moralidade está estreitamente ligada à ideia de dever moral: algo que é obrigatório para todos e exigido por todos. No entanto, para o Budismo, a moralidade é uma prática individual, por meio da qual adquirimos autocontrole: a automoralidade. Refere-se, também, à abstenção de ações não virtuosas e à motivação de sempre beneficiar os demais. Por exemplo, pratica-se a moralidade da consideração pelos outros ao não deixar a mente cair no egocentrismo.

Como ensinava Chögyam Trungpa: "A disciplina não é uma questão de nos atarmos a um conjunto fixo de leis e padrões. Pois se o Bodhisattva é completamente desprendido, completamente aberto, agirá segundo a abertura, não tem que seguir regras; enquadra-se simplesmente nas circunstâncias. É impossível ao Bodhisattva destruir ou prejudicar outras pessoas, porque ele encarna a generosidade transcendental. Abriu-se completamente e, assim, não discrimina entre *este* e *aquele*. Age de acordo com o que é".[10]

Por meio da moralidade e da disciplina, nossas ações serão claras e poderemos confiar nelas. Uma vez que não temos dúvidas de como agir, não sentimos medo de nossas decisões, pois temos consciência de que a realidade que vivemos é o resultado de nossos próprios pensamentos. Assumir a responsabilidade por uma ação significa assumir responsabilidade por nós mesmos.

---

10. Chögyam Trungpa, *Além do Materialismo Espiritual*, Ed. Cultrix, p. 164.

A clareza de nossos valores catalisa nossas decisões, pois são eles que nos dão energia para agir. Só quando temos clareza de nosso plano interior é que colocamos, de fato, energia no mundo exterior para realizá-lo.

"A moralidade age como uma cerca, mantendo todos os animais selvagens e destrutivos de nossas emoções negativas longe de nosso jardim interno de Buddha, onde estamos tentando cultivar nossa experiência do espaço interior e desenvolver a mente e a energia de cristal puro."[11]

3. Paciência é um ato de escolha que transcende o autocontrole

Praticar a **paciência**, a terceira das *Seis Perfeições*, nos ensina a lidar com nossa inquietude interna. Com isso, permite que disponhamos de mais tempo e espaço para refletir sobre o significado da vida.

Atualmente, quase todos os dias somos expostos a uma quantidade excessiva de informações efêmeras que penetram desde nossa pele até o cérebro e percorrem todo o corpo, deixando-o cada vez mais intoxicado e sobrecarregado. Muitas vezes, precisamos literalmente *parar* para nos deixar ser tocados pelo sentido de nossa vida. Parar é o que nos proporciona força para apreciar nossas realizações.

Segundo o Budismo existem três tipos de paciência:

1. Não se aborrecer com os prejuízos infligidos pelas outras pessoas. Por exemplo, se alguém o ataca, você deve ser tolerante e paciente.
2. Aceitar voluntariamente o sofrimento para si: se alguém demonstra ter raiva de você, você não deve responder com raiva, ou se alguém o machuca ou insulta, você não deve revidar, mas sim compreender que a outra pessoa não tem controle sobre as suas emoções.
3. Ser capaz de suportar os sofrimentos próprios do desenvolvimento espiritual.

Inicialmente, poderíamos avaliar estes tipos de paciência como um estado de covardia ou de submissão aparentemente masoquista. Se, ao não reagir diante de uma provocação, estivermos apenas tentando conter nossa raiva, e não buscando transformá-la, acabaremos por implodir e nos tornaremos rancorosos. Enquanto o autocontrole excessivo nega nossas necessidades internas, o autocontrole saudável não reprime os sentimentos: lida diretamente com eles.

---

11. Lama Gangchen Rinpoche, *NgelSo Autocura Tântrica III*, Ed. Gaia, p. 288.

Lama Gangchen notou que para nós, ocidentais, a palavra paciência está contaminada por um sentimento de suportar uma dificuldade, ao invés de estar associada à intenção de nos libertarmos dela. Então, ele sugere que troquemos a palavra *paciência* por *espaço*. Na próxima vez que você pensar: "Preciso de paciência com fulano", diga para si mesmo: "Preciso criar espaço entre eu e fulano". Não se trata de distanciar-se de alguém como numa fuga, mas sim de recuperar a sua autonomia emocional.

Em certas situações adversas, podemos pensar que estamos tendo paciência, quando, na verdade, estamos apenas nos sobrecarregando. Suportamos o sofrimento externo à custa de muito sofrimento interno. Ser paciente não significa estar vulnerável ou ser permissivo com relação às condições externas. Não é útil, por exemplo, ter paciência em uma situação em que se esteja sendo explorado. A possibilidade de cultivar a paciência advém da força de ir além da negatividade, ao invés de interagir com ela.

Praticar a paciência é um ato de escolha consciente. Significa optar sobre *como* queremos expressar nossos sentimentos. Por meio da paciência, conseguimos desenvolver uma autoimagem capaz de confiar na capacidade de seguir em frente de forma segura e contínua, sem precisar lutar contra o mundo.

4. O esforço entusiástico é a alegria do interesse em seguir em frente

Praticar o **esforço entusiástico**, a quarta das *Seis Perfeições*, significa cultivar a perseverança e assim não correr o risco de nos desconectar de nossos propósitos. O esforço entusiástico surge quando estamos totalmente interessados naquilo que fazemos. Ele é a alegria de seguir em frente que resulta do desenvolvimento das três perfeições anteriores.

Quando nossas atitudes são baseadas em princípios verdadeiramente éticos (prática da moralidade) e não nos deixamos contaminar pela negatividade externa (prática da paciência), nos sentimos capazes de fazer um esforço entusiástico em direção aos nossos propósitos de vida.

Algumas vezes em que me encontrei sem ânimo para continuar a me dedicar aos outros, percebi que foram os meus próprios pacientes que me despertaram a força para recuperar o entusiasmo: eles agiram de certo modo ou disseram algo que me fez lembrar a verdadeira motivação do meu trabalho. O reconhecimento alheio age como um espelho para nossas intenções.

Por meio do esforço entusiástico não iremos perder nenhuma oportunidade que nos possibilite manifestar o nosso propósito de vida. "Quando nunca nos cansamos de situações, nossa energia é alegre. Se estivermos completamente abertos, plenamente despertos para a vida, nunca teremos um momento enfadonho",[12] diz Chögyam Trungpa.

O esforço entusiástico surge quando abandonamos o perfeccionismo e reconhecemos toda e qualquer oportunidade como uma nova chance para o crescimento interior.

5. Concentração é consciência

Ao praticar a **concentração ou meditação**, a quinta das *Seis Perfeições*, iremos estabilizar a nossa mente. Por meio da concentração, poderemos nos manter fiéis aos nossos propósitos sem nos deixar distrair pelas mil e umas atividades extras pelas quais somos atraídos constantemente. O nosso estado mental comum é disperso: pensamos em tantas coisas ao mesmo tempo, que na maioria das vezes não estamos conscientes do que estamos pensando!

Podemos querer fazer algo, estarmos inclusive felizes por nos dedicarmos a determinada tarefa, mas, se não tivermos concentração, iremos nos dispersar e nos perder de nossos propósitos.

Quanto maior for nosso poder de concentração, maior será nossa capacidade de escolha. Escolher é ser livre para estar, sem esforço, onde queremos levar nossa mente. Com a concentração, querer torna-se poder. Com concentração, desenvolvemos nossa autoridade interna.

A capacidade de concentrar-se está diretamente associada à prática da meditação. Mas refere-se também à capacidade do praticante manter-se *desperto* para a vida. "O Bodhisattva nunca procura um estado de transe, de bem-aventurança ou de absorção. Está simplesmente desperto para as situações da vida como elas são, particularmente cônscio da continuidade da meditação com generosidade, moralidade, paciência e energia. É contínua a sensação de 'desperto'."[13]

Meditar em tibetano significa literalmente "tornar-se familiar". Por meio da meditação nos familiarizamos com os estados mentais positivos. Aprendemos a reconhecê-los em nosso interior.

6. Com sabedoria eliminamos qualquer emoção conflituosa

Ao praticar a **sabedoria**, a sexta das *Seis Perfeições*, iremos despertar nossa *sabedoria intuitiva*, ampliar nosso espaço interno, aprofundando o poder da

---

12. Chögyam Trungpa, *Além do Materialismo Espiritual*, Ed. Cultrix, p. 167.
13. Idem.

verdade que adquirimos com nossas experiências. Sabedoria significa conhecimento *com* vivência. Lama Gangchen Rinpoche costuma nos dizer: "Não existem erros, mas sim experiências".

Perguntas refletem a nossa ignorância; respostas, a nossa sabedoria. Quando em nossa mente não houver mais perguntas, apenas respostas, teremos atingido a iluminação. Isto é, quando conquistarmos a sabedoria que é capaz de conhecer a origem de todos os fenômenos.

O Budismo nos revela a existência de níveis sutis de ignorância, com os quais não temos familiaridade. Aquele que, por meio da meditação, atinge esta percepção, torna-se um praticante realizado.

Para adquirirmos sabedoria, no entanto, necessitamos cultivar uma mente aberta e inquisitiva. Para tanto, precisamos ter coragem de abrir mão da segurança dos nossos conhecimentos adquiridos e estabelecidos. Precisamos, portanto, abrir mão de quaisquer conclusões a que possamos chegar, pois, como Buddha ensinou, apegar-se a qualquer coisa que seja bloqueia a sabedoria.

Farei com que a minha vida seja significativa

A segunda frase do poema diz: *Farei com que a minha vida seja significativa*. E você? Sente que está vivendo "de verdade"?

Viver *sem* significado é como viajar num veleiro sem bússola. Viver *com* significado nos faz sentir energeticamente despertos, temos prazer em estar vivos.

Para onde estamos caminhando? É este direcionamento que evidencia o significado de nossa vida. Não importa o lugar, mas sim a meta que queremos realizar. O lugar é a condição que precisamos para manifestar nossa meta.

Refletir sobre *de onde nós viemos* – sobre nossas conquistas já realizadas, ou simplesmente sobre nosso passado – pode nos confortar e justificar uma série de coisas que estão acontecendo em nosso momento presente. Ter consciência *de onde estamos* nos dá a oportunidade de transformar o que for preciso. Mas saber *para onde vamos* é que revela o sentido da nossa vida.

Ter clareza sobre as virtudes e valores que queremos cultivar irá nos ajudar a definir nossa meta, pois é isso que norteia nossas escolhas e prioridades. São essas virtudes e valores que organizam nosso mundo interior, alimentam o significado de nossa vida e fortalecem o direcionamento que damos a ela.

Há vida na morte

"[...] Em uma pequena cidade várias pessoas sonharam um mesmo sonho. Neste sonho premonitório, todos recebiam a mesma mensagem: em determinado dia e hora os mortos ressuscitariam por um período de meia hora. Revelado o segredo, a cidade toda começou a se preparar para o incrível acontecimento. Familiares de pessoas falecidas quase enlouqueceram, na expectativa de tão ansiado e breve encontro.

No dia marcado, na hora marcada, sucedeu que os mortos levantaram, de suas tumbas. O povo, reunido na porta do cemitério, não aguentava mais de emoção; para a surpresa de todos, os mortos ressuscitados puseram-se a correr, passando ao largo de seus familiares como se não os reconhecessem. Perplexo e assombrado, o povo começou a seguir os ressuscitados para saber aonde iam. Descobriram então que todos corriam para a casa de estudos e que, de maneira desvairada, retiravam livros das prateleiras e os liam ardorosa e compulsivamente. Passada exatamente meia hora, os ressuscitados, tentando absorver até o último segundo de seu estudo, foram pouco a pouco voltando para as tumbas, como colegiais que se apegam até o último instante às suas provas. A moral da história está exatamente no discernimento que os mortos redivivos demonstraram em relação ao tempo que lhes foi dado. Caso tivessem tido o conhecimento de que dispunham então, teriam com certeza vivido suas vidas de maneira bastante diferente."[14]

Essa é uma história chassídica, contada pelo rabino Nilton Bonder, em seu livro *A Arte de se Salvar.* Ela nos mostra que, quando nos confrontamos com questões sobre a nossa mortalidade, ficamos mais sensíveis para reconhecer os benefícios do verdadeiro desenvolvimento espiritual.

Nestes momentos, pensar profundamente sobre o significado da vida torna--se uma urgência: *precisamos* tocar o sentido da vida para aceitar a morte. Se você perguntar a uma pessoa que está enfrentando a morte quais foram os momentos significativos da vida dela, verá que a sua resposta será expressiva e potente. Viva. Ajudá-la a relembrar estes momentos é uma forma eficaz de despertar sua energia vital. Podemos colher a essência da vida até mesmo no momento de nossa morte.

Os ensinamentos budistas enfatizam que devemos pensar sobre nossa morte pelo menos três vezes ao dia. Pois refletir sobre a impermanência nos leva a dar menos importância aos prazeres imediatos e passageiros e a buscar com maior dedicação a vida espiritual. Quando nos ocupamos demais com a vida mundana, não criamos espaço para nos dedicar aos cuidados de nosso interior e desperdiçamos nosso tempo de vida.

Como disse Lama Michel em seus ensinamentos: "Devemos evitar 'voltar

---

14. Nilton Bonder, *A Arte de se Salvar,* Ed. Imago, p. 132.

para casa de mãos vazias'. Viver esta vida sem tê-la aproveitado para ir melhor, é como uma pessoa que chega a um lugar cheio de joias e passa o tempo todo dançando, se divertindo e não aproveita para obter nenhuma joia. Gastou todo seu dinheiro se divertindo e, no final, não conseguiu comprar joia nenhuma. Nossa joia é recuperar nossa mente pura. Nosso dinheiro é saber *comprar* o tempo. Usá-lo de modo que possamos recuperar nossa mente pura".

E que neste dia eu possa, especialmente, colher a essência da vida

Por fim, Lama Michel nos explicou o significado da terceira frase do poema: "Colher a essência desta vida significa ser capaz de *usar o tempo* corretamente, quer dizer, com a finalidade de expressar nossa capacidade de transformação nesta vida. O tempo é a substância essencial da vida".

Necessitamos do tempo como um elemento alquímico capaz de transformar o sofrimento. Neste sentido, sempre que estivermos usando o tempo para nos transformarmos em pessoas melhores, estaremos colhendo a essência da vida.

"A melhor forma de investirmos nosso tempo e energia essencial de vida é seguir as causas e condições interdependentes positivas de reconhecer e cuidar da essência desta vida humana. Sempre reconhecemos e aceitamos as coisas pequenas e esquecemos as grandes."[15] Portanto, para colher a essência desta vida, não podemos nos dispersar. Uma vez que não sabemos quanto tempo ainda teremos para aprimorar a nossa mente, é melhor dedicar nossa energia para gerar as condições que nos permitem lapidá-la como um diamante.

"Se olharmos para o tempo que já vivemos, talvez cheguemos à conclusão de que já consumimos metade de nossa vida. Do tempo que nos resta, passaremos um terço dormindo, dois ou três anos comendo, dois anos no banheiro e um ano lavando a louça. Na verdade, pode ser que nos restem apenas uns cinco anos de tempo livre! Devemos tentar não desperdiçar mais nossa vida e tornar útil o tempo que nos resta, começando hoje mesmo a tornar a Autocura parte de nosso dia a dia."[16]

Por vezes desperdiçamos nossa energia vital na busca de aliviar nossa própria tensão diante da vida. De fato, espairecer para livrar-se da pressão externa é bom. Podemos descansar, nos divertir, mas que isso sirva para acumular forças para sair do sofrimento e não como uma forma de se adaptar a ele. Não devemos nos esquecer que o que queremos, de fato, é aprender a nos livrar da pressão interna de uma vez por todas!

---

15. Lama Gangchen Rinpoche, *NgelSo Autocura Tântrica III*, Ed. Gaia, p. 244.
16 Idem.

Meditação Criativa

Se você soubesse que iria viver por só mais um ano, o que mudaria em sua vida?

Considere a vida como finita e preciosa.

Pegue revistas, tesoura, cola, papel e lápis de cera. Recorte, cole e pinte as condições que você quer atrair para sua vida, de modo que possa torná-la significativa.

Dedique-se hoje a fazer do seu tempo uma experiência nutritiva: sinta o sabor de sua vida.

XI
A natureza do sofrimento

O sofrimento aumenta nossa força interior.
Sua Santidade Dalai Lama

Sete dias após ter atingido a Iluminação, Buddha fez seu primeiro sermão transmitindo os ensinamentos fundamentais do Budismo: as *Quatro Nobres Verdades*. São elas:

1. O sofrimento existe.
2. O sofrimento tem suas causas.
3. É possível eliminar estas causas.
4. Existe um caminho para eliminá-las.

Elas são semelhantes a uma receita médica, diagnosticando a doença, a causa desta doença, o remédio para curá-la e a prescrição de como tomá-lo. Para crescermos espiritualmente, iremos praticar estas quatro verdades como um método que nos ajudará a superar a limitada ideia que temos sobre nós mesmos e a abrirmos nosso coração para nos comunicar verdadeiramente com o outro.

A primeira nobre verdade: "O sofrimento existe"

A primeira nobre verdade refere-se à existência do sofrimento. A realidade do sofrimento é denominada pela palavra *dukkha*, em pali (antigo sânscrito), que, além de sofrimento, também significa imperfeição, impermanência, vazio, insubstancialidade.

Este é o ponto inicial da estrutura lógica do Budismo: a constatação da existência do sofrimento e de que todos os seres estão sujeitos a ele. No entanto, o Budismo não é uma filosofia derrotista, nem pessimista. Ele nos ensina que podemos despertar nossa sabedoria intuitiva para *não sofrer com o sofrimento*.

Nossa tendência, em geral, é negar a marca de sofrimento humano. Nos sentimos "traídos" pelo destino quando temos que lidar com as separações, com a doença, com a morte ou mesmo com o envelhecimento. Encaramos estes processos com indignação, isto é, como se não fosse justo nem correto sofrer! No entanto, se não houvesse o sofrimento, não seria preciso buscar a sabedoria. Ela não seria necessária e, portanto, raramente seria atingida.

É a consciência do sofrimento que gera a energia da sabedoria, não o sofrimento em si mesmo. Sofrer sem sabedoria é acumular mais confusão e dor. A dor, em si, não purifica nada. Por isso, o dito "com o tempo passa" não é verdadeiro para quem sofre de uma dor não compreendida. Para nos libertar do sofrimento temos, também, que despertar o desejo profundo de desapegarmo-nos dele.

Podemos abraçar o sofrimento com a intenção de transformá-lo em autoconhecimento e sabedoria. Como escreve Pema Chödrön em seu livro *Os Lugares que nos Assustam*: "Aceitar que a dor é inerente e viver nossas vidas a partir dessa compreensão é criar as causas e condições para a felicidade".[1]

Segundo o Budismo, existem três tipos de sofrimento:

1. Sofrimento ordinário ou Sofrimento do sofrimento

Existem duas formas de sofrimento ordinário: o sofrimento intrínseco à vida consciente e o sofrimento causado pelas tentativas de evitá-lo e fugir dele. O sofrimento intrínseco à vida consciente é expresso na tristeza: uma sensação de vazio decorrente da falta de um sentido para a vida.

O sofrimento ordinário é próprio da vida humana: todas as formas de sofrimento físico e mental relacionadas ao nascimento, ao envelhecimento, à doença e à morte, assim como estar ligado ao que se detesta, estar separado do que se ama e não realizar o que se deseja. Por isso, este tipo de sofrimento também pode ser chamado de *sofrimento do sofrimento*: quando algo que nos causa dor surge como causa para desencadear mais dor.

Quando uma coisa ruim acontece logo após outra, e as situações estão indo de mal a pior, podemos achar que estes são momentos de *azar*, mas, na

---

1. Pema Chödrön, *Os Lugares que nos Assustam,* Ed. Sextante, p. 32.

realidade, eles expressam algo bem mais fundamental: a nossa própria impotência frente à realidade imediata. E, quando estamos impotentes, não temos saída senão *aceitar as coisas como se dão*. Essa é a grande sabedoria que as situações de sofrimento contínuo têm a nos ensinar.

2. Sofrimento produzido por mudança

O sofrimento **produzido por mudança** é expresso na busca de prazeres e de estados de alegria transitórios, que levam a mais sofrimento por sua natureza provisória e inconsistente.

Esse tipo de sofrimento também ocorre quando nos recusamos a admitir a natureza impermanente da vida. Apesar de intelectualmente sabermos que tudo muda constantemente e de modo imprevisível, emocionalmente lutamos para aceitar esta verdade. Ao fazermos isso, nos sentimos inseguros, nada nos parece confiável e tudo se torna insatisfatório para nós.

A realidade externa é, por natureza, incerta, portanto, não podemos ter garantias com relação a ela. A pessoa insegura é justamente aquela que busca controlar a realidade externa. A pessoa segura é aquela que aceita a sua insegurança.

Ao conviver com mestres budistas, passei a notar uma forte característica comum a todos eles: eles *vivem* a vida, ao invés de tentar controlá-la.

3. Sofrimento que tudo permeia

O sofrimento que tudo permeia é constante, porém sutil.

Na maior parte do tempo, lutamos contra a realidade da existência do sofrimento. Buscamos desesperadamente "dicas" para driblá-lo, na esperança de que seja possível *evitá-lo*. Mas a Primeira Nobre Verdade nos ensina que nada disso adianta. Enquanto houver ignorância, haverá sofrimento.

É preciso encarar o sofrimento para *eliminá-lo*. Encarar aqui não significa desafiar e sim, simplesmente, pôr-se diante dele para conhecer sua natureza, sem julgá-lo como justo ou injusto.

O que intensifica a dor de um sofrimento é o sentimento de indignação frente a ele, ou seja, é a nossa exasperação diante do sofrimento que faz com que ele aumente e tome conta de todo o nosso ser.

Tudo isso quer nos dizer: pare de lutar contra a realidade. Não resista ao que está, objetivamente, ocorrendo.

É como a enxaqueca, por exemplo. Precisamos nos isolar, tomar um remédio e confiantemente esperar que passe. Cada vez que pensamos: "Ah! Essa dor não passa!" e ficamos impacientes, a cabeça lateja fortemente e a dor imediatamente aumenta. É quase como um alarme, um aviso de que esse não é o modo de proceder, de que é justamente isso que intensifica a dor.

Ao contrário, quando podemos nos apropriar de nosso sofrimento, seja ele físico ou emocional, e dizer para nós mesmos: "OK, está *ocorrendo* isso comigo. Estou sofrendo, mas estou aqui para me fazer companhia. Não vou me abandonar diante desta dor", iremos nos sentir mais leves e livres para transformá-lo.

Uma vez que aprendemos a nos responsabilizar pela maneira como lidamos com o sofrimento, passamos a entender que não precisamos nos tornar vítimas dele.

Nos tornamos vítimas do sofrimento quando não o aceitamos e lidamos com ele como se ele estivesse *fora* de nós, projetando, assim, a causa de nossa dor nos outros. Acolher o *nosso* sofrimento é o único modo de sair do ressentimento e das projeções. Quando fazemos isso, nos sentimos mais tranquilos e seguros, pois, como diz Lama Gangchen ao final da prática de meditação Autocura Tântrica: "Não existem mais inimigos".

É preciso ter empatia por nosso sofrimento: ter compaixão por ele, isto é, despertar um interesse genuíno por conhecê-lo e querer transformá-lo.

Tara Bennett-Goleman, psicoterapeuta americana, alia a psicologia budista à psicologia cognitiva. Neste método, o paciente aprende a identificar seus *esquemas* – padrões emocionais inadaptados – e a transformá-los por meio da meditação budista de plena consciência. Ela escreve em seu livro *Alquimia Emocional*: "Não apenas como terapeuta, mas também no meu trabalho interno pessoal, aprendi que é importante compreender como a pessoa vivencia e interpreta uma situação, e sentir empatia pela realidade simbólica dessa pessoa. Quando a parte da pessoa que se identifica com a realidade do esquema sente que está recebendo empatia, ela pode começar a se abrir a outras perspectivas, o que inclui começar a perceber como a lente do esquema distorce suas percepções e reações".[2]

Se não formos empáticos com nosso sofrimento, poderemos buscar esta empatia no reconhecimento alheio. Isto é, muitas vezes, sem nos darmos conta, alimentamos o sofrimento por meio de lamentações que nada mais são do que tentativas de sermos reconhecidos, pelos outros, por aquilo que estamos passando. Mas, de fato, este reconhecimento pouco nos ajuda. Será ao sentir compaixão por nós mesmos que conseguiremos parar de nos lamentar e decidir, de fato, fazer algo para sair do sofrimento.

---

2. Tara Bennett-Goleman, *Alquimia Emocional*, Ed. Objetiva, p. 154.

Como conquistar a paz interna

Em 1988, quando Lama Gangchen Rinpoche esteve no Brasil pela segunda vez, ele nos disse: "Para a conquista da paz interna, o primeiro passo é nos dizer: *Eu sou lindo*. Primeiro, precisamos dar muito amor para nós mesmos. Nossa mente cria tudo, ela precisa aprender a ver o positivo. Mas, como nossa mente está muito próxima do negativo, sempre encontramos desculpas para ver o negativo. Dizemos 'sim' para uma atitude positiva, e em seguida dizemos 'mas' e voltamos para a atitude negativa. Só quando conseguirmos superar esse hábito de pensar negativamente, é que poderemos tomar uma decisão profunda de querer mudar. Pois é a mente negativa que não nos deixa tomar decisões. A decisão firme purifica a negatividade automaticamente e transforma a escuridão em luz. Aceitar é muito precioso. Por isso, escutar os ensinamentos é tão precioso, porque expressa nossa decisão de aprender, de querer mudar".

A consciência daquilo que é preciso aceitar como real e inevitável pode surgir quase de imediato em nossa mente, mas a aceitação emocional do mesmo fato pode levar muito tempo para ocorrer. Costumamos dizer: "Eu entendo, mas não aceito", quando intelectualmente aceitamos algo que, emocionalmente, ainda relutamos em aceitar.

A aceitação não é um ponto de acomodação ou de resignação, mas sim um ponto de partida. Afinal, se quisermos transformar *algo*, precisamos nos apropriar *dele*. Senão, o que iríamos transformar?

Aceitar um fato doloroso é como aprofundar cada vez mais a densa e resistente camada que encobre o núcleo de nosso interior. Desse modo, nos aproximamos do que Jung denomina de *Self*. Segundo ele, quando tocamos a consciência do *Self*, que é a plenitude da psique, nos tornamos inteiros por funcionar como um todo organizado – isto é, não estamos mais divididos por nossos opostos –, pois reconhecemos que são complementares. "Aquele que busca individuar-se não tem a mínima pretensão de tornar-se perfeito. Ele visa completar-se, o que é muito diferente. E para completar-se terá de aceitar o fardo de conviver conscientemente com tendências opostas, irreconciliáveis, inerentes à sua natureza, tragam estas as conotações de bem ou de mal, sejam escuras ou claras."[3]

Aceitar que temos sentimentos paradoxais em relação a muitas situações da vida: queremos e não queremos ou gostamos e não gostamos ao mesmo tempo, nos ajuda a fazer as pazes com nosso mundo interior. A cada dia em que

---

3. Nise da Silveira, *Jung – Vida e Obra*, Ed. Paz e Terra, p. 88.

a aceitação emocional cresce, aproximamo-nos um pouco mais da verdadeira natureza de nossa mente, que é sempre clara e confiante.[4]

Quando paramos de lutar contra a dor do sofrimento, estamos preparados para conhecê-lo. A curiosidade por conhecer as causas de nosso sofrimento é outra atitude compassiva que despertamos em nosso interior.

A Segunda Nobre Verdade: "O sofrimento tem suas causas"

A segunda nobre verdade refere-se à origem do sofrimento. A principal causa de todo sofrimento é a visão incorreta que temos da realidade: pensamos que tudo existe por si mesmo e pode durar para sempre. Assim, desenvolvemos o apego, a raiva e a ignorância: os três venenos mentais raízes.

Materializamos nosso mundo subjetivo nas coisas, situações e pessoas, por meio da projeção. Por exemplo, se desde pequenos apreciamos tomar *Coca--cola*, agora, ao vê-la, automaticamente pensamos que ela é gostosa. Assim, atribuímos à *Coca-cola* a qualidade de ser boa *por si só*, e nos esquecemos que *somos nós* que a experimentamos e que a qualificamos como boa. A cada momento, então, interpretamos a realidade como positiva ou negativa de acordo com as nossas projeções mentais. O mecanismo de projeção interfere em todas as circunstâncias de nossa vida, apesar de estarmos convictos que a realidade existe por si só, objetivamente, fora de nós.

A visão de que tudo tem uma existência própria e independente nos leva a acreditar que possuímos um "eu" que é livre e autônomo, uma "[...] entidade distinta, concreta, sólida – independente e separada de quaisquer outros fenômenos. Nesse sentido, é natural que o ego se converta numa barreira intransponível entre a pessoa e o resto do mundo, sem a chance de comunicação e comunhão verdadeiras, não apenas com os outros, mas também com o âmago de si mesma. É preciso demolir essa barreira e este é o problema principal do caminho da libertação".[5]

Sua Santidade Dalai Lama escreve: "Em uma escritura sobre a sabedoria perfeita, Buda faz a seguinte afirmação profunda: A mente não é para ser encontrada na mente; a natureza da mente é a clara luz".[6] Isto é, os estados impuros da mente, como o desejo e ódio, não fazem parte da natureza profunda da mente, pois as impurezas são superficiais, e a verdadeira natureza da mente é a clara luz.

---

4. Idem.
5. Radmila Moacanin, *A Psicologia de Jung e o Budismo Tibetano*, Ed. Cultrix/Pensamento, p. 98.
6. Dalai Lama, *Como Praticar*, Ed. Rocco, p. 177.

Enquanto não atingirmos a iluminação, isto é, superarmos a ilusão de termos um "Eu", o impulso instintivo da projeção fará parte do nosso funcionamento psíquico. Apenas quando extinguirmos esse hábito mental, é que iremos superar este padrão tão arraigado de ignorância que nos impede de reconhecer a verdadeira natureza de nossa mente: que é pura, compassiva e ilimitada.

Ao explicar o que é a verdadeira compaixão, Sogyal Rinpoche nos ensina a compreender, também, a natureza do sofrimento: "Compreender o que chamo de sabedoria da compaixão é ver com completa clareza seus benefícios, bem como o dano causado pelo seu oposto. Temos de fazer uma distinção muito clara entre o que é *o interesse do nosso ego voltado para si próprio* e o que é nosso *interesse maior e supremo*. É confundindo um com o outro que vem todo o nosso sofrimento. Continuamos crendo teimosamente que a valorização do eu é a melhor proteção na vida, mas o oposto é que é a verdade. O apego ao eu cria a valorização do eu, que por sua vez produz uma arraigada aversão ao mal e ao sofrimento. No entanto, o mal e o sofrimento não têm existência objetiva; o que lhe dá existência e poder é somente a nossa aversão a eles. Quando você entende isso, entende que é nossa aversão que atrai para nós toda negatividade e os obstáculos que podem se nos opor, enchendo nossas vidas de expectativas, ansiedade nervosa e medo. Esgote essa aversão esgotando a mente voltada para si mesma e seu apego a um eu inexistente, e você vencerá todo poder que os obstáculos e negatividades possam ter sobre você. Mesmo porque, como é possível atacar alguém ou alguma coisa que simplesmente não existe?"[7]

"O Ego é a bota que desgastamos no espinhoso caminho da espiritualidade" – escutei, certa vez, Sua Santidade Dalai Lama falar numa entrevista para a televisão.

Por isso, para praticar a Segunda Nobre Verdade em nossa vida, é preciso procurar manter um estado de abertura e relaxamento frente a tudo e a todos. Em outras palavras, seguir o ditado budista "não se apegue, nem rejeite, então tudo será claro".

A Terceira Nobre Verdade: "É possível eliminar as causas do sofrimento"

A terceira nobre verdade refere-se à cessação do sofrimento. Não estamos condenados a sofrer para sempre. Portanto, aceitamos o sofrimento para transformá-lo, e não para carregá-lo como uma cruz.

---

7. Sogyal Rinpoche, *O Livro Tibetano do Viver e Morrer*, Ed. Talento, p. 245.

Por toda nossa vida, iremos sentir emoções, faz parte de nossa natureza. No entanto, podemos abandonar o hábito de alimentar as emoções destrutivas.

Lama Michel Rinpoche esclarece: "Sofrimento é ter apego à dor. Uma coisa é a gente ter dor e sofrer com isso; outra é dizer: 'Está doendo, mas por que vou sofrer, passar mal?'. Dor e sofrimento são coisas diferentes. Uma coisa é a gente ter dor, e outra é ter o sofrimento. Você pode ter a dor e não achar que ela é algo ruim, pode transformá-la".[8]

Mas, afinal de contas, para que queremos transformar o sofrimento? Só para ter o alívio da dor? Quem já não se pegou falando: "Contanto que eu não sofra, tudo bem". Será que nosso "sonho de consumo" de viver uma vida em paz está baseado apenas na ideia de não sofrer?

Este seria um propósito baseado numa postura de baixa autoestima, que não se vê capaz de cocriar, de prosperar. Se nossa ideia de felicidade estiver baseada apenas na premissa de não sentir mais dor, viveremos como parasitas, anestesiados pelos mecanismos de defesa que nos impedem de nos mover frente ao desconhecido.

Hoje em dia, tem aumentado o número de livros e artigos em revistas que buscam definir o que é ser feliz. Acredito que ser feliz é ter, cada vez mais, uma mente aberta, capaz de aceitar as diferenças entre nós e os outros, ter disposição e um sentido maior para superar as dificuldades, e, por fim, deixar o mundo à nossa volta um pouco melhor do que era quando nele chegamos e, assim, podermos, ao morrer, partir mais leves. Sinto-me feliz quando sinto-me inspirada a reconstruir e a compartilhar essa vontade com aqueles que almejam o mesmo.

A felicidade depende da clareza interna

É importante reconhecer que o autoconhecimento depende de nossa dedicação ao mundo exterior. Pois é a relação com o mundo exterior que nos ensina a identificar os nossos limites, assim como potenciais e qualidades positivas.

Quando temos um encontro autêntico com a nossa alma, somos postos frente a frente com o que é verdadeiro para nós. Não podemos mais nos enganar. Vamos ter de lidar diretamente com as nossas limitações.

Identificar nossas limitações não é o problema. Mas é preciso verdadeiramente aceitá-las. Sermos sinceros conosco. Caso contrário, estaremos sempre transferindo para os outros nossas próprias dificuldades. Quando tratamos os

---

8. Lama Michel Rinpoche, *Uma Jovem Ideia de Paz*, Ed. Sarasvati Multimídia, p. 61.

outros com ironia e sem afeto, estamos, na verdade, reagindo a uma dificuldade pessoal e nem nos damos conta de quanto sofrimento estamos criando para os outros e para nós mesmos. Não ferir os outros é uma ação preventiva para não ferirmos a nós mesmos.

A falta de sinceridade para conosco é que nos paralisa e adia nosso processo evolutivo. O problema, portanto, é tentar negar nossas frustrações e limitações, minimizando-as ou encontrando artifícios e falsas soluções para lidar com elas.

São soluções falsas:

- Dar leveza e superficialidade ao que merece atenção e profundidade.
- Fazer o que os outros mandam para não assumir a responsabilidade sobre nossa própria vida.
- Ser submisso à vontade alheia para não ter autoria sobre nossos desejos e necessidades: a *culpa* (apesar de não existir legitimamente) recai sempre sobre aquele que evidenciou o seu querer.
- Ser perfeccionista para não aceitar nem a si mesmo, nem aos outros.

Então, vamos deixar claro: lidar com a dor do sofrimento não é uma atitude masoquista nem tampouco manipuladora, mas sim um método para nos movermos para a Quarta Nobre Verdade: o caminho para transformar o sofrimento em paz interna.

Podemos aprender a transformar apego em satisfação, raiva em compaixão, ignorância em sabedoria. E, assim, teremos reais condições para dar um sentido verdadeiramente útil à nossa vida: como cuidar da continuidade positiva de nossa mente e do ambiente à nossa volta.

Há muito para ser feito, mas, sem uma base energeticamente positiva, não é possível fazer nada. Por isso, para nos mantermos no caminho da contínua transformação do sofrimento em paz interna, temos de nos manter abertos para lidar com as dificuldades que surgirem, isto é, ter disponibilidade emocional para lidar com a dor. Não precisamos evocar mais sofrimento do que já temos para praticar esta transformação. Temos sempre o suficiente potencial de dor latente para praticarmos a Quarta Nobre Verdade.

Quarta Nobre Verdade: "O caminho para eliminar as causas do sofrimento"

A quarta nobre verdade refere-se ao caminho que conduz à extinção do sofrimento, conhecido por *Nobre Caminho Óctuplo*. Ele indica um percurso de oito passos que devemos perfazer, com nosso corpo, fala e mente, para superar o sofrimento. No capítulo seguinte iremos estudá-las separadamente.

As Oito Nobres Atitudes ou passos *corretos* são:

1. O entendimento correto
2. A intenção correta
3. A fala correta
4. A ação correta
5. O modo de vida correto
6. O esforço correto
7. A concentração correta
8. A meditação correta

Em sânscrito, *samma* quer dizer correto, isto é, o que funciona ou o que é apropriado. "Neste sentido, Correto, no Caminho Óctuplo, não significa *certo* versus *errado*, mas sobretudo *ver* versus *não ver*. Refere-se a estar em contato com a Realidade, em oposição a ser enganado pelos próprios preconceitos, pensamentos e crenças. *Samma* se refere à Totalidade em vez de à fragmentação",[9] explica Steve Hagen.

Estarmos dispostos a efetuar uma real mudança em nossa maneira de caminhar é uma atitude resultante do longo processo de amadurecimento das Três Nobres Verdades.

A Quarta Nobre Verdade nos ensina a caminhar sobre nossa própria estrada. Neste sentido, cada um irá precisar ter a sua experiência para obter os benefícios da caminhada. É como tentar contar a alguém a experiência de escalar uma montanha. Podemos compartilhar os relatos, mas o benefício da escalada é apenas daquele que a percorreu.

O mesmo ocorre com os ensinamentos sobre o Caminho Óctuplo: não basta ter uma compreensão intelectual sobre eles, é preciso vivenciá-los. Senão, eles parecerão tão nobres quanto distantes, como se nunca tivéssemos condição de realizá-los. Ao contrário disto, os mestres budistas nos incentivam a sentir os ensinamentos como experiências pessoais, e portanto, possíveis. Mas, para testar e sentir o sabor de pisar em solo firme, é preciso dar um primeiro passo. Depois que saboreamos o gosto de praticar, não queremos mais parar!

---

9. Steve Hagen, *Budismo Claro e Simples*, Ed. Pensamento, p. 60.

XII
Lidando com as encruzilhadas da vida

> *Quando a gente chega na encruzilhada,*
> *Olha para um lado é nada,*
> *Olha para o outro é nada também*
> *Aí o céu escurece*
> *O céu desaba*
> *Tudo se acaba*
> *Só quando tudo está perdido na vida é que a gente descobre*
> *Que na vida nunca tudo está perdido.*
>
> Geraldo Vandré

Alguns momentos da vida nos colocam diante de possibilidades ainda novas para nós. Precisamos fazer uma travessia, passar de um estágio a outro, de um estado de coisas conhecido a uma situação inteiramente diferente.

Algumas dessas passagens possuem rumo certo: de adolescentes nos tornamos adultos, de solteiros nos tornamos casados, e assim por diante. Cada um, de acordo com sua personalidade e condições, vive um roteiro já conhecido, apesar de ainda não ter sido vivido. Nesses momentos, costumamos buscar o exemplo de outras pessoas que fizeram as mesmas travessias para nos inspirar a viver melhor essas etapas.

Mas existem passagens para as quais não temos onde buscar referências, elas são realmente inéditas. São, de fato, como encruzilhadas: a gente não sabe se vai para a direita ou se vai para a esquerda, se "tudo" vai terminar bem ou se estamos à beira de uma descida vertiginosa em nossa vida.

Nestes momentos, fica claro que temos de modificar atitudes e hábitos muito arraigados. "Quando estamos em uma encruzilhada, sem saber para que lado ir, estamos no *prajnaparamita*. A encruzilhada é um lugar importante no treinamento do guerreiro. É onde nossos sólidos pontos de vista começam a se dissolver."[1] Prajnaparamita é a capacidade de desenvolver uma visão da

---
1. Pema Chödrön, *Os Lugares que nos Assustam*, Ed. Sextante, p. 141.

realidade baseada na equanimidade para, então, cultivar a perfeição da sabedoria. A equanimidade refere-se à sabedoria de ficar "no meio" com respeito aos extremos do sofrimento.

Devemos cultivar "uma mente aberta e inquisitiva, que não se satisfaz com visões limitadas e parciais".[2] "[...] 'certo' é uma visão tão extremada quanto 'errado'. Ambas bloqueiam nossa sabedoria inata."[3]

Nos momentos de encruzilhada, enquanto não sabemos que rumo uma situação vai tomar, a melhor atitude é enxergar, a cada instante, exatamente o que temos à nossa frente. Se formos excessivamente otimistas, desconfiaremos intuitivamente de nossa própria atitude. Se formos demasiadamente pessimistas, teremos uma atitude derrotista que poderá nos prejudicar.

O otimismo exagerado nos deixa arrogantes e o pessimismo, em si mesmo, nos impede de ver a luz no fim do túnel. "Permanecer no meio nos prepara para encontrar o desconhecido sem temor."[4]

Quando estamos encurralados, sem saída, terminamos por nos questionar sobre o sentido de nossas vidas. Surgem então as três perguntas fundamentais: Quem somos? De onde viemos? Para onde vamos? Estas são perguntas frequentes para aqueles que estão conscientes da transitoriedade da vida.

Em geral, quando somos surpreendidos por situações que nos fazem reconhecer nossa mortalidade, ou quando estamos, de fato, diante da morte, responder a essas perguntas irá nos ajudar a ampliar a visão sobre quem *somos* verdadeiramente. Do mesmo modo, respondê-las nos momentos de encruzilhada nos ajudará a ampliar nossa visão de vida.

Quando o espaço de tempo para responder a estas três perguntas é realmente curto, a nossa primeira mente surge para nos ajudar. A primeira mente é nossa sabedoria intuitiva. É ela que irá nos indicar a saída quando estamos numa encruzilhada.

Lama Gangchen sempre nos diz: "Quando você escutar sua primeira mente, siga-a". Jeremy Hayward, discípulo do mestre budista Chögyam Trungpa, nos orienta: "Com excessiva frequência, desprezamos o primeiro pensamento – achamos que é por demais tolo ou ofensivo. Temos de ser ousados para detectar o primeiro pensamento e segui-lo. O primeiro pensamento pode guiar nossa vida quando confiamos".[5]

O primeiro pensamento é puro porque ainda não está contaminado por nosso hábito de duvidar. Ele é uma percepção direta do mundo como ele é. Por isso, na Psicologia Budista, é chamado de *condição do agora*.

---

2. Idem, p. 111.
3. Idem, p. 141.
4. Idem, p. 142.
5. Jeremy Hayward, *O Mundo Sagrado*, Ed. Rocco, p. 186.

Neste sentido, quando temos a percepção correta da realidade, praticamos a *Primeira Nobre Verdade*. Mas quando não queremos que as coisas sejam do jeito que estão se apresentando, começamos a sentir medo e evitamos olhar de frente. Negamos nossa primeira mente porque ela foi direta, nua e crua, e gostaríamos de viver mais um pouco a esperança de que as coisas pudessem ser do jeito que queríamos que fossem... Todas as vezes que nos apoiamos numa realidade idealizada, estamos adiando nosso processo de evolução. Perdemos a oportunidade de aprender algo com aquele desafio do qual fizemos de tudo para escapar. Em vez de interpretar o sofrimento como dor ou punição, podemos vê-lo como a oportunidade de superá-lo.

Quando não colocamos em dúvida nossa percepção imediata da realidade, praticamos a *Primeira Nobre Verdade*: temos a percepção correta da realidade.

No entanto, saber se estamos prontos para encarar o sofrimento é também um ato de sabedoria. Um ditado budista diz: "Só enfrente um inimigo quando você estiver mais forte do que ele. Até lá, continue a se fortalecer". Existem momentos em que precisamos aprender a criar espaço entre nós e aquilo que nos desafia. Quando nos damos conta de que não somos capazes de lidar com uma determinada situação, é hora de acumular méritos: energia positiva.

～ ～ ～

Agora, vamos fazer um exercício para despertar a *primeira mente*. Diminua as luzes e feche os olhos. Deixe sua coluna ereta, mas não rígida. Faça três inspirações e expirações. Veja se sua barriga está relaxada. Concentre-se nela. Na próxima respiração, pense em você daqui a dez anos. E responda com sua primeira mente: qual você pensa que será o sentido de sua vida quando você tiver dez anos a mais do que você tem agora? O que você pensa que terá realizado daqui a dez anos?

Na próxima respiração, concentre-se novamente na sua barriga e relaxe por algum tempo.

Respire mais uma vez e agora pense se você tivesse só mais um ano de vida. Que sentido você daria para sua vida? O que você ainda quer aprender sobre o amor nesse ano de vida? O que você quer realizar?

Respire profundamente e leve toda sua atenção para a barriga. Na próxima concentração, pense que, ao terminar essa meditação, você irá morrer. Qual é o sentido que você dá para vida agora mesmo? O que você aprendeu até hoje sobre o amor? O que você realizou nessa vida até agora?

Respire profundamente, esfregue as mãos e coloque-as sobre seu rosto. E quando se sentir pronto expire e abra os olhos.

～ ～ ～

Quando faço esta meditação, sempre procuro dizer a mim mesma que se nesta vida eu não puder realizar meus projetos, isso não é um problema. Lembro que a minha dedicação em realizá-los é que me alimenta. Já me convenci de que a chance de eu morrer com a sensação de que "fiz tudo que quis" é pequena; afinal, tenho tantos projetos!

Se você não conseguiu escutar sua primeira mente e ficou sem responder a estas perguntas, não se sinta estranho ou inadequado!

A maior parte das vezes, para ir ao encontro com o que nos surge como genuíno e verdadeiro, temos de fazer grandes mudanças em nossa vida. Quando nos confrontamos com algo que parece ser de fato o que queremos, temos de ter a coragem de abraçá-lo, isto é, temos de aceitar as mudanças que nossas escolhas acarretam.

Quanto maior for nosso potencial de aceitação frente à mudança, maior será nossa capacidade de prosperar. A vida é a favor da mudança.

Quem já não se surpreendeu com a consciência de que de fato é possível mudar radicalmente sua vida? Quando encontramos algo que representa o que é autêntico e genuíno, amadurece em nós o impulso de segui-lo e, ao mesmo tempo, diminui o medo de lidar com as mudanças decorrentes dessa nova busca.

Em geral, sabemos que, quando o pior já tiver passado, iremos até agradecer pelo ocorrido, pois é somente ao enfrentar as dificuldades que fortalecemos nossa "musculatura emocional" frente à vida. Quando nos percebemos mais amadurecidos diante de situações que antes nos fragilizavam, surge em nós um sentimento autêntico de vitória e gratidão. No entanto, no momento das crise, não há como evitar a dor.

Como vimos, no capítulo anterior, a *Quarta Nobre Verdade* nos ensina como trilhar o *Nobre Caminho Óctuplo*[6] para eliminar as causas do sofrimento. Portanto, vamos refletir como percorrê-lo para lidar de modo curativo com a dor.

1. O entendimento correto – também chamado de visão correta, refere-se à sabedoria e à compreensão das Quatro Nobres Verdades e da Origem Interdependente. Para aqueles que ainda possuem pouca experiência, a visão correta é a fé correta.

A fé, segundo a Psicologia Budista, é o primeiro entre os *Onze Fatores Mentais Virtuosos*[7] que nos levam a manter a mente num estado positivo. A fé é, portanto, o estado mental-raiz de todos os estados mentais virtuosos.

Nos momentos de encruzilhadas, nossa fé é testada. Somos tomados, mesmo que momentaneamente, por um estado de incerteza, de vacilação geralmente associado a um declínio de fé nas possibilidades que se apresentam.

---

6. Ver Apêndice, seção referente ao Capítulo XI.
7. Ver Apêndice, seção referente ao Capítulo I.

Quando nos encontramos sem saber para onde ir, nossa energia vital está diminuída. Temos menos força para praticar os métodos de Autocura que já conhecemos como eficazes. No entanto, é o momento certo para continuar praticando, mesmo sem colher resultados imediatos.

Certa vez, quando estava enfrentando um longo período de encruzilhada em minha vida, alguém me disse: "Esse método de meditação que você está praticando não deve ser bom ou você não sabe praticá-lo, senão estaria melhor". Senti o orgulho ferido. Aquilo me instigou a praticar com muito mais afinco. Precisava reagir. Compreendi que o problema não era o método, mas sim o fato de que estava praticando pouco em comparação com a gravidade da situação em que me encontrava. Admirar a minha própria capacidade de sair daquela situação gerou fé e força para me levantar novamente.

Uma vez que não sabemos quanto tempo levaremos para voltar a ver o caminho no qual nos sentíamos seguros em seguir, precisamos ter disponibilidade interna para continuar praticando nossos métodos de Autocura sem nos basear em resultados imediatos. Ter fé é confiar que estamos criando causas positivas ao continuar cultivando uma mente virtuosa e que, portanto, o resultado positivo é garantido. A fé nos desperta o desejo de praticar, e, por sua vez, o desejo gera o esforço de continuar praticando.

2. A intenção correta – também chamada de *resolução correta* ou *pensamento correto*, que precede uma ação ou fala. Um pensamento correto é compassivo, por exemplo.

Infelizmente, quando estamos diante de uma encruzilhada, nossa capacidade de pensar acha-se perturbada e, assim, nossas ações em busca de luz acabam gerando mais sombra. É, portanto, hora de parar, de simplificar e ser natural.

A simplicidade é sempre uma condição de abertura. Ser simples e natural é uma atitude através da qual podemos nos manter abertos para receber a cura.

A aspiração correta leva-nos a agir de forma adequada. Ter uma pessoa que nos sirva de exemplo é muito importante. Nos momentos de dúvida, o melhor é, inicialmente, não agir. Devemos antes refletir sobre como nosso mestre ou uma pessoa que admiramos muito reagiria naquela situação.

Uma vez amadurecido o propósito correto, não teremos mais dúvidas quanto à nossa ação. Saber por que agimos nos protege do arrependimento.

Há momentos, entretanto, que não temos tempo para a reflexão. Temos que agir imediatamente. "A *resolução correta* se parece, então, com uma pessoa cujos cabelos pegaram fogo. Quando seu cabelo está em chamas, você não pesará os prós e os contras de apagar o fogo. Se seu cabelo está pegando fogo, não há meio-termo. Você não vê nenhuma opção. Você age",[8] escreve Steve Hagen.

---

8. Steve Hagen, *Budismo Claro e Simples*, Ed. Pensamento, p. 61.

3. A fala correta – surge do pensamento correto. Trata-se de não mentir, não falar mal dos outros, não caluniar, nem fofocar. Temos que usar nossa fala para criar harmonia, beneficiar as pessoas.

No entanto, quando estamos sob pressão, sem saber para onde ir, usamos nossa fala como uma arma de defesa. Nossa agressividade aumenta e "falamos qualquer coisa" de modo desordenado: estamos pedindo por ajuda, mas, agindo assim, nos tornamos, na realidade, destrutivos. O melhor é saber silenciar até recuperarmos a clareza interior. Enquanto não soubermos o que dizer, falar será como enganar seja a nós mesmos ou aos outros.

A fala correta também envolve a escuta correta – o que significa observar as coisas do modo como são, em vez de aceitar de imediato qualquer coisa que nos digam.

4. A ação correta – surge da intenção correta. Oferecer ajuda material, dar proteção e amor. Assim como não matar, não roubar, nem cometer adultério. A ação se torna correta porque resulta de um pensamento que superou o egocentrismo e está de acordo com a interdependência. Em outras palavras, é uma ação na qual você não se vê separado dos outros.

Mesmo estando numa encruzilhada, podemos dar um bom exemplo, isto é, servir de inspiração para aqueles que nos acompanham naquele momento de crise. São os momentos de pressão que realmente revelam nosso caráter e integridade. Manter os nossos princípios de honestidade e lealdade em situações de crise é altamente organizador. Sentimo-nos alicerçados e protegidos por nossa própria postura interna.

5. O modo de vida correto – nossos hábitos cotidianos expressam nossa consciência do outro e do meio ambiente. Nosso modo de viver deve levar em consideração outros seres e outras formas de vida, a dignidade própria e o respeito aos demais (estejam eles presentes ou façam eles parte do passado ou das futuras gerações), favorecer a sustentabilidade e a melhor qualidade da vida.

A vivência de estar num *beco sem saída* nos desconecta com certeza da continuidade. Buscamos soluções imediatas para encontrar alívio o quanto antes. No entanto, mesmo sem poder prever o rumo de nossa vida, precisamos nos manter dignos para com nosso corpo, palavra e mente.

A certeza da continuidade torna-nos pessoas responsáveis: sabemos que teremos de abraçar as consequências positivas ou negativas de nossas próprias ações. Os momentos de crise nos ajudam a refletir sobre o significado de nossas ações.

Podemos reavaliar quanto tempo e energia vital dedicamos a situações descartáveis que apenas nos consomem ao invés de gerar e acumular energia positiva. Os momentos de crise são também oportunidades para mudarmos nosso estilo de vida e adquirir hábitos mais saudáveis.

Se não temos condições de gerar benefícios, já será um grande passo nos abstermos de ações que causam danos, seja para nós mesmos ou para os outros.

6. O esforço correto – trata-se da dedicação constante para gerar benefícios e prevenir o que traz prejuízos. O esforço é uma atitude voluntária. A perseverança resulta da capacidade de ver os benefícios de uma ação em longo prazo.

"Esforço sem perseverança cansa. O importante é saber sempre para onde vamos e por que nos esforçamos" foi o que Lama Gangchen Rinpoche disse em frente à Stupa de Borobudur. Éramos mais de cem pessoas começando uma longa caminhada em torno do monumental mandala de pedra na Indonésia, às cinco horas da manhã. Sono, calor, sede, cansaço físico, deixam de ser obstáculos quando sentimos que estamos fazendo algo positivo. Em outra oportunidade, estando na mesma situação, Lama Gangchen nos disse: "Para fazermos coisas negativas não temos preguiça, mas para realizarmos as positivas precisamos de muita força de vontade".

Em situações difíceis, temos, muitas vezes, que tolerar o intolerável. Nos momentos em minha vida em que tive de suportar situações críticas, dizer a mim mesma: "Agora é difícil, mas vale a pena passar por isso agora, pois esta situação me levará a um futuro melhor" sempre me ajudou. De fato, hoje sou grata pelos esforços que soube gerar nestas situações.

7. A concentração correta – a concentração nos mantém focados em nossos propósitos e princípios. Do ponto de vista budista tradicional, significa manter constante atenção à impermanência, ao sofrimento, ao não eu.

É preciso termos consciência do movimento da nossa mente quando temos uma emoção seja ela positiva ou negativa. Em vez de nos identificarmos ou nos apegarmos ao pensamento que surgiu, devemos encará-lo como ele realmente é, ou seja, algo transitório. Assim, nesses momentos, podemos simplesmente pensar, como nos diz Lama Gangchen Rinpoche: "Aí vem mais um pensamento" e não precisamos reagir a ele.

A concentração correta é um estado de relaxamento, abertura e atenção ao mesmo tempo. Isso me faz lembrar uma vez que estávamos com Lama Gangchen visitando o quarto de Sua Santidade Dalai Lama, no Monastério de Sera Me no Sul da Índia. Éramos um grupo de quase 30 pessoas, e não tínhamos muito tempo para estar lá. Apesar de andarmos em fila, uns queriam tirar fotografia, enquanto outros queriam parar para rezar. Num certo momento, Lama Gangchen percorreu velozmente a fila dizendo inúmeras vezes em voz baixa: "Quick and relax". Isto é, rápido e relaxado. Guardo suas palavras até hoje em minha mente e procuro ouvi-las novamente quando necessito agir de modo rápido, porém sem tensão.

Nos momentos de crise, é importante reconhecer a natureza impermanente da própria crise. Por maior que seja o nosso sofrimento, também ele é impermanente.

8. A meditação correta – manter a mente calma e concentrada para permitir a manifestação da sabedoria completa e verdadeira a partir da qual surgem os pensamentos e ações corretas. Os estados meditativos trazem a mente distraída de volta ao foco.

Meditação para momentos difíceis

Esta é uma meditação muito útil nos momentos de encruzilhada.

Primeiro familiarize-se com o silêncio e sinta sua própria energia interior. Aproveite cada expiração para soltar a sobrecarga interior.

Agora, invoque à sua frente uma forte luz ou a imagem de um Ser Sagrado com o qual você *sabe* que pode contar nesse momento. Considere que esta luz ou este Ser não é apenas fruto da imaginação, mas sim da sua conexão com a fonte curadora.

Relate todas as suas preocupações. Quando sentir que já expressou todas elas, abra-se para receber a cura: visualize raios de luz que saem do coração do Ser Sagrado e penetram no topo da sua cabeça, como um bálsamo purificador, que rapidamente preenche todo o seu corpo de luz, purificando instantaneamente suas preocupações e sofrimentos.

Por algum tempo, concentre-se nesta sensação de estar com o seu corpo totalmente preenchido de luz. Observe as sensações de calor que surgem ao fazer esta visualização: elas indicam que a mente assimilou as bênçãos desta prática.

Aos poucos, seu corpo de luz diminui até se transformar num único ponto de luz, que é atraído para o centro de seu coração. Uma vez, consciente de sua calma interior, determine-se a cultivar este estado mesmo depois de abrir os olhos.

Agradeça pela cura recebida e compartilhe essa energia positiva com todos que estejam precisando dela. E, por fim, dedique todas as energias postivas acumuladas nesta meditação à longa vida de todos os mestres e daqueles que o ajudam no caminho espiritual.

XIII
Quando ser feliz é saber não sofrer desnecessariamente

A dor é inevitável, o sofrimento é opcional.
Kathleen Caey

    Segundo os ensinamentos tibetanos, os cavalos dividem-se em quatro categorias: os excelentes, que nem precisam ser tocados para seguir uma ordem, pois já se movem com a sombra do chicote; os bons, que se movem com uma leve chicotada; os medíocres, que não se movem enquanto não sentirem a dor da chicotada; e, finalmente, os péssimos, que esperam a dor da chicotada penetrar até o meio dos ossos para então se moverem.

    Quem não se identifica com uma destas quatro categorias no modo como leva a vida? Infelizmente, muitos de nós sofrem além do necessário para aprender a não repetir os mesmos erros que causam sofrimento.

    Sofremos, não porque somos ruins e merecemos ser punidos com as "chicotadas" da vida, mas sim porque não reconhecemos a causa verdadeira de nossa dor.

    A verdadeira causa de nossa dor é a ignorância sobre a interdependência dos fenômenos. Quando percebemos que tudo está interligado, podemos aprender a lidar com os fenômenos positivamente.

    Meditar, visualizar imagens que curam, recitar mantras, rezar ou ficar em silêncio são métodos eficazes para purificar nossa mente de seus hábitos negativos. Porém, se os praticarmos com a intenção de anestesiar o sofrimento, para não precisarmos entrar em contato com ele, estaremos agindo como um carro atolado no barro: quanto mais se tenta mover suas rodas, mais preso fica. Isto é, quanto mais negarmos a verdadeira causa de nossos sofrimentos, mais presos nele estaremos.

Como vimos, existem duas formas ordinárias de sofrimento: o sofrimento intrínseco à vida consciente e o sofrimento causado pelas tentativas de evitá-lo e fugir dele. Ao tentarmos negar que o sofrimento é intrínseco à vida, nós o estamos tornando mais intenso.

Sofremos desnecessariamente toda vez que evitamos reconhecer que o sofrimento existe e que nesse exato momento estamos sofrendo.

O Budismo nos ensina que para superar o sofrimento é preciso "despertar". Buddha é conhecido como O Iluminado ou um Ser Desperto: aquele que acordou do sonho das ilusões. Um ser desperto é um ser completo, pois liberou-se da tendência de buscar a luz e negar a sombra. Estar desperto é um estado naturalmente sereno, cuja concentração é inabalável, que reflete o estado natural da essência de nossa mente: pura e lúcida. Para isso, é preciso inicialmente desenvolver a habilidade de não se apegar, nem rejeitar a realidade interna e externa.

Se quisermos ser excelentes na arte de superar o sofrimento, temos antes de remover a ideia preconcebida de que somos péssimos. Como nos diz Jean-Yves Leloup: "No tradicional livro Bardo Thodol – O Livro Tibetano dos Mortos, há um importante ensinamento sobre como superar o julgamento de ser bom ou ruim para nos libertarmos do ciclo morrer e renascer em sofrimento: 'Não olhe para nenhum dos pratos da balança. Vá além do seu karma, seja ele positivo ou negativo. Lembre-se que a Clara Luz está além das consequências dos seus atos'".[1]

Estamos apegados ao sofrimento e precisamos aprender a ir além dele. Estamos tão sobrecarregados de ideias preconcebidas, expectativas e exigências que não conseguimos mais nos mover dentro de nós mesmos! Sentimos a rigidez de nosso mundo interno e tudo à nossa volta passa a ser insatisfatório. Estamos, de fato, atolados em nós mesmos. Não somos felizes quando perdemos nosso espaço interno.

A ciência, ao estudar a felicidade, chegou à mesma conclusão. Uma pesquisa realizada pelo World Value Survey (sediado na Universidade de Michigan, nos Estados Unidos) registrou a porcentagem da população que diz se sentir feliz, em 65 países. Os sete primeiros colocados são países do Terceiro Mundo: Nigéria, México, Venezuela, El Salvador, Porto Rico, Vietnã e Colômbia. A ciência acabou por derrubar, assim, os mitos de que ser feliz é ter dinheiro ou encontrar o grande amor de sua vida. Mas será que com isso a ciência estaria considerando que habitantes dos países do Terceiro Mundo, por serem pobres, teriam maior dificuldade de encontrar o amor da vida?

---

1. Jean-Yves Leloup, Além da Luz e da Sombra, Ed. Vozes, p. 37.

O filósofo Eduardo Giannetti da Fonseca viveu alguns meses na Nigéria e pôde constatar a natural inclinação dos nigerianos para aproveitar a vida com alegria: "Era uma espécie de felicidade involuntária, um estado de ânimo que parecia emanar espontaneamente das pessoas e que tornava o simples existir uma bênção, independentemente de qualquer razão ou justificativa lógica", observou ele em uma entrevista para a revista *Terra* (fev. 2004). Em seu livro *Felicidade*, ele afirma: "A felicidade não é algo ligado ao ter, mas ao fazer. Ela não é um humor ou um estado de ânimo, por mais exaltados e duradouros que sejam, mas o resultado de uma vida bem conduzida, ou seja, das escolhas e valores que definem o nosso percurso. A felicidade, em suma, jamais será um estado final que se possa adquirir e dele tomar posse de uma vez por todas. Ela é uma atividade – algo que se cultiva e constrói, algo que, por alguns momentos, se conquista e se desfruta, que é fonte de contentamento, mas que está sempre a exigir de nós empenho e amor, sempre recomeçando outra vez".[2]

Ser feliz é recuperar o espaço energético já existente dentro de nós

Segundo a filosofia do Budismo Tibetano, existem diferentes níveis de felicidade. O estado de felicidade será mais profundo quanto menos estiver contaminado pelo desejo e quanto mais a pessoa tiver amadurecido a realidade de que tudo é impermanente.

Poderemos atingir a felicidade profunda, perfeita e permanente quando nos liberarmos da ignorância, isto é, do hábito arraigado de buscar a felicidade nas condições externas e de estarmos condicionados por nossos próprios estados emocionais ou prazeres físicos.

Ser feliz é vivenciar um estado energético, positivo, de permanente abertura e disponibilidade para apreciar e interagir seja consigo próprio ou com o ambiente e as pessoas à sua volta.

Portanto, o segredo para sermos felizes é ampliar nosso espaço interno, isto é, manter a mente aberta, disposta a apreciar a vida e a cultivar um senso contínuo de leveza e bem-estar.

Como lidar com a confusão sem se fundir com ela

É interessante notar que toda confusão emocional tem algo a nos ensinar sobre nós mesmos: ela indica justamente onde temos o hábito de sofrer des-

---

2. Eduardo Giannetti da Fonseca, *Felicidade*, Ed. Companhia das Letras, p. 177.

necessariamente. Faça esta experiência: abra-se para sentir sua confusão e verá como, aos poucos, você passa a compreendê-la.

Se dissermos lentamente a palavra confusão iremos escutar seu significado essencial: *com fusão*, isto é, mesclado e sem discernimento. No entanto, podemos *estar* com os sentimentos dolorosos ao invés de nos *fundirmos* a eles. Ou seja, podemos sentir nossos sentimentos e ao mesmo tempo estar atentos à sua dinâmica para conhecê-la melhor.

Ao compreendermos que não *somos* uma sensação, podemos senti-la em segurança, até que ela gradualmente diminua sua intensidade e se dissolva totalmente. Tememos a dor emocional porque temos medo que ela jamais termine. Entender que o sofrimento em si não é permanente nos ajuda a atravessá-lo. Por isso, faz parte do processo de purificar o sofrimento a consciência de que ele, em si, não é eterno. Quando os sentimentos desagradáveis surgirem, lembre-se de que você tem a possibilidade de purificá-los em vez de suprimi-los, negando-os.

A percepção da dor emocional nos poupa de sentirmos mais dor. Mesmo que doa, é o ato de perceber a dor que faz com que ela se dissolva. É sadio sofrer, mas apenas o necessário, o natural. O que não é sadio é negar uma dor emocional ou senti-la sem querer aceitá-la.

A questão está em não negar nossas emoções, pois são elas que nos apontam nossos limites e também nossa capacidade de enfrentar as situações. Portanto, não devemos reprimi-las, mas sim usá-las como um instrumento de autoconhecimento.

Como diz Melody Beattie: "A maior razão para não reprimirmos as nossas emoções é que reprimir as emoções faz com que percamos nossas emoções positivas. Perdemos a capacidade de sentir. Às vezes, isso pode ser um alívio bem-vindo se a dor for muito grande ou muito constante, mas esse não é um plano de vida. Podemos rejeitar nossas necessidades mais profundas – a necessidade de amar e sermos amados – quando reprimimos nossas emoções".[3]

Gostar de resolver seus problemas é um sinal de boa autoestima

A determinação de sair de um problema provoca um estado de alegria interno. Guelek Rinpoche disse certa vez: "O primeiro passo para sair de um

---

3.   Melody Beattie, *Codependência Nunca Mais*, Ed. Record, p. 174.

problema é criar uma forte determinação de ficar livre dele. Essa determinação deve ser feita quando ainda se está preso ao problema".[4]

Felicidade e infelicidade sempre andam juntas. Ao escutar nossa tristeza, ela nos informa o que estamos precisando fazer por nós mesmos para sermos felizes. Isto é, que energia precisamos gerar.

Poderemos lidar positivamente com nossa dor se nos aproximarmos dela com a intenção de curá-la. Assim, aos poucos, criamos uma nova estrutura interna que nos permite lidar com a dor e continuar crescendo. Essa estrutura interna é fortalecida todas as vezes que abandonamos uma atitude mental de vítima ou de autorrejeição. A maneira com que lidamos com a dor emocional pode nos ajudar a gerar energia para sair do sofrimento causado por ela.

Como colocar um fim à dor emocional

Podemos localizar em nossa vida fases em que uma dor emocional permanece instalada em nós por um longo período – um ano e meio, pelo menos. Vamos dormir sabendo que, ao acordar, sentiremos a *mesma* dor no peito. Geralmente isso ocorre quando vivemos algo maior do que nossa capacidade de elaborar.

A meta de transformar o sofrimento em autoconhecimento faz com que nos sintamos íntimos da nossa dor, tão próximos dela que, às vezes, sentimos pena de deixá-la. Eu me lembro claramente da primeira vez que senti nostalgia por perceber que uma dor emocional estava para acabar. Cheguei a perguntar para Gueshe Sherab: "Será que sem esta dor continuarei aprendendo tanto quanto aprendi ao senti-la?". Ele riu e me respondeu: "Você não precisa chamar a dor para evoluir, pode ter certeza que sempre haverá sofrimento suficiente para aprender algo com ele. Quando a mente não está sobrecarregada com uma dor intensa, pensa melhor".

Se estivermos sofrendo pela mesma dor há muito tempo, devemos identificar o momento de nos desapegarmos dela. É necessário sentirmos a dor apenas enquanto ela nos ajudar a aprender mais a nosso próprio respeito, ou seja, enquanto ela representar uma forma de ampliarmos a visão acerca de nós mesmos.

Parece óbvio que ninguém deseja se apegar à dor. Na realidade, porém, desapegar-se dela talvez seja um de nossos maiores desafios.

Aceitar a necessidade de abandonar um padrão emocional, mesmo que ele implique sofrimento, pode ser tão difícil quanto aceitar a morte de um

---

4. Bel Cesar (org.), *Oráculo I Lung Ten*, Ed. Gaia, p. 67.

ente querido, pois sentimos como se perdêssemos algo de nós mesmos. Em ambos os casos devemos aprender a fazer o luto. Como escreve Christine Longaker: "O processo de recuperação da nossa dor pode nos ajudar a viver de maneira mais plena e apreciar cada dia, e cada pessoa, como uma dádiva insubstituível. No luto, devemos por fim nos desapegar da pessoa que se foi; no entanto, podemos manter o seu amor conosco. Não somos abandonados na perda; podemos nutrir nossas memórias de amor, e permitir que o amor continue fluindo na nossa direção".[5] Do mesmo modo, quando nos separamos de um padrão emocional dolorido com o qual convivemos por tantos anos, devemos manter a consciência de sua importância em nosso processo de autoconhecimento: uma forma de gratidão pelo aprendizado.

Sogyal Rinpoche sugere o contato com a natureza como um potente método de pôr fim à dor: "Um dos métodos mais poderosos que conheço para aliviar e dissolver o sofrimento é ir para a natureza, contemplar uma cachoeira, em especial, deixando que as lágrimas e a dor saiam de você e o purifiquem como a água que flui. Pode também ler um texto tocante sobre a impermanência ou o sofrimento, e deixar a sabedoria contida em suas linhas trazer-lhe consolo. Aceitar a dor e pôr-lhe fim *é possível*".[6]

Houve um período em que me dediquei a fazer estátuas de gesso das divindades sagradas, conhecidas no Budismo por *Tsatsas*, para me desapegar de um longo período de dor. Originalmente as estátuas eram feitas de barro. Esta é uma prática budista milenar para acumular méritos – isto é, energia positiva – e purificar as marcas mentais negativas.

Em seus métodos de meditação e Autocura, o Budismo lida com os elementos tanto nos seus níveis grosseiros, como sutis e muito sutis. Assim, nosso planeta, os outros planetas, montanhas, rochedos, o solo, cristais, pedras preciosas, metais, minerais, meteoritos e poeira cósmica, formam o elemento terra externo. Os elementos terra internos sutis de nosso corpo são nossos ossos, dentes, músculos, unhas, carne, átomos e células.

Podemos identificar a qualidade sutil do elemento terra em nossa mente. Ele surge em nossa capacidade de sustentar as experiências mentais, como, por exemplo, em ter paciência e tolerância frente a situações difíceis de manter a concentração. Em sua devoção, a terra sustenta, sem exceção, todas as coisas, boas e más. A forma muito sutil da energia do elemento terra (e também dos outros elementos) encontra-se, em nosso chakra do coração, no vento muito sutil de energia de vida – *sogdzin*.

---

5. Christine Longaker, *Esperança Diante da Morte*, Ed. Rocco, p. 259.
6. Sogyal Rinpoche, *O Livro Tibetano do Viver e Morrer*, Ed. Talento, p. 397.

O *sogdzin muito sutil* é o contínuo mental, isto é, a nossa mente muito sutil que sobrevive à morte. O *sogdzin* é a base física, porém muito sutil, que contém nossos registros kármicos: as marcas mentais. Por isso, ao darmos uma forma sagrada ao elemento terra externo, neste caso usando o gesso, estaremos purificando as marcas mentais que são sustentadas pelo elemento terra interior.

Neste sentindo, fazer *Tsatsas* é uma arteterapia profunda. Não estamos apenas acalmando a mente, estamos purificando-a. Na época em que me dediquei a esta prática, já estava convencida que necessitava desapegar-me da dor, mas somente através dela encontrei um método eficiente para exercitar meu desapego. De qualquer forma, é preciso ter sua própria experiência para conhecer os efeitos desta prática.

Quando adquirimos a consciência de que nosso apego à dor tornou-se algo como "lamber mel numa faca afiada", estamos prontos para renunciar ao hábito de sofrer. No Ocidente, em geral, associamos a ideia de renunciar com "abrir mão de algo", o que significaria fazer algum sacrifício. No entanto, a renúncia é o primeiro dos três aspectos fundamentais dos ensinamentos budistas, seguida da compaixão e da visão pura. Na Psicologia Budista, renunciar a algo é uma atitude que traz felicidade e liberdade.

Quando nos familiarizamos com certa dor, tornamo-nos dependentes dela para nos sentirmos seguros. Muitas vezes, assim que nos sentimos alegres, passamos a sentir insegurança. Quem já não disse para si mesmo a frase: "É bom demais para ser verdade". Eis por que preferimos a dor: sentimo-nos, infelizmente, seguros com ela.

A intensidade da dor de uma emoção possui um tempo que lhe é próprio, mas que também tem seu fim. Se ela continuar presente depois de um tempo prolongado é porque a estamos invocando em demasia. É melhor pararmos de invocar essa dor e abrirmo-nos para o desconhecido, perguntando-nos: "Como serei sem esta dor?".

Lama Gangchen Rinpoche nos alerta: "Estamos profundamente habituados a essas respostas emocionais negativas que, por esse motivo, surgem já quase espontaneamente a partir de causas muito pequenas. Desperdiçamos tempo demais nos preocupando obsessivamente com nossos problemas emocionais. Motivados por nossas ilusões mentais, cometemos várias ações positivas e negativas, que mais tarde servirão apenas como causas de mais sofrimento samsárico e escuridão interna".[7]

---

7. Lama Gangchen Rinpoche, *NgelSo Autocura Tântrica III*, Ed. Gaia, p. 285.

Sofrimento samsárico ou samsara refere-se ao ciclo infinito e descontrolado de morte e renascimento ao qual estaremos presos enquanto nossa mente estiver poluída.

Se quisermos mudar, teremos de começar a fazer algo diferente em nosso dia a dia. O poder de decisão de sair de uma dor surge com a percepção de que estamos sofrendo desnecessariamente!

Precisamos, então, treinar a reconhecer o nosso bem-estar para tomar decisões baseadas na alegria.

Quando aceitarmos o fato de que podemos experimentar conscientemente nossa dor, então, estaremos prontos para nos liberar dela! Finalmente romperemos o hábito de autocomiseração e estaremos aptos para sermos felizes.

No Budismo Tântrico, podemos aprender a usar a emoção como veículo de *transmutação*, como nos explica John Welwood: "Como palavra alquímica, *transmutação* significa converter alguma coisa aparentemente inútil em algo valioso, como chumbo em ouro. [...] O primeiro passo para subjugar o leão da emoção, transmutando sua poderosa energia em iluminação, é percebê-lo e deixar que exista, sem julgá-lo bom ou mau. Fugir do animal selvagem ou tentar conter sua energia só provoca novos ataques. [...] Em vez de tentar controlar as emoções, julgarmos a nós mesmos ou reagirmos contra elas, podemos tentar experimentá-las como são, presenças vivas".[8]

Muitas vezes encontramos justificativas nobres para não mudar, quando, na realidade, estamos é precisando ser mais sinceros com nossa fraqueza.

A sinceridade é um antivírus contra as interferências interiores e exteriores, pois quando somos sinceros não fazemos rodeios. A sinceridade nos dá coragem e abertura para lidar com qualquer situação, agradável ou desagradável. Desta forma, nos abrimos para o mundo. A falta de foco é um modo de nos protegermos das exigências do mundo, e de adiarmos nossa participação nele.

Ao saber quem somos, podemos adquirir a flexibilidade de perceber igualmente as nossas necessidades e as dos outros sem privilegiar nenhuma das partes. Assim, não estaremos amarrados a nós mesmos, nem nos confundiremos com os desejos dos outros.

Uma mente flexível é uma mente feliz

Então, pergunte-se agora, com toda sinceridade: "Será que eu estou sofrendo desnecessariamente?". Temos que admitir que nossa resposta será *sim* enquanto

---

8. John Welwood, *Em Busca de uma Psicologia do Despertar*, Ed. Rocco, p. 205.

estivermos tendo dificuldade para lidar com a imperfeição. Enquanto formos inflexíveis e controladores, sofreremos desnecessariamente.

A maneira como lidamos com as situações imprevisíveis na vida indica nossa aptidão para a felicidade. É natural contarmos com certo grau de previsibilidade para nos sentirmos seguros, mas se não quisermos sofrer desnecessariamente precisamos aceitar o fato de que não podemos controlar os eventos da vida.

Quando algo que julgávamos certo e estável desaparece – como um relacionamento, um emprego ou nossa saúde –, sentimos um grande vazio. Podemos nos revoltar, culpar os outros ou lamentar nosso destino, mas teremos que reconhecer que erramos ao esperar que nossa vida fosse previsível!

Podemos treinar para nos arriscarmos diante de uma situação desconhecida alimentando a curiosidade por nossa própria capacidade de atuação. Podemos, por eemplo, nos propor: "Quero só ver como vou me oferecer o melhor nesta situação desconhecida. Estou curioso(a) para ver como não irei me abandonar desta vez".

XIV
Quem não conhece a desagradável sensação de estar irritado?

Não permita que a sua impaciência o afaste do seu compromisso com a verdade.
Sogyal Rinpoche, *O Livro Tibetano do Viver e do Morrer*

Muitas vezes nós nem nos damos conta do momento em que *começamos* a nos irritar. E, de repente, nossos músculos tornam-se tensos, sentimo-nos abafados em nosso próprio corpo. Surge em nós a necessidade de nos movermos para extravasar "algo" contido, não expresso.

A irritação é energia malparada, mal-elaborada, maldirecionada. Nos tornamos impacientes, intolerantes à frustração, aos ruídos e às aglomerações. Nossa mente fica oprimida, sem espaço, abafada. Sentimos calor e palpitações no coração. Qualquer estímulo surge como uma provocação: queremos distância, espaço e tempo!

Na irritação, o sistema nervoso está acelerado e somos facilmente influenciados por energias desagradáveis e destrutivas. Uma vez irritados, nosso corpo transpira mais, gerando um odor desagradável que emite a mensagem ameaçadora: "Perigo à vista, afastem-se de mim!".

Quando estamos sob o domínio da irritação, tornamo-nos insensatos, não dizemos coisa com coisa e até mesmo passamos a nos contradizer. Em geral, quando estamos irritados, ficamos menos empáticos e temos dificuldade em aceitar opiniões diferentes da nossa, o que aumenta nossos problemas de relacionamento. Por exemplo, escutamos alguém nos dizer algo e, antes mesmo de compreender o sentido do que foi dito, reagimos de maneira explosiva, respondendo com insultos ou até violentamente.

A irritabilidade é um conjunto de emoções associadas por semelhanças.

Costumamos dizer: "Fulano ou aquela coisa me irrita porque me lembra sicrano, quando...".

A pessoa ou situação que nos irrita, na verdade, indica onde guardamos uma grande porção de energia reprimida: representam a nossa *sombra*, isto é, tudo que negamos em nós mesmos. A *sombra* diz respeito àquilo que consideramos inferior em nossa personalidade e também àquilo que negligenciamos e nunca desenvolvemos em nós mesmos.

Segundo a psicologia junguiana, a *sombra* reprimida e relegada ao inconsciente torna-se um potencial de energia, energia essa que vem à tona sob a forma de projeção. É como encontrar um bode expiatório sobre o qual projetamos toda a culpa que não reconhecemos como nossa.

Reconhecer nossa *sombra* é um grande passo para o amadurecimento emocional e espiritual. À medida que a *sombra* se faz mais consciente, recuperamos partes de nós mesmos previamente reprimidas. Ao nos apropriarmos de nossas partes desconhecidas, passamos a desenvolver autoconfiança e capacidade de autodomínio.

Portanto, se aceitamos a irritação como uma oportunidade de autoconhecimento, vamos observar o que nos irrita com uma nova disposição. Não nos sentiremos mais vítimas de nossa própria irritação, mas sim empenhados em saber mais sobre nós mesmos. Como diz Dugpa Rinpoche: "Olhe cada pessoa que encontres como se ela estivesse te trazendo um grande segredo".[1]

A irritação é uma reação a uma sobrecarga do passado

Emoções impostas ou reprimidas na infância fazem parte do "bolão" de nossa irritação. Quando crianças, muitas vezes o que dizíamos não era considerado ou sequer ouvido. Agora, quando nos expressamos e alguém nos trata com displicência e falta de atenção, sentimos novamente a sensação de estarmos falando sozinhos, e isso nos faz sentir muito irritados!

A irritação é, portanto, um subproduto de uma forma-pensamento, que por sua vez sustenta um sentimento de carência. Quando irritados, nós nos sentimos mal-amados e sem capacidade de dar amor. Quando irritados, não gostamos de ser acariciados e nem temos disposição para abraçar quem gostamos.

Quando a irritação se instala, somos tomados por um sentimento de urgência que faz nossa mente ficar acelerada e nos tornamos reativos, arredios. No entanto, precisamos desacelerar a mente para compreender o que se passa

---

1.   Dugpa Rinpoche, *Princípios de Vida*, Ed. Nova Era, p. 57.

em nosso interior. A irritação passará na medida em que compreendermos sua mensagem subliminar.

Se escutarmos com honestidade nossos próprios lamentos, vamos perceber que o pano de fundo da irritação é a sensação de estarmos sendo pressionados a aceitar algo que nos foi imposto sem aviso prévio ou sem que estivéssemos de acordo. Há um sentimento de que fomos invadidos com ideias abusivas: "Não tenho que escutar isso" ou "Quem ele pensa que é para fazer isso comigo?!". Perdemos a sintonia com nós mesmos quando focamos a razão de nossa situação como sendo do domínio de forças alheias.

"Precisamos aprender a nos abrir diretamente para as emoções e nos tornarmos unos com elas, como diz Chögyam Trungpa: 'Quando pudermos ser unos com as irritações ou perceber sua qualidade abstrata, esse sentimento já não encontrará ninguém a quem irritar. Isso se torna uma espécie de prática de judô'."[2]

Por isso, assim que começarem a aparecer sinais de irritação, em vez de perguntar a si mesmo: "O que torna esta situação tão irritante para mim?", pergunte-se: "O que torna esta situação tão importante a ponto de me perturbar assim?" ou "O que pode ocorrer comigo se eu continuar assim?".

Encontrar razões externas para nossa irritação não é difícil. Podemos até ter *toda* a razão de nos sentirmos mal por estarmos, por exemplo, sendo, *de fato,* abusados. Mas responder sobre a causa de nossa irritação não nos ensina a deixar de sermos vítimas dela. É preciso ir além: saber por que estamos sustentando aquele abuso. Ao tolerarmos uma situação indevida, estamos transferindo poder ao agressor!

Responder à pergunta: "O que torna esta situação tão importante a ponto de me perturbar assim?" permite-nos compreender por que somos fiéis depositários das agressões externas. É preciso identificar os medos que nos mantêm presos às falsas dependências. Como, por exemplo, o medo de lidar com o sentimento de abandono ao ver que não adianta manter a esperança de ser amado por quem *já sabemos* que não nos ama. Neste caso, ao responder: "O que pode ocorrer comigo se eu continuar assim?", você poderá admitir que está perdendo tempo e energia ao nutrir esta falsa esperança. Como diz a astróloga Márcia Mattos: "Vale a pena abandonar quem nos abandona!".

Não podemos controlar as situações exteriores, mas podemos controlar como nossa mente irá reagir a elas. Em geral, a irritação passa quando conseguimos nos posicionar frente a nós mesmos. Isto é, quando recuperamos as rédeas de nossa mente.

---

2. John Welwood, *Em Busca de uma Psicologia do Despertar*, Ed. Rocco, p. 205.

"Apesar das emoções aparentemente nos dominarem, logo que as olhamos de frente vemos que ali não há nada sólido nem fixo, ao contrário do que dizem nossas histórias. Em seu estado natural, as emoções são simplesmente expressões de nossa própria energia. O que torna sua presença energética tão pesada são nossas reações e as histórias que criamos ('Minha raiva é justificada porque...'; 'Minha tristeza é ruim porque...')."[3]

Os pensamentos que sustentam nossa irritação terão menos poder sobre nós, se não estiverem sobrecarregados de ideias apenas racionais. Isto é, não devemos levar tão a sério nossa irritação. Mesmo que tenhamos toda razão do mundo para estarmos indignados, a irritação nos sinaliza que nos afastamos de nossa essência.

Ao considerarmos nosso bem-estar interior como mais importante do que o peso da pressão externa, algo mágico ocorre: conseguimos rir de nós mesmos. Isso acontece porque nos conectamos com a realidade de nosso próprio paradoxo.

"O senso de humor significa ver os dois polos de uma situação como eles são, de um ponto de vista espacial. Há coisas boas e más e as vemos com uma visão panorâmica, como se as víssemos de cima. [...] O senso de humor parece provir de uma alegria que tudo penetra, de uma alegria que tem espaço para expandir-se numa situação completamente aberta porque não está empenhada na batalha entre 'isto' e 'aquilo'. A alegria se desenvolve na situação panorâmica de ver ou sentir todo o terreno, o terreno aberto. Essa situação aberta não tem sinal de limitação ou de solenidade forçada."[4]

Segundo Freud, o humor é um método eficiente para escapar da compulsão de sofrer. "[...] o humor tem algo de liberador a seu respeito, mas possui também qualquer coisa de grandeza e elevação. Essa grandeza reside claramente [...] na afirmação vitoriosa da invulnerabilidade do ego. O ego se recusa a ser afligido pelas provocações da realidade, a permitir que seja compelido a sofrer. Insiste em que não pode ser afetado pelos traumas do mundo externo; demonstra na verdade que esses traumas para ele não passam de ocasiões para obter prazer. Esse último aspecto constitui um elemento inteiramente essencial do humor."[5]

Outro dia, eu estava muito irritada. Quando me dei conta que estava levando a sério algo que eu considerava absurdo, comecei a rir. Pensei: "Isso é tão absurdo que não é digno nem de ser considerado". Querendo compreender

---

3.   Idem.
4.   Chögyam Trungpa Rinpoche, *Além do Materialismo Espiritual*, Ed. Cultrix, p. 111.
5.   Sigmund Freud, *O Humor*, Obras psicológicas completas, Edição *standard* Brasileira, v. XXI, Ed. Imago, p. 190.

como poderia me adaptar àquela situação, estava cada vez mais presa a ela! Foi quando compreendi que o segredo estava em sair da situação... Encontrei, então, uma solução totalmente nova, na qual pude me desconectar da situação que me irritava.

A indignação nos prende à irritação

Muitas vezes a gente não se livra de quem nos irrita exatamente porque estamos presos ao pensamento autoimposto de que não temos saída frente àquela situação! Ou pior, de que ela não deveria sequer ter acontecido!

Enquanto não aceitamos como de nossa escolha aquilo que nos acontece, ou, simplesmente, enquanto não aceitamos o que nos acontece, ficamos presos à ideia de que poderíamos fazer algo para que aquilo não tivesse sido assim. Grande parte do nosso sofrimento e aflição vem justamente dessa tentativa de negar o que aconteceu usando a justificativa de que não deveria ter acontecido. Tipo: "Aquela pessoa não poderia ter falado assim comigo!" "Aquele carro não poderia estar estacionado ali!". Enfim, vários de nossos motivos para irritação baseiam-se na suposição de que o que está acontecendo é ERRADO. Só temos a sensação de que não temos saída diante da situação porque desperdiçamos nossa energia pensando que não deveria ter sido assim; então ficamos querendo "consertar" o que ocorreu baseados em nossa ideia do que seria o CERTO. Se aceitássemos o que aconteceu apenas como o acontecido, podíamos perfeitamente "partir pra outra" e tomar providências para não termos mais que estar naquela situação.

A irritação resulta, portanto, da frustração que sentimos ao nos darmos conta de que as situações não fluem de acordo com as nossas necessidades imediatas. Somos como crianças mimadas: acreditamos, sem nem mesmo saber por que, que seria natural poder controlar as pessoas e as situações como nos convém. A irritação se atenua conforme abandonamos o controle excessivo e voltamos a confiar no fluxo natural dos acontecimentos. Quando recuperamos a calma, não temos dificuldade em reconhecer que ficar irritados é tempo perdido. No entanto, temos que reconhecer que, quando somos tomados pela irritação, estamos nos sentindo carentes e desprotegidos como crianças pequenas quando estão desorientadas.

Hugh Prather sugere: "Antes de dormir, anote as seguintes palavras e coloque-as num lugar em que possa vê-las quando acordar: *nada dará certo hoje. Por isso, relaxarei e me divertirei.* Admito que se trata de um objetivo um tanto estranho, mas ele põe em prática o que acabamos de discutir – ou seja: o essencial para a liberdade mental é ver o mundo exatamente como ele é e delicadamente recusar qualquer apelo interior ou exterior para mudar nossa natureza básica. Isto não significa que jamais implementaremos mudanças que poderiam beneficiar as pessoas a quem queremos bem e a nós mesmos. A ideia é que as mudanças sejam feitas pacificamente".[6]

Certa vez, Lama Gangchen Rinpoche, ao nos falar sobre a paz interior, disse-nos: "Não é preciso reagir, está tudo bem". Esta frase teve um grande efeito sobre mim. Sem perceber, respirei profundamente e relaxei: finalmente podia admitir que estava tudo bem.

Geralmente, estamos questionando o mundo à nossa volta: criticamos, duvidamos, pomos tudo e todos à prova. Em nosso mundo interior, algumas vezes pensamos para não sentir e, outras tantas, queremos sentir sem correr o risco de pensar! Sem contar as vezes que dizemos algo que, de fato, não sentimos.

Há um conflito entre o pensar e o sentir. Quando fechamos os olhos para perceber nosso mundo interior, observamos o sutil hábito mental da autorejeição. Podemos notar que temos a tendência de lutar contra o que estamos sentindo quase que o tempo todo.

O pensamento é um hábito mental, enquanto o sentimento é a memória de uma experiência, através da qual passamos a dar valor a uma sensação. Não é possível sentir através do pensamento. Isto é, não basta *pensar* o sentimento. É preciso sentir o pensamento para tocar o grande coração: nossa boa autoestima.

É possível desapegar-se da irritação

Quando estamos com a lixeira de nosso computador interior lotada de informações inúteis, precisamos parar para esvaziá-la. A falta de espaço interno torna-se relevante: nos tornamos impacientes e irritadiços, e nada tem graça. Tudo se torna denso, como um engarrafamento no final da tarde: não podemos ir nem para frente, nem para trás, e ficar onde estamos parece que vai nos levar à loucura!

Admitir que estamos estressados nos ajuda a efetivar uma mudança em nosso estilo de vida. Em geral, após termos nos afastado das situações que nos estressam, depois de umas férias, por exemplo, estamos mais atentos aos padrões de comportamento que não queremos repetir. Para aproveitar uma nova disposição frente às situações de pressão, devemos recomeçar nossas atividades de modo pacífico, isto é, menos reativos.

---

6. Hugh Prather, *Não Leve a Vida Tão a Sério*, Ed. Sextante, p. 92.

Muitas vezes, temos de nos dizer que tudo está bem, mesmo quando tudo *não* vai bem. Intuitivamente sabemos que não podemos pôr mais lenha na fogueira: o calor dos conflitos já está nos queimando. É hora de suavizar e reverter, fazer as pazes. Quando passamos a lidar positivamente com alguém ou com uma situação à qual estávamos reagindo negativamente, a energia muda: surgem soluções inesperadas. O que nossos inimigos menos esperam é serem bem tratados por nós. Quando deixamos de ser reativos, rompemos o hábito de nadar contra a correnteza.

Não ser reativo não é o mesmo que ser submisso ou passivo. Muitos menos ser capacho de egos afoitos. Não ser reativo é saber distanciar-se para contemplar o fluxo dos acontecimentos e, então, com nova visão, participar daquela realidade com calma e clareza.

Quando estamos bem centrados em nosso eixo de paz interior, somos também capazes de perceber quando é hora de reagir – reconhecer o momento em que ser ativo é um ato de boa autoestima e responsabilidade. Não devemos ser cúmplices de situações que consideramos desequilibradas, ilícitas ou falsas. Nossa autoestima nos orienta a tomar decisões sobre quando devemos entrar, permanecer ou sair das situações. Ser realista com relação à nossa verdadeira situação é uma atitude saudável.

Quando estamos irritados, somos como crianças com sono: ficamos extremamente vulneráveis, tudo nos perturba. A irritação nos torna vítimas fáceis das circunstâncias, o que nos faz sentir cada vez mais enfraquecidos e impotentes diante da vida. Portanto, o melhor é, literalmente, ir dormir e, quando estivermos descansados, reconsiderar então nossos julgamentos. Somente ao descansar é que o sistema nervoso poderá se recuperar e, assim, a irritação naturalmente pode desaparecer.

Devemos aprender a não nos identificarmos com nossa irritação. Não precisamos nos tornar vítimas de nossa própria irritação. O fato de não querermos ficar nesta posição tão desvantajosa já desperta em nós a consciência necessária para fazer algo que nos ajude a sair deste estado negativo.

Podemos começar fazendo algo oposto ao que estivermos fazendo. Por exemplo, podemos mudar nossa posição física: se estivermos sentados, levantamos, se estamos parados, vamos andar. Mudar o estado de coisas, mudar de assunto, faz nossa mente desanuviar. Tomar um banho, lavar o rosto, chacoalhar o corpo e, se possível, emitir em voz alta sons diversos e sem sentido, com a intenção de exteriorizar e nos desprender de nossa irritação, são também bons procedimentos.

Quando criticamos nossos sentimentos, estamos armazenando energia de autocondenação. Os sentimentos não aceitos e não integrados sustentam nossa atitude de autorrejeição. Eles ficam armazenados em nosso corpo, nos músculos, órgãos e chakras.

Quando nos abrimos para *sentir* nossos sentimentos, nos abrimos também para sentir nosso corpo. Se nos mantivermos ao mesmo tempo atentos e relaxados na percepção de um sentimento, poderemos localizar a área física onde ele está se concentrando. Pousar as mãos nesta região, e visualizar ali a chama de uma vela brilhante e estável, irá gerar calor e calma, que nos ajudarão a recuperar nossa energia vital.

Ao manter os olhos fechados, podemos nos conectar também com nosso eixo de descanso interno: um estado de aceitação incondicional em quenossa mente relaxa enquanto nosso corpo respira livre e espontaneamente.

XV
Como gerar energia de uma frustração

*Se você deseja progredir,
todas as ideias fixas devem ir embora.*

Joseph Campbell

Muitas vezes, assim que acordamos, nossa mente busca responder à pergunta: "Que dia é hoje? O que eu tenho mesmo que fazer?". Se surgir em nós apenas um sentimento de dever e obrigação, logo nos sentiremos pesados e cansados. Mas se houver em nós curiosidade e interesse em aproveitar este dia como uma oportunidade única, teremos ânimo e alegria.

Olhar a vida como uma grande oportunidade de crescimento é abandonar o medo de que as coisas não venham a funcionar como gostaríamos. Lidar com a vida, tal como ela é, exige coragem, abertura e disponibilidade para o desconhecido.

"Podemos fazer de nossa vida nossos ensinamentos", disse-nos certa vez Lama Gangchen.

Se observarmos nossa conversa interior, nos daremos conta de que muitas vezes temos uma atitude paranoica, baseada no medo constante de não nos adequarmos às situações, e seremos sutilmente rejeitados ou punidos por isso. Como essa atitude mental já se tornou um hábito, não percebemos o quanto nos fechamos na tentativa de nos proteger do mundo, caso as coisas não ocorram como programamos. Mas será justamente a capacidade de ter tolerância diante da frustração que nos dará forças para gerar uma energia nova em nossa vida.

A frustração é "uma vivência de um prejuízo pretenso ou real, de preterimento, de insuficiência numa expectativa não satisfeita ou numa injustiça sofrida".[1] Em outras palavras, a frustração gera a sensação de impedimento e fracasso, resultante de repetidas experiências de derrota ou privação.

A mente, uma vez identificada ao fracasso, é capaz de desencadear um processo mental autodestrutivo. Passa a fazer generalizações – "É *sempre* assim comigo, *nunca* dou sorte" – e a tirar conclusões apressadas – "Nem adianta tentar, não vai dar certo mesmo".

O sentimento de frustração, no entanto, quando associado à autoconfiança, pode nos ajudar a "dar um salto" na direção de uma mudança de vida. Ele indica as atitudes e situações com as quais não conseguimos obter nenhum tipo de realização e nas quais, portanto, não adianta mais insistir. A frustração, neste sentido, protege-nos de ficar repetindo nossos erros. Por meio dela, aprendemos a reconhecer o que é inútil. *Sabemos* que temos que mudar. *Saber* é um sinal de que já estamos prontos para a mudança. Assim que amadurecermos a coragem, entraremos em ação.

O Budismo Tibetano afirma que existem duas formas de sair do sofrimento. Uma é através da sabedoria, a outra, através do próprio sofrimento, que, quando atinge níveis insuportáveis, mobiliza o desejo sincero de saná-lo. Parece óbvio que o melhor método é o primeiro. Mas desenvolver a sabedoria necessária para nos libertarmos do sofrimento significa, antes de mais nada, aceitá-lo. Em seguida, precisamos aprender a distinguir entre insistir e perseverar. Sair do sofrimento de uma frustração com sabedoria é ter a capacidade de analisar até quando é saudável tolerar uma situação frustrante para atingir um objetivo e quando é preciso parar de insistir e "dar o salto", fazendo as mudanças necessárias. Aceitar a mudança é o antídoto da frustração.

O verdadeiro conhecimento surge da destruição das ilusões

A consciência da dor corrige nossas ilusões. A dor, em si, em nada nos ajuda. A frustração, em si, é apenas dor. Mas a consciência que ela desperta sobre de onde viemos, onde estamos e para onde iremos se não mudarmos é que nos ajuda a nos mover e seguir adiante.

Viver uma decepção pode ser uma chance de nos soltarmos de algo de que não precisamos mais.

Por isso, nestas situações, mesmo nos sentindo arrasados ou decepcionados, estamos melhor do que antes, pois estamos mais perto de poder construir algo

---

1. Friedrich Dorsh (ed.), *Dicionário de Psicologia Dorsch*, Ed. Vozes, p. 411.

real. A realização interna surge na medida em que purificamos nossas percepções errôneas. Quando algo é verdadeiro surgem confirmações.

Sonhar é bom, mas não basta. Desejar algo é o começo de uma ideia, mas traduzi-la em realidade é lidar com os impedimentos e as frustrações ao colocá-la em prática. Equilibrar os sonhos com as realidades exige tempo. Como diz Judith Viorst: "podemos levar muito tempo para aprender que a vida é, na melhor das hipóteses, um sonho sob controle – que a realidade é feita de conexões imperfeitas".[2]

A cada interferência externa, podemos nos dar conta de como estamos internamente. Quando enfrentamos os limites impostos pela realidade exterior, deparamo-nos automaticamente com nossos limites internos.

O antídoto da autoilusão é reconhecer nossas frustrações e simplesmente trabalhar com os fatos da vida com abertura e curiosidade por conhecê-los mais profundamente. Quando aceitamos nossas imperfeições, sentimos calma e serenidade.

Não precisamos nos cindir. Podemos perceber a realidade exterior ao mesmo tempo que reconhecemos nossas necessidades e prazeres interiores. Eles podem até mesmo ser opostos, mas saber reconhecê-los simultaneamente nos faz sentir inteiros. Este sentimento revela nosso senso de realidade: o equilíbrio que rege a percepção de nosso mundo interior em relação ao mundo exterior. Quanto maior for a sensação de sermos iguais dentro e fora de nós, mais poderemos desfrutar desta coerência geradora de confiança e bem-estar.

No entanto, quando nos tornamos vítimas de nossas frustrações, aumentamos as chances de repeti-las logo adiante. Expectativas exageradas são uma forma de autossabotagem. Da próxima vez em que as coisas não acontecerem conforme suas expectativas, diga simplesmente: "Ok, hoje não deu certo, mas o que eu posso aprender com isso agora mesmo?". Lembre-se: o fracasso não existe. O fracasso é uma maneira momentânea de perceber a realidade com um olhar estreito, imediatista e limitado. Como dizem os ditados populares: "Nada dá certo de primeira vez" ou "Só quem errou muito é que tem a chance de acertar".

A frustração impede uma boa comunicação

A ênfase no mundo interior quando passa a ser excessiva torna-se uma forma de embotamento. Deixamos de nos comunicar com o mundo exterior de maneira saudável quando ficamos demasiadamente envolvidos por nossos pensamentos e emoções.

Quando estamos frustrados nos fechamos, ficamos sem vontade de nos comunicar. Podemos ouvir conselhos sábios e animadores, mas de nada adiantará.

---

2. Judith Viorst, *Perdas Necessárias*, Ed. Melhoramentos, p. 173.

Não vemos saída para os problemas, nossa escuta está bloqueada para qualquer tipo de solução. Estamos atolados em preconceitos sobre nós mesmos e podemos inclusive "contaminar" os que nos rodeiam com a nossa negatividade.

Em geral, somos pessimistas. Temos o hábito interno de nos lamentar. Se passássemos um dia gravando nossos pensamentos, iríamos nos surpreender com o quanto nos desestimulamos cotidianamente. Como gatos escaldados, desconfiamos da felicidade. Temos medo do sucesso.

O importante é lembrar que somente nós mesmos podemos nos estimular para superar nossos bloqueios internos. Eles surgem quando somos dominados pela opinião alheia ou quando não assumimos nossa própria opinião como possível e verdadeira. É preciso arriscar para superar o condicionamento de um bloqueio. Susto só passa com susto. Ou seja, frequentemente temos que nos deparar repetidas vezes com aquilo que tememos para reconhecer que já somos capazes de enfrentá-lo.

Autoestímulo é uma habilidade que devemos treinar todos os dias

Um antídoto para esse tipo de bloqueio é treinar-se para encontrar soluções sem pedir tantos conselhos. Podemos exercitar a sensação de gerar para nós mesmos o que necessitamos saber. Por exemplo, muitas vezes buscamos apoio para nossas decisões, quando na realidade já as tomamos. Outras vezes buscamos pessoas que estão tão pouco envolvidas com a questão, que suas opiniões pouco nos importam. Desta forma, nossa comunicação é unidirecional: não estamos abertos para escutar o que os outros têm para nos dizer, apesar de consultá-los.

Temos uma lição a aprender: sem autêntico engajamento interior, nada muda. Podemos nutrir a disposição interior para agir de verdade. Se nos treinarmos em pequenas situações, aparentemente sem importância, nossa mente estará apta a reagir positivamente quando necessitarmos de uma força maior. Desta forma, o que quer que digamos para nós mesmos terá muita importância. Estaremos nos levando a sério e nos divertindo ao mesmo tempo.

Não temos por que deixar que as frustrações nos paralisem. Por trás de cada frustração há uma nova intenção que espera por ser vista, organizada e expressa. Há um pensamento que pede por um novo olhar, um novo ajuste, uma nova ordem. "O caos deveria ser conoiderado notícia extremamente boa",[3] dizia Chögyam Trungpa.

---

3. Chögyam Trungpa em John Welwood, *Alquimia do Amor*, Ed. Ediouro, p. 136.

XVI
O que é o medo?

> *O medo é uma emoção especialmente boa*
> *para fazer o Ego se manifestar.*
> Lama Gangchen Rinpoche

Enfrentar o medo é um método de lapidação do autoconhecimento. Aprendemos a discernir quando ele representa uma emoção positiva, nos assinalando que é preciso recuar e nos proteger, e quando ele é o sintoma de emoções negativas como ansiedade, insegurança e raiva, que nos tiram totalmente do eixo.

Quantas vezes você já se flagrou com vontade de fugir de si mesmo porque sentia medo? Sempre que nos sentimos ansiosos ou irritados, estamos tentando fugir de nossa experiência interior. Mas, ao fugir do medo, perdemos a oportunidade de aprender com ele a sermos corajosos. Fugir do medo gera pânico.

"Reconhecer o medo não é motivo para depressão ou desânimo. Porque temos medo, temos também potencialmente o direito de experimentar o destemor. O verdadeiro destemor não consiste em diminuir o medo, mas em ultrapassá-lo."[1]

O medo é uma energia mal-aplicada, um hábito de autossugestão. Ele é uma interrupção súbita do processo de racionalização. Mas, nas situações de perigo, tomamos atitudes erradas justamente porque reagimos ao que pensamos, em vez de agirmos com base na observação da realidade dos fatos que nos cercam. Precisamos aprender a ver as coisas de um modo direto: a realidade *em-si-mesma*.

---
1. Chögyam Trungpa, *Shambhala, a Trilha do Guerreiro*, Ed. Cultrix, p. 50.

O medo é um impacto na mente, que, em si, não é permanente. A mente está condicionada às marcas mentais que a tornaram iludida. "A mente iludida provém da maneira de pensar que se baseia nos pares de opostos, noções e ideias. É incapaz de tocar a realidade em-si-mesma. Pelo fato de nossa mente iludida inventar, criar e construir coisas que não podemos tocar na realidade, vivemos no mundo da construção imaginária. Tudo o que percebemos está no reino das representações, e não no reino da realidade tal-qual-ela-é, o reino das coisas em si mesmas."[2]

A função do medo é evitar que façamos algo seguindo apenas nossa percepção mental desconectada da realidade. Neste sentido, ele nos leva a parar para reconhecer que nossa mente está obscurecida.

Se você estiver com medo, é melhor tornar-se receptivo a ele. Não aja. Observe-o. Pare de julgar, de interpretar ou concluir. Acolha o que estiver sentindo e abra-se para escutar o que aquela situação tem para lhe dizer. Apenas responda à pergunta: "O que eu preciso saber agora?".

Busque primeiro atender a suas necessidades mais imediatas: como recuperar uma respiração calma e regular, ir ao banheiro, chorar, andar ou mesmo dormir. Depois, aos poucos, devemos rever nossas prioridades.

Um novo balanço: uma nova chance

Precisamos aprender a diferenciar a pressão externa da interna. Quanto mais rígidos e exigentes formos conosco, menos capacidade teremos de colocar limites na pressão externa. Ao passo que, quando aceitamos nossos limites, resgatamos a autoridade interna, capaz de dizer *não* para a pressão externa. Atenção: o mundo continuará a nos pressionar enquanto o tolerarmos silenciosamente.

Muitas vezes, estamos tão ocupados no hábito de nos adaptarmos ao sofrimento que não temos tempo nem de pensar em sair dele! Podemos tomar atitudes com relação às situações que nos paralisam. Este foi o maior ensinamento que pude tirar da terrível experiência de ter sido vítima de um sequestro-relâmpago que durou quase três horas.

Eram oito horas da noite. Estava conversando com uma amiga no carro quando fomos surpreendidas por dois homens armados que tomaram a direção do automóvel com a finalidade de nos assaltar e retirar dinheiro em um caixa eletrônico com nossos cartões. Depois de termos dado as senhas, esperávamos

---

2. Thich Nhat Hanh, *Transformações na Consciência*, Ed. Pensamento, p. 202.

que eles retirassem o dinheiro e nos libertassem. No entanto, continuaram rodando conosco por São Paulo por um longo tempo. Enquanto passávamos por lugares conhecidos, sentia uma certa segurança. Cantava mantras internamente. Mas quando percebi que iam nos levar para fora da cidade, estremeci. Até então, eu vinha, de fato, me adaptando ao sofrimento: procurando não despertar raiva nos assaltantes. Foi somente quando me vi diante da ameaça de um perigo maior que pensei: "Esta situação não é para ser vivida. Portanto, não é o caso de pedir por proteção para lidar com ela, mas sim para sair dela!". Então, concentrei-me em Lama Gangchen Rinpoche e pedi que ele me desse forças para agir da forma correta. Tive, então, coragem de dizer: "Nós já fizemos a nossa parte, agora está na hora de vocês fazerem a de vocês: nos soltarem. Eu tenho uma filha com treze anos que está sozinha em casa me esperando". Foi como um passe de mágica! Mal pudemos acreditar. Diminuíram a velocidade do carro, e duas quadras à frente, pararam o carro e nos disseram: "Vocês podem ir". Com pernas trêmulas, deixamos o carro quase em câmera lenta. E eles fugiram imediatamente.

Gosto de contar essa experiência porque ela nos lembra a força que surge quando decidimos deixar, de fato, o sofrimento e nos conectarmos com nosso mestre interior.

A vulnerabilidade na qual me encontrei nas primeiras semanas após este evento me revelou uma fragilidade até então desconhecida. Antes, eu, inocentemente, pensava que a minha calma interna me protegeria de eventos externos negativos. Esse sequestro-relâmpago me ensinou que a realidade tem duas vias: o modo como percebemos o mundo e o modo como o mundo nos percebe. O mundo externo pode nos violentar mesmo quando nosso mundo interno está em paz.

Quando a pressão externa é maior do que a nossa capacidade de lidar com ela, a pressão interna aumenta e sentimos romper a camada de segurança que nos protegia da violência externa.

"O medo surge na alma quando a mudança ocorre mais rapidamente do que as nossas capacidades anímicas conseguem acompanhar. Muitos medos que experimentamos agora têm a ver com o futuro chegando antes do tempo. Somos empurrados para muito além de nós mesmos, emocional e psiquicamente, e um tremendo estresse resulta dessa discrepância fundamental."[3]

É preciso remover as marcas do medo em nosso *continuum* mental. Peter Levine explica, em *O Despertar do Tigre*: "O choque traumático ocorre quando experienciamos acontecimentos potencialmente ameaçadores à vida que

---

3. Robert Sardello, *Liberte sua Alma do Medo*, Ed. Fissus, p. 21.

superam nossa capacidade para responder de modo eficaz".[4] E adiante: "Um humano ameaçado precisa descarregar toda energia mobilizada para negociar essa ameaça ou se tornará uma vítima do trauma. A energia residual não vai simplesmente embora. Ela persiste no corpo e, com frequência, força a formação de uma grande variedade de sintomas: por exemplo, ansiedade, depressão e problemas psicossomáticos e comportamentais. Esses sintomas são o modo do organismo conter (ou encurralar) a energia residual não descarregada".[5] Mas não estamos condenados a carregar o trauma: podemos nos liberar dessa energia residual!

Quando compreendemos que o medo surge de uma associação mental, ou seja, que ele é uma criação de nossa mente, nos sentimos menos ameaçados e começamos a nos libertar da tensão que ele desencadeia. Com esta compreensão, podemos aprender a relaxar e a encarar nossos medos de forma direta. Assim, começamos a nos abrir para sentir a energia da confiança incondicional que existe naturalmente em nosso interior.

Ter medo é sentir dúvida

Lama Michel explicou-me que, segundo a Psicologia Budista, medo é dúvida. Por isso, na descrição dos 51 Fatores Mentais[6] do *Abhidharma*, não aparece a palavra *Djipa* (que significa medo em tibetano), mas *Te Tsom* (dúvida) comparece como uma das *Seis Emoções Básicas* que representam obstáculos para tudo que é positivo, pois nos afastam da verdade. As demais são: apego, raiva, ignorância, orgulho e visões errôneas.

Em tibetano, dúvida quer dizer, literalmente, "ter duas mentes": uma que vive a experiência e outra que a questiona. "Na vida cotidiana, o medo se esconde nas coisas que precisamos fazer ou que gostaríamos de fazer, mas 'não queremos fazer' ou que 'não temos tempo para fazer'. Ele se esconde naquela pessoa que temos de ver, mas com a qual não nos sentimos à vontade, naquela reunião que temos de organizar e estamos sempre adiando, e assim por diante. O medo se esconde logo debaixo da superfície dessas hesitações e dúvidas".[7]

O medo é o resultado da insegurança que sentimos diante da dúvida. Quando nos sentimos de fato ameaçados – por exemplo, quando nos vemos diante de um assalto à mão armada –, o nível de adrenalina do corpo sobe rapidamente, e, como consequência, temos mais dificuldade para raciocinar.

---

4. Peter Levine, *O Despertar do Tigre*, Summus Editorial, p. 21.
5. Idem, p. 31.
6. Ver Apêndice, seção referente ao Capítulo I.
7. Jeremy Hayward, *O Mundo Sagrado*, Ed. Rocco, p. 126.

Na noite em que escrevi este capítulo, tudo que havia escrito foi posto à prova! Fomos acordados durante a madrugada pelo som dos vidros das janelas do meu vizinho sendo quebrados. Numa atitude instintiva, porém, confesso que bastante inadequada, corri para a janela e, não muito distante, pude ver o ladrão que me ameaçou: "Se você ficar olhando, eu te mato". Meu coração batia muito forte. Chamamos a polícia, que capturou dois ladrões...

Tudo estava a salvo, mas eu estava em choque. Parecia ter vivido uma cena irreal. Deitada, passei a observar *minhas duas mentes*. Reconheci que havia uma mente confiante, que *sabia* durante todo o tempo que *tudo* acabaria bem... Mas como ela era fraca diante da mente que tinha medo e acionava toda a adrenalina de meu corpo! A mente confiante acionou o alarme, deu telefonemas, sabia como agir. Enquanto isso, a mente com medo a dominava, gerando uma enorme ansiedade.

A dúvida nos desestabiliza: não sabemos para onde ir

Lama Gangchen nos explicou que, quando sentimos uma forte dúvida, nossa mente encontra-se em um estado similar ao *bardo*, o estado intermediário entre a morte e o renascimento. A palavra tibetana *bardo* refere-se aos estados de experiência "intermediários". "Bardo significa 'entre', como em 'entre a vida e a morte'. Vivemos muitos *bardos* mesmo em nosso dia a dia. Por exemplo, toda vez que não conseguimos decidir algo ou ficamos inseguros, entramos num estado de *bardo*. Precisamos aprender a usar positivamente essa energia de transição."[8]

Segundo o *Abhidharma* existem dois tipos de dúvida:

1. Dúvidas deludidas.
2. Dúvidas não deludidas.

Ambas referem-se à mente que oscila a respeito de seu objeto. Porém, enquanto as dúvidas *deludidas* nos desequilibram, as dúvidas *não deludidas* nos levam a uma compreensão mais profunda sobre o objeto.

Anos atrás, conversando com Lama Gangchen sobre o fato de meu filho Lama Michel ser a reencarnação de um lama tibetano, ele me disse que não tinha mais dúvidas, mas que continuariam a observá-lo. Depois de um certo tempo, olhou-me e disse: "Não é bom ter dúvidas, mas precisamos investigar continuamente para aprofundar nossas certezas". A dúvida *não deludida* está presente na mente daqueles que já evoluíram espiritualmente.

---

8. Lama Gangchen Rinpoche, *NgelSo Autocura Tântrica III*, Ed. Gaia, p. 368.

O *Abhidharma* descreve outros três tipos de dúvida:

1. Dúvidas que tendem à verdade.
2. Dúvidas que tendem a se afastar da verdade.
3. Dúvidas equilibradas.

As *Dúvidas que tendem à verdade* são consideradas percepções corretas e as *Dúvidas que tendem a se afastar da verdade são* percepções incorretas. As *Dúvidas equilibradas* são aquelas que não nos afastam, mas também não nos aproximam das percepções corretas.

Por fim, o *Abhidharma* descreve ainda mais três tipos de dúvida:

1. Dúvidas virtuosas.
2. Dúvidas não virtuosas.
3. Dúvidas neutras.

As *Dúvidas virtuosas* são aquelas cuja motivação é virtuosa: proporcionam um aprofundamento que visa conhecer melhor uma verdade e não apenas criar mais dúvidas sobre ela. "Este tipo de dúvida surge quando, movidos por fé ou pelo desejo de aumentar nossa sabedoria, analisamos objetos ocultos, tais como ações e seus efeitos, impermanência sutil ou vacuidade – e não conseguimos chegar a uma conclusão sobre o exato significado de algum ponto."[9] É interessante notar esta atitude nos mestres quando eles estão debatendo sobre algum tema: não há pressa, nem ansiedade em chegar logo a uma conclusão final.

As *Dúvidas não virtuosas* estão baseadas em motivações negativas, ou seja, contaminadas pelos impulsos que despertam o desejo de destruir: como a raiva, a inveja ou os ciúmes. Ações não virtuosas desencadeiam uma mente inquieta. Ela fica, então, impossibilitada de manter o foco, gerando cada vez mais indecisão e sofrimento.

As *Dúvidas neutras* possuem uma motivação neutra, tal como decidir o que fazer para o jantar.

Nossa cultura ocidental nos ensina a duvidar, questionar tudo e todos. Aqueles que não duvidam do que lhes é dito costumam ser vistos como ingênuos ou ignorantes. No entanto, como vimos acima, não é o ato de duvidar em si que nos aproxima da verdade, mas sim a intenção com a qual exercemos nossas dúvidas. Acabamos por nos tornar tão ativos em nossa mania de questionar que perdemos a habilidade de ser receptivos, isto é, de saber escutar. Ouvimos e questionamos ao mesmo tempo.

O Budismo nos incentiva a desenvolver a dúvida virtuosa, que tende à verdade. Buddha, antes de morrer, disse aos seus discípulos: "Não acreditem

---

9. Geshe Kelsang Gyatso, *Entender a Mente*, Ed. Tharpa Brasil, p. 87.

em mim só porque eu lhes disse, mas porque testaram e viram que era bom. Analisem a verdade como aquele que compra o ouro: mordendo-o, cortando-o e esfregando-o, para testar a sua pureza". Por esta razão, o Budismo não é uma religião dogmática e nem proselitista: não apregoa seus princípios, nem incentiva seus praticantes a abandonar suas religiões de origem.

O Budismo ensina que primeiro devemos apenas ouvir, depois questionar, em seguida meditar, para então colocar em prática nossas conclusões. Neste sentido, o Budismo nos incentiva a *investigar*, em vez de duvidar.

Quando estou indecisa sobre algo, procuro me abster da pressão de tomar uma decisão. Considero que estou numa fase de "colher dados". Esta é uma atitude de abertura, que me permite ponderar a situação. As pessoas costumam dizer que estão "fechadas para balanço", eu diria, então, que procuro estar "aberta para balanço"!

Em alguns momentos de minha vida, foi justamente o fato de sentir medo que me deu segurança para tomar decisões. Por exemplo, no dia em que visitei pela primeira vez o terreno onde hoje estamos desenvolvendo o Sítio Vida de Clara Luz, fiquei muito inquieta. Havia um ano que estava procurando um espaço para realizar este projeto, agora eu o havia encontrado, só faltava dar o Ok. Lembro de ter-me dito: "Bom, agora eu achei. O que devo fazer?". Só quando admiti que minha inquietude provinha do *medo* – isto é, da *dúvida* sobre se eu seria capaz de assumir esta responsabilidade –, é que não tive mais desculpas para negar a compra.

Quando nos damos conta da verdade acerca dos nossos medos, temos que abandoná-los. Eles não podem mais ser desculpas para não fazer aquilo que sabemos que devemos fazer. O mesmo acontece quando nos deparamos com pessoas ou situações que irão mudar nossas vidas positivamente: sentimos medo, um sinal de que algo real irá acontecer.

Ter confiança nas fontes de informação que buscamos é de suma importância para elaborar o medo que surge da dúvida. Ser corretamente orientado nos momentos de indecisão é uma bênção. Para tanto, temos que cultivar relacionamentos de confiança.

Tomar refúgio: uma proteção incondicional

Quando estamos com medo, o simples evocar de pessoas pelas quais sentimos amor e confiança já nos traz um grande alívio. Por isso, precisamos desenvolver a atitude mental de *saber* confiar. Nas práticas budistas, este ato de entrega confiante chama-se *Tomar Refúgio*. São três as causas para se tomar refúgio:

1. Toma-se refúgio por medo.
2. Toma-se refúgio por fé e certeza.
3. Toma-se refúgio por compaixão.

Tomar refúgio é como ser exilado de um país que nos causa sofrimento e encontrar um local de paz e segurança. Tomamos refúgio em nosso mestre e nos Seres Sagrados, nos ensinamentos espirituais e nos amigos que nos ajudam a superar o medo e a dúvida. Internamente, tomamos refúgio em nosso potencial humano mais elevado e na experiência de Autocura.

Desta forma, ao *Tomar Refúgio* criamos uma conexão espiritual com nossos mestres, com os Seres Sagrados e amigos espirituais que nos protegem dos medos que temos de enfrentar nesta vida, e, principalmente, no momento da morte: quando nos será solicitada uma atitude de profunda entrega e confiança no desconhecido fluxo de nossa continuidade.

Lama Gangchen nos lembra: "Se desejamos que os Buddhas e Seres Sagrados da rede de refúgio nos ajudem sempre que precisarmos, devemos tomar refúgio nas horas boas também, e não só nas ruins. Pedindo ajuda apenas quando estamos com problemas, deprimidos ou doentes, estamos nos relacionando com os Buddhas como com um serviço de emergência e, assim, perdemos muita energia de cura e deixamos de passar muitas mensagens de paz na tela de nosso computador mental. Para obter o benefício total, temos que estar 'ligados' o tempo todo. Os Buddhas, Bodhisattvas e Seres Sagrados estão sempre a espera de nossos chamados, mas, se quisermos uma resposta, temos que manter o coração e a mente sempre abertos!".[10]

O medo é uma emoção própria do reino animal

Segundo o Budismo, todos os seres com marcas mentais semelhantes terão uma "visão kármica" comum do mundo à sua volta. Por exemplo, nós, seres humanos, compartilhamos de um karma básico comum. Todavia, cada ser humano possui também seu karma individual. "Cada um de nós é uma complexa somatória de hábitos e ações passadas, e assim não podemos ver as coisas senão da nossa maneira pessoal, única. Os seres humanos são muito parecidos, mas percebem as coisas de modo completamente diferente, e cada um de nós vive em seu próprio mundo individual, único e separado."[11]

O Budismo descreve *Seis Reinos de Existência*, isto é, seis grandes grupos de visões kármicas, cada um relacionado com a marca de uma forte emoção

---

10. Lama Gangchen Rinpoche, *NgelSo Autocura Tântrica III*, Ed. Gaia, p. 271.
11. Sogyal Rinpoche, *O Livro Tibetano do Viver e do Morrer*, Ed. Talento, p. 153.

negativa: o reino dos deuses (orgulho), dos semideuses (ciúmes), dos humanos (desejo), dos animais (medo), dos fantasmas famintos (ganância) e dos infernos (raiva).

Observando o mundo que nos circunda e a nossa própria mente, veremos que os Seis Reinos existem de fato. "Existem pelo modo como inconscientemente permitimos que as emoções negativas sejam projetadas e cristalizem reinos inteiros à nossa volta, definindo o estilo, a forma, o sabor e o contexto da nossa vida naqueles reinos. E eles existem também interiormente como as diferentes sementes e tendências das várias emoções negativas dentro do nosso sistema psicofísico, sempre prontas para germinar e crescer, dependendo das influências que sofram e da maneira como escolhamos viver."[12]

A insegurança que sentimos ao viver na cidade nos faz lembrar uma qualidade de medo semelhante ao reino animal. A emoção básica do reino animal é o medo de ser atacado, invadido e perder a sua própria vida, assim como a de sua prole. Assim, a estressada mente do animal evita situações desconhecidas, pois eles *sabem* que estão sob ameaça constante. Por exemplo, quando um animal captura algo, devora-o com grande apreensão, olhando à sua volta, com receio de ser pego por outro predador.

"Quando estamos na esfera animal, nossa consciência é dominada pelo anseio de possuir um território. Os animais tentam assegurar seu espaço com urina, uivos e arreganhar de dentes. Como animais, temos nossa palavra favorita: 'meu'."[13] Do mesmo modo, buscamos delimitar nossos territórios: assim que adquirimos um novo espaço, nos identificamos com ele, e o personalizamos como um modo de garantir que *agora* esse espaço é nosso.

No entanto, sabemos que esta é uma medida ilusória: de uma forma ou de outra teremos que lidar com as mudanças que ocorrem à nossa volta. É impossível nos isolarmos completamente. E, mais, quando buscamos o isolamento como forma de nos proteger, passamos a ter uma percepção do mundo cada vez mais limitada, o que termina por torná-lo ainda mais ameaçador.

Se quisermos paz, teremos que olhar para as necessidades dos outros também: compreender que estamos todos no mesmo planeta! Não podemos nos esquecer que o karma coletivo tem mais força que o individual.

O karma realizado por uma única pessoa resulta em uma determinada força, mas o karma realizado por centenas ou milhares de pessoas resulta em força maior. Ou seja, o comportamento coletivo produz uma força extre-

---

12. Idem, p. 154.
13. Martin Lowenthal, *O Coração Compassivo*, Ed. Pensamento, p. 54.

mamente intensa que determina o direcionamento de nossas vidas, do nosso planeta e do universo. Por isso, temos de pensar coletivamente.

O medo é um sinal de solidão

Quanto mais nos empenhamos para defender apenas o nosso território, mais paranoicos nos tornamos. Quando temos medo, nos sentimos desamparados, separados, solitários. Quanto mais medo sentimos, mais desconfiados ficamos, e mais nos afastamos dos outros para nos protegermos de possíveis "ataques", ficando assim cada vez mais fechados e mais sós.

Ter medo é sinônimo de desconfiança ou dúvida. É como andar no meio de uma multidão com medo de sermos assaltados. Desconfiamos de todos e de tudo que passa por nós, e nos sentimos assustados e sós. A ironia é que não existem ladrões, e aqueles de quem desconfiamos também desconfiam de nós, sentindo-se igualmente amedrontados.

A agitação do mundo moderno catalisa inúmeras situações de insegurança e medo. No entanto, se continuarmos nos fechando para nos protegermos da violência externa, estaremos cada vez mais solitários e, portanto, mais assustados. Uma vez que não é possível negar que o perigo está cada vez mais presente e que não temos como evitar as ameaças externas, temos que nos fortalecer. Como escreve Robert Sardello: "Cultivar uma consciência sobre a nossa situação é o primeiro passo para sair do medo. Quando paramos de viver negando os perigos do mundo, então um segundo passo torna-se possível – reconhecer o envolvimento da alma com esses domínios do medo. Um envolvimento concreto com os fatores de equilíbrio da vida anímica é um pré-requisito absoluto para descobrir meios reais, não ilusórios, de livrar-se do medo".[14]

Um dos modos fundamentais de envolvimento com estes fatores de equilíbrio da vida anímica é o contato *direto* com a Natureza, como cavar a terra ou mergulhar na água. Sentir a presença *viva* da vida é um ótimo antídoto para o medo. Neste sentido, não basta ter uma atitude contemplativa, como a de apreciar a dinâmica do vento, um belo pôr do sol ou sentir o perfume das flores. É preciso sentir-se parte integrante dos processos de nossos ecossistemas.

Participar de um plantio, por exemplo, desde a semeadura até a colheita e consumo, permite-nos vivenciar o ciclo completo da Natureza. Deste modo, nos harmonizamos com o fluxo natural da vida: nascimento, crescimento e morte. Assim como temos dificuldade de reconhecer a morte como um fato natural da vida, perdemos a consciência que sabe reconhecer sua natureza cíclica.

---

14. Robert Sardello, *Liberte Sua Alma do Medo*, Ed. Fissus, p. 142.

A vida na cidade nos torna artificiais: a maior parte do tempo, agimos de modo pré-formatado. Pode parecer absurdo, mas estamos parecendo máquinas programadas: "para acessar o serviço despertador digite 1, para falar digite 2, para comprar digite 3". Cada vez mais, perdemos contato com a nossa intuição. Despendemos nossa energia vital para falar e agir apenas de acordo com o esperado. Nossa mente está programada para reagir sem sentir.

Um bom exemplo disto são dos diálogos (se é que podemos chamar assim!) que somos obrigados a travar com os vendedores de telemarketing, ou qualquer tipo de atendimento telefônico: não importa o que dissermos, a pessoa com quem estamos tentando nos comunicar dará a mesma resposta-padrão. Estamos perdendo a espontaneidade no modo como nos relacionamos com os outros e com o mundo que nos cerca.

O contato direto com a Natureza faz com que recuperemos nossa percepção sensorial, assim como nossa intuição. Quando a mente repousa a atenção numa experiência sensorial, torna-se livre do peso das projeções mentais. Diminuímos, desta forma, a demanda constante de atender ao que está programado.

Uma vez relaxados, voltamos a perceber a realidade livre da pressão de pensar e reagir. Desta forma, não apenas descansamos a mente da dúvida, como também superamos a solidão, pois nos sentimos novamente conectados com o mundo à nossa volta.

Tara, a divindade, nos liberta dos dezesseis tipos de medos

A prática de meditação budista mais indicada para superar o medo é a da divindade de Tara Verde. Nela, por meio da visualização e da recitação de mantras, o praticante irá unir sua mente com a energia arquetípica da divindade. Ao visualizarmos uma divindade, purificamos a noção concreta de "eu". "É um processo dinâmico em que o ego do praticante, sua consciência comum, é posta de lado e substituída pela consciência mais elevada da divindade. Usando a linguagem de Jung, pode-se dizer que o ego do indivíduo foi sacrificado pelo Self."[15]

As divindades de meditação não são deuses ou espíritos. "Elas são poderosos arquétipos energéticos do nível absoluto; arquétipos da energia de cristal puro que irrompem na consciência humana."[16]

Numa meditação de cura, é muito importante apoiar-se na força de uma *fonte de energia* que nos ajude a manifestar nossas forças latentes. Neste

---

15. Radmila Moacanin, *A Psicologia de Jung e o Budismo Tibetano*, Ed. Cultrix/Pensamento, p. 67.
16. Lama Gangchen Rinpoche, *NgelSo Autocura Tântrica III*, Ed. Gaia, p. 104.

sentido, a visualização da divindade do mantra – aqui, no caso, Tara Verde – intensifica o poder de cura da meditação. Se a pessoa não tiver familiaridade com as divindades budistas, pode escolher outras formas de representação da força divina.

O poder de cura de uma meditação budista baseada na visualização de uma divindade, como Tara, encontra-se na união da mente do praticante com a energia arquetípica da divindade: uma força vital que já se encontra no interior profundo de sua própria mente.

A história conta que Tara teve uma forma humana e, através da prática das Seis Perfeições, atingiu a iluminação. Ela foi o primeiro ser de aspecto feminino que gerou a motivação de querer atingir a iluminação pelo benefício de todos os seres. Como sua intenção foi proteger todos os seres dos "Oito Grandes Medos" e dos "Oito Menores", recitar o mantra de Tara – OM TARE TUTTARE TURE SOHA – é de grande ajuda para superar obstáculos, situações de perigo e muito medo.

A prática do mantra baseia-se em um conhecimento antiquíssimo do poder esotérico do som. Seu poder deriva do fato da combinação dos sons e seus significados ter sido originalmente estruturada por seres muito evoluídos.

As energias curativas despertadas pelo som do mantra são inerentes à psique. Na tradição budista, estas forças positivas são caracterizadas como divindades: manifestações de uma força transformadora que se encontra em nossa mente. A prática de recitar mantras é especialmente valiosa nos dias de hoje, porque é simples e direta. Tudo o que precisamos fazer é relaxar o máximo possível enquanto repetimos ritmicamente as sílabas do mantra, em voz alta ou silenciosamente.

OM significa os sagrados corpo, fala e mente de Tara.

TARE é a liberação do sofrimento verdadeiro.

TUTTARE é a liberação dos "Oito Grandes Medos" e dos "Oito Menores": internos e externos; das desilusões e também do karma.

TURE, a liberação da ignorância da absoluta natureza do Eu: a verdadeira cessação do sofrimento.

SOHA significa "possa o significado do mantra enraizar-se em minha mente".

Tradicionalmente, cada um dos *Oito Grandes Medos Internos* é comparado a uma determinada causa externa de medo:

1. Sofrimento do apego é comparado com o confrontar uma grande enchente ou imensas ondas do oceano.
2. Sofrimento da raiva é comparado com o confrontar um incêndio.
3. Sofrimento da ignorância é comparado com o confrontar um elefante furioso.

171

4. Sofrimento dos ciúmes é comparado com o confrontar serpentes venenosas.
5. Sofrimento do orgulho é comparado com o confrontar um leão.
6. Sofrimento da avareza é comparado com o estar presos por correntes.
7. Sofrimento de visões errôneas é comparado com o confrontar ladrões.
8. Sofrimento da dúvida é comparado com o confrontar inimigos.

Os "Oito Menores" são:

1. Medo dos canibais ou dos Ogros, os Comedores de Carne
2. Medo do mal da lepra
3. Medo dos malefícios dos mensageiros de Indra, uma divindade Celeste
4. Medo da pobreza
5. Medo da perda de parentes, separar-se dos amigos
6. Medo da punição real, do castigo de um rei
7. Medo da chuva de meteoritos
8. Medo da ruína de nossos objetivos

Sendo uma prática milenar, os medos acima descritos revelam situações que podem nos parecer inicialmente estranhas, mas, com certeza, cada pessoa, de acordo com sua cultura, poderá facilmente associar estes medos a situações atuais. Por exemplo, o medo dos canibais pode ser associado com o medo dos assassinatos violentos; o medo da lepra, com o medo da Aids; o medo da punição real, com o medo dos impostos, juros e da inflação; a chuva de meteoritos, com o medo da guerra nuclear e assim por diante.

Tara Verde é a energia feminina da intuição, da criação. Ao desenvolver essa energia dentro de nós teremos mais vitalidade e disposição para realizar nossos projetos de vida, pois Tara elimina os obstáculos mentais criados pelo medo e pela preguiça. A energia de Tara nos ajuda a colocar velozmente as ideias em ação.

Uma ideia não colocada em prática é apenas um pensamento. Quando colocamos nossas ideias em ação, damos vida e energia para os nossos pensamentos.

Meditação simplificada da divindade Tara Verde

Inicialmente, foque seu problema e peça clareza a Tara Verde. Peça para que você e todos os seres reconheçam a natureza verdadeira de si mesmos, e que o sofrimento do medo se extinga. Visualize Tara Verde sendo manifestada por uma forte luz Verde Esmeralda, logo à sua frente, enquanto recita o mantra de Tara Verde: OM TARE TUTTARE TURE SOHA. Você pode cantá-lo ou recitá-lo.

Conforme você concentra-se nos seus pedidos à Tara Verde, visualize a luz à sua frente se intensificando, penetrando no topo de sua cabeça e preenchendo seu corpo de luz verde, purificando suas dúvidas e medos, realizando seus pedidos.

Quando se sentir calmo e seguro visualize esta forte luz verde, a manifestação da energia de Tara Verde agora descendo pelo topo sua cabeça, passando pela garganta até fundir-se no interior de seu coração. Assim, a sua mente e a de Tara Verde estão em união. Permaneça nesse estado o tempo que puder, cultive o sentimento de confiança de que sua meditação foi realizada com sucesso.

Então, para finalizar, dedique essa energia à longa vida de seu mestre e a todos os que necessitam da energia positiva que você acumulou por meio de sua motivação e concentração ao fazer esta meditação.

XVII
A natureza da preguiça

As pessoas que realmente querem praticar o Dharma estão "apressadas" mesmo quando comem, pois não têm tempo para perder.

Gueshe Rabten

Segundo o *Abhidharma*, a preguiça é um dos *Vinte Fatores Afins da Instabilidade* (ou *Vinte Emoções Secundárias*).[1] Na preguiça nos apegamos, por ignorância, a uma sensação aparentemente positiva, como a sonolência, e com isso perdemos a oportunidade de agir em função de algo, de fato, positivo e mais significativo.

A preguiça surge da ilusão de que é possível se contentar com uma satisfação imediata. Um amigo me forneceu um exemplo bastante ilustrativo ao falar sobre o impacto que seu avô alemão sentiu ao chegar ao Brasil no início do século XX. Como imigrante, desembarcou no Porto de Santos usando paletó e chapéu branco. Ao ver um brasileiro descansando ao pé de uma palmeira, ofereceu-lhe uma boa gorjeta para que ele carregasse seus pertences até o hotel mais próximo. Mas o brasileiro lhe respondeu: "Obrigado, eu já comi hoje".

Lelo quer dizer preguiça em tibetano: "É a mente relutante, associada à perplexidade-erro, dependente dos prazeres da sonolência, que se deita e não levanta. Sua função é obstruir e dificultar que a pessoa se aplique a coisas positivas. A preguiça faz com que todas as coisas positivas se dispersem".[2] Portanto, a preguiça traduz uma mente de pouco alcance, incapaz de reconhecer os danos decorrentes de abster-se das responsabilidades.

---

1. Ver Apêndice, seção referente ao Capítulo I.
2. Herbert V. Guenther e Leslie S. Kawamura, *A Mente na Psicologia Budista*, tradução do original tibetano *O Colar da Compreensão Clara* de Yeshes Rgyal-Mtshan, Ed. Cultrix, p. 120.

"Na África, diz-se que, quando uma pessoa adoece, todo mundo está doente. A aldeia ou a tribo é vista como uma enorme árvore, com milhares de galhos. Quando uma parte dessa entidade viva adoece, é preciso reexanimar a árvore inteira. É por isso que, quando alguém está doente, todo mundo se preocupa; faz lembrar que existe um risco que afeta a todos."[3]

No Ocidente, no entanto, ocorre o contrário: somos tentados a acreditar que seria possível isolarmo-nos de todas as situações de conflito e viver em nosso *pequeno* mundo. Mas, atualmente, cada vez mais começamos a perceber que *não* somos "peças soltas" de um quebra-cabeça. O caos existente dentro e fora de nós, constantemente, nos pressiona e nos vemos obrigados a reconhecer que não podemos permanecer deitados numa rede, contaminados pela preguiça de agir e tomar atitudes.

A tendência a "ficar na rede" é sustentada pela esperança infantil de que alguém, ou uma força maior, irá fazer, por nós, o esforço de viver. Desta forma, a preguiça nos enfraquece nos tornando dependentes e submissos a esse outro que irá tomar as providências por nós.

Quando perdemos a habilidade de prover nosso sustento, perdemos o prazer advindo da responsabilidade de conhecermos nosso potencial de Autocura.

No entanto, no caminho do autodesenvolvimento não há tempo para nos "instalarmos na rede". Temos que ficar constantemente atentos às desculpas que usamos para não buscar a evolução. Não podemos confundir estabilidade com estagnação, ou segurança com resistência à mudança.

"Ficar na rede" é como descansar no meio de uma corrida e acabar por confundir o descanso com a chegada.

Quem já não se cansou da própria preguiça?

Sentir preguiça significa estar preso na armadilha de adiar para o futuro nossa evolução pessoal ou de nos contentarmos com prazeres imediatos. Ambas atitudes consomem nossa energia vital. Ficamos atolados, rendidos à nossa própria inércia. O mais grave é que agindo assim não cultivamos uma base de sustentação para nossa energia futura. Enquanto estivermos entregues ao hábito da inércia, estaremos sempre desencorajados, entediados e sem força para nos movermos em direção ao novo.

Segundo a Psicologia Budista, existem três tipos de preguiça:

---

3. Sobonfu Some, *O Espírito da Intimidade*, Ed. Odysseus, p. 116.

A **preguiça da procrastinação**, que surge quando pensamos "por que não deixar para amanhã...".

A **preguiça ocupada**, na qual preenchemos totalmente nosso tempo fazendo uma série de coisas como desculpa para não fazermos o que sabemos que de fato deve ser feito.

A **preguiça por inferioridade**, na qual cultivamos a sensação de não sermos capazes ou de ainda estarmos imaturos para fazer o que sabemos que é necessário ser feito.

A preguiça da procrastinação: relutância em esforçar-se

Certa vez, Guelek Rinpoche, em seus ensinamentos, nos disse que a preguiça da procrastinação é típica da Índia, onde é costume passar a tarde toda tomando chá e descansando, e que a preguiça ocupada é típica das grandes cidades ocidentais, onde as pessoas constantemente se movem de um lado para o outro, mas nada fazem por sua evolução espiritual.

Pema Chödrön denomina a preguiça da procrastinação de preguiça da indolência, a qual considera uma expressão do ressentimento. A indolência está associada com um sentimento de desinteresse que por sua vez se expressa na atitude de "não dou a mínima". "O mundo está uma bagunça. Não está me dando aquilo que mereço. Por que me preocupar, então?"[4] Nesta situação, "[...] Não queremos encontrar uma saída. Só queremos ficar ali, sentindo-nos arrasados pela melancolia. Usamos a preguiça como nossa maneira de conseguir uma vingança. Esse tipo de preguiça pode facilmente se converter em uma depressão incapacitante."[5]

A preguiça nos paralisa. É como um processo de fuga no qual evitamos lidar com o inevitável. Certa vez, quando Chagdug Rinpoche nos ensinava sobre a importância de nos compararmos com aqueles que estão em situações piores do que a nossa para podermos reconhecer nossas oportunidades de crescimento, eu lhe perguntei: "E quando somos nós que estamos servindo de exemplo para os outros, ou seja, quando somos nós que estamos na pior situação?". Então, ele me respondeu: "Neste caso, você não tem outra saída a não ser trabalhar sua preguiça".

Se quisermos contar até 100, teremos que começar contando de 1 a 10, mesmo que isso nos pareça sem graça e já conhecido. Certa vez um pianista, que costuma se exercitar oito horas por dia, me disse: "Às vezes, quando estou

---

4. Pema Chödrön, *Os Lugares que nos Assustam*, Ed. Sextante, p. 106.
5. Idem.

com preguiça, não adio, começo logo, pois sei que uma vez que começo a tocar e se passam os primeiros minutos de resistência, não tenho mais a menor vontade de parar".

Não cair nas armadilhas de nossa resistência é um sinal de evolução espiritual. A preguiça evidencia um bloqueio emocional. Mantermo-nos estagnados pela preguiça é uma forma de nos protegermos de vivências desagradáveis. Eva Pierrakos, em seu livro *Não Temas o Mal*, nos fala, no entanto, sobre o perigo de nos deixarmos estagnar: "Tudo que é mau, destrutivo e negativo na natureza humana é resultado das defesas contra a experiência de sentimentos dolorosos e indesejáveis. Essa negação paralisa a energia. Quando os sentimentos ficam estagnados, acontece o mesmo com a energia; e, se a energia estagna, você não pode se mover. Como você sabe, os sentimentos são correntes de energia em movimento. [...] A não experiência dos sentimentos paralisa o movimento dessas correntes, detendo a energia viva".[6] É preciso se dispor a reconhecer e experimentar esses sentimentos paralisados para recuperar o fluxo de nossa energia vital. Seguir adiante.

Eva Pierrakos acrescenta: "A estagnação de correntes de energia aprisiona não apenas sentimentos, mas também conceitos. Você generaliza a partir de ocorrências particulares e se aferra às falsas crenças resultantes".[7]

Neste sentido, a preguiça é uma defesa que pode nos ter sido útil em certo período de nossa vida, quando não tínhamos condições de lidar com a dor emocional que estava estagnada. Mas quando ela se torna um impedimento para seguirmos adiante, chegou o momento de enfrentá-la, ela passa a ser um obstáculo que precisa ser irremediavelmente removido.

A preguiça ocupada: uma tendência própria do Ocidente

Na Indonésia, ao acordarmos de madrugada para visitar Borobudur, um relicário budista do século VIII, Lama Gangchen Rinpoche nos disse: "Para fazer coisas negativas não temos preguiça, mas para realizar as positivas precisamos de muita força de vontade".

Pema Chödrön denomina a preguiça ocupada de *orientação ao conforto*, isto é, nossa tendência de evitar tudo que nos parece inconveniente. Assim é que "[...] na primeira ameaça de frio, ligamos o aquecimento. Dessa maneira, perdemos contato com a textura da vida. Confiamos na 'adrenalina' rápida e ficamos acostumados a resultados automáticos. Esse tipo especial de pregui-

---

6. Eva Pierrakos, *Não Temas o Mal*, Ed. Cultrix, p. 198.
7. Idem.

ça pode nos tornar agressivos. Ficamos indignados com a inconveniência. Quando o carro não funciona, quando ficamos sem os serviços de água ou de eletricidade ou quando temos que nos sentar no chão frio, sem acolchoado, nós explodimos".[8]

Sogyal Rinpoche, ao falar sobre o ócio ativo, descreve algo bastante semelhante à preguiça ocupada: "Se observarmos nossa vida, veremos claramente quantas tarefas sem importância, as assim chamadas 'responsabilidades', acumulam para preenchê-la. Um mestre chega a compará-las a 'fazer faxina num sonho'. Dizemos a nós mesmos que queremos empregar o tempo nas coisas importantes da vida, mas nunca temos esse tempo. Mesmo no simples levantar-se pela manhã, há tanto o que fazer: abrir a janela, fazer a cama, tomar banho, escovar os dentes, alimentar o cachorro ou o gato, lavar a louça da véspera, descobrir que o açúcar ou o café acabou, sair para comprá-lo, fazer o café da manhã – a lista é interminável. [...] Nossa vida parece viver-nos, possuir seu próprio ímpeto bizarro de arrastar-nos; no fim sentimos que não temos mais escolha ou controle sobre ela. É claro que algumas vezes nos sentimos mal a esse respeito, temos pesadelos e acordamos à noite banhados de suor, perguntando a nós mesmos: 'O que estou fazendo com minha vida?'. Mas nossos temores só duram até o café da manhã. Logo, pomos a pasta sob o braço e começamos tudo de novo".[9]

O que estou fazendo com minha vida?

O número de pessoas que se questionam a esse respeito tem aumentado. No entanto, se quisermos tornar nossas vidas de fato significativas, teremos que nos dispor a deixar de fazer inúmeras atividades que nos parecem importantes, mesmo que, na verdade, não o sejam.

Aos poucos, passamos a optar por atividades que nos causam benefícios a longo prazo, ao invés de apenas um prazer imediato. É notório que retiros espirituais são cada vez mais procurados e que a participação em grupos com fins solidários tem aumentado.

Atualmente, podemos encontrar diversos mestres que nos ensinam a viver a espiritualidade no cotidiano, pessoalmente ou através de seus livros.

Isso não significa que temos que levar uma vida monástica. Fazer retiros espirituais e trabalho voluntário é uma atividade prazerosa. A energia gerada pelo esforço coletivo desperta alegria e entusiasmo.

---

8. Pema Chödrön, *Os Lugares que nos Assustam*, Ed. Sextante, p. 105.
9. Sogyal Rinpoche, *O Livro Tibetano do Viver e do Morrer*, Ed. Talento, p. 39.

A disposição para agir surge naturalmente quando temos objetivos claros. Nas atividades de Plantio Coletivo que estamos desenvolvendo no Sítio Vida de Clara Luz, temos tido oportunidade de vivenciar isso.

Patrick Paul, por sua vez, ao participar de um projeto na Bretanha que visa favorecer o encontro de um grande número de pessoas dispostas a trabalhar por um objetivo em comum, também descreve a vivência dessa dinâmica positiva: "Essas pessoas, ao construírem o projeto, constroem a si mesmas, no mesmo sentido simbólico da construção do Templo, e vitalizam valores de fraternidade, solidariedade e unidade".[10]

A preguiça ocupada também está na base da nossa atitude com relação à morte. Geralmente adiamos pensar sobre nossa morte e não é raro ouvir as pessoas dizerem, com um ar de sabedoria: "Pensarei na morte quando ela chegar!". Nossa resistência em lidar com o desconhecido é mais forte do que pensamos.

Agimos também com este tipo de preguiça ocupada quando estamos próximos a uma pessoa que está enfrentando uma morte iminente, e acabamos por falar só de amenidades.

Quando nos confrontamos com a realidade de nossa mortalidade, identificamos inúmeras tarefas inacabadas que gostaríamos de finalizar. Temos a necessidade intensa de esclarecer nossos relacionamentos: dizer e ouvir o que ficou ocultado durante toda a vida.

Se, por exemplo, por pura timidez, sempre adiamos dizer a alguém que o amamos, quando chegar o momento de fazê-lo, não teremos familiaridade com a expressão de nossos sentimentos. A necessidade de expressar a essência que colhemos ao longo de nossa vida é abafada pela inabilidade em comunicar o que sentimos.

O arrependimento surge, então, como o antídoto da preguiça, como uma força reparadora. Neste sentido, o arrependimento não é uma experiência pesada ou sofrida, pois, sendo resultado de uma clareza interior, traz consigo o alívio próprio da compreensão. Uma mente que compreende é uma mente relaxada.

Ao acompanhar pacientes que enfrentam a morte, percebo que a disponibilidade para conversar sobre as emoções cresce na medida em que eles vivenciam a possibilidade de melhorar a qualidade de seus últimos dias de vida.

A percepção de que fomos inadequados ou destrutivos é, em si, curativa, pois gera a energia do aprendizado com sabedoria: a confiança do *agora eu sei* nos protege da dor.

---

10. Patrick Paul, *Sonhos, Seus Mistérios e Revelações*, Ed. Fundação Peirópolis, p. 66.

A certeza de não querer voltar para trás, isto é, cair novamente em situações que vivi com muito sofrimento, é, para mim, o maior antídoto da preguiça. Quando comentei isto com Gueshe Thubten Tenzin, ele me disse: "Desta forma você está fazendo a prática do *autotonglen*: trazendo para si mesma o seu sofrimento e devolvendo-lhe luz e confiança". A palavra Tonglen significa "tomar e enviar". Nesta prática, nos dispomos a tomar a dor e o sofrimento, inspirando o que é doloroso e indesejável, e enviamos o alívio da dor expirando com o sincero desejo de que nós e os outros estejamos livres do sofrimento.

A preguiça por inferioridade: desânimo por sentir-se incapaz

A **preguiça por inferioridade** talvez seja ainda a mais comum entre nós, ocidentais: mesclada com a falsa sensação de humildade, é sustentada por uma autoestima baixa e pelo sentimento de incapacidade diante da mudança. Pema Chödrön descreve este tipo de preguiça como a perda de entusiasmo. "Temos uma sensação de desesperança, de 'pobre de mim'. Sentimo-nos tão empobrecidos que não somos capazes de lidar com o mundo. Sentamo-nos em frente à TV, comendo, bebendo e fumando, estupidamente assistindo a programa após programa. Não conseguimos nos motivar a fazer qualquer coisa que venha a arejar nossa perda de entusiasmo."[11]

A preguiça da indolência nos tira a força e a autoconfiança, uma vez que, sem agir, já não sabemos mais do que somos capazes. A preguiça ocupada nos torna frágeis e inseguros, enquanto a preguiça da inferioridade irá nos deixar sem esperança e entusiasmo.

Os mestres budistas costumam nos dizer: "Temos que tratar nossos inimigos externos com gentileza senão eles crescem, assim como temos que tratar nossos inimigos internos com firmeza, senão eles também crescem!". Portanto, será ao cultivar nossa habilidade em gerar esforço e perseverança que poderemos superar a inércia advinda da preguiça.

---
11. Pema Chödrön, *Os Lugares que nos Assustam*, Ed. Sextante, p. 106.

XVIII

Como despertar esforço e perseverança para realizar o propósito de sua vida

> *O esforço sem perseverança cansa.*
> *É importante saber sempre para onde*
> *vamos e por que nos esforçamos.*
> Lama Gangchen Rinpoche

A vida é intensa: quando superamos um desafio, logo em seguida, surge outro. Sempre encontraremos dificuldades e provavelmente iremos falhar inúmeras vezes, mas se formos perseverantes e sinceros em nosso propósito de vida, as dificuldades não representarão um obstáculo, mas sim um *chamado* para renovarmos nosso compromisso com a vida.

Sem projetos, a vida gera pouca esperança de realização e nos tornamos deprimidos: ansiamos menos por viver. Não basta ter uma *boa* vida para viver *bem* a vida. Ou seja, não basta ser feliz, é preciso que a felicidade tenha um propósito. Se vivermos apenas em função de prazeres imediatos, estaremos despreparados quando enfrentarmos as questões relativas à perda e à morte.

Para saber se nossa vida tem sido significativa, basta nos perguntarmos se nos sentimos prontos para morrer. Se surgir a sensação de arrependimento, é porque ainda estamos perdendo tempo e temos de nos empenhar mais em nossos propósitos!

A vida torna-se significativa quando utilizamos nossos talentos e habilidades em nome de algo maior. Se vivermos unicamente em função de nossa própria sobrevivência, ficaremos gradualmente enfraquecidos e sem estímulos para expressar nossa essência vital. Porém, quando aspiramos a nos tornar pessoas melhores, mais flexíveis e disponíveis para os outros, naturalmente despertamos a vontade de nos comunicarmos com o mundo.

A perseverança nasce da alegria de encontrarmos dentro de nós espaço, disposição e compaixão para aceitar o processo de mudança que nos libertará dos padrões negativos do apego, aversão, ignorância, avidez, orgulho, inveja e ciúme. Perseverar é poder, cada manhã, ao acordar, alegrar-se com a possibilidade de dar, por mais um dia, sua contribuição para o universo.

Através da prática da *generosidade*, perdemos o medo de nos comunicarmos e abrimo-nos para a vida. A *disciplina* permite-nos superar o medo de agir e torna nossas ações claras. Por meio da *paciência*, conquistamos a segurança necessária para ir em frente sem olhar para trás.

O amadurecimento destas três habilidades fortalece a personalidade, tornando-a verdadeiramente dinâmica. "A pessoa dinâmica termina o que começa. Assume projetos difíceis e os leva até o fim, sempre com bom humor e o mínimo de reclamação. Faz o que diz que vai fazer, e às vezes, até mais; menos, nunca. [...] perseverança não significa perseguir obsessivamente metas inatingíveis. A pessoa verdadeiramente dinâmica é flexível, realista e não é perfeccionista. A ambição tem aspectos positivos e negativos, e os aspectos desejáveis pertencem a esta categoria de força."[1] Portanto, para ser perseverante, não basta ter a capacidade de sustentar uma potente força de vontade. É preciso, antes, desenvolver a capacidade de manter-se ativo.

Segundo a Psicologia Budista existem três tipos de esforços:

1. Esforço como armadura.
2. Esforço de acumular virtudes.
3. Esforço de beneficiar os outros.

E quatro métodos para intensificar nosso esforço, conhecidos como *os quatro poderes*:

1. Poder da aspiração.
2. Poder da constância.
3. Poder da alegria.
4. Poder da descontração.

Esforço como armadura

A armadura é a determinação de conquistar o se que almeja apesar das dificuldades e dos possíveis fracassos. Lama Gangchen Rinpoche nos lembra de praticarmos com alegria o esforço do tipo armadura quando escreve: "Desenvolvendo nosso sorriso interno, luz interna e auras, não mais reagiremos

---

1. Martin Seligman, *Felicidade Autêntica,* Ed. Objetiva, p. 167.

negativamente ou seremos perturbados pelas energias destrutivas, emoções e informações ruins. Nossa luz interna nos faz ver o lado positivo de todas as situações e cultivar bons sentimentos em relação a todos".[2]

Quanto mais mantivermos nossa mente voltada para a motivação pela qual estivermos agindo, mais forte será nossa armadura. A armadura gera constância, nos protege do medo e de todas as formas de preguiça.

"O Esforço como armadura possibilita suportar qualquer forma de sofrimento ou de adversidade no processo de trabalhar em benefício das outras pessoas."[3]

A armadura nos protege da necessidade infantil de resultados imediatos. Reconhecer nossos limites e respeitá-los, ajuda-nos a não nos sobrecarregarmos com preocupações que não podemos resolver no momento presente. Antes de qualquer expectativa de realizações rápidas, temos de refletir que ninguém é perfeito desde o começo.

O esforço como armadura é um modo de resgatar a autoestima perdida pela crença de que não somos capazes. Cultivamos a generosidade interna cada vez que nos oferecemos uma nova chance. Ser capaz de recomeçar pode ser muito estimulante. Podemos cultivar a ideia de sermos capazes de nos erguer por nossos próprios esforços respondendo à seguinte pergunta: "Como posso me amar, mesmo não sendo amado?".

Através do esforço como armadura, conseguimos rapidamente desbloquear a energia contida. É interessante notar como ganhamos uma força extra quando ajudamos alguém numa situação de emergência. A preguiça é instantaneamente removida, assim como os possíveis preconceitos de que não seríamos capazes de enfrentar certas adversidades. Beneficiar o outro desperta nossa coragem.

Esforço de acumular virtudes

A virtude é uma disposição firme e habitual para fazer o bem. O esforço de acumular virtudes consiste no **autotreinamento e autocontrole para manter os bons pensamentos.** No Budismo, as virtudes estão descritas nas *Oito Ações do Nobre Caminho Óctuplo.*[4]

Esforço de beneficiar os outros

"Não basta ser simpático com as pessoas, é preciso beneficiá-las", ouvimos Lama Gangchen Rinpoche dizer em um de seus primeiros ensinamentos, em

---

2. Lama Gangchen Rinpoche, *NgelSo Autocura Tântrica III*, Ed. Gaia, p. 333.
3. Dalai Lama, *O Caminho para a Liberdade*, Ed. Nova Era, p. 163.
4. Ver Apêndice, seção referente ao Capítulo XI.

1987. Se já não é fácil agradar as pessoas, o que dizer de beneficiá-las! Algumas pessoas parecem rejeitar nossa ajuda. Outras estão sempre nos pedindo algo, mas nunca estão satisfeitas. Ao final, compreendemos que caímos nas armadilhas das tentativas que fazem para nos controlar!

Guelek Rinpoche nos disse em seus ensinamentos: "Para ajudar uma pessoa é preciso que ela tenha um projeto no qual queira ser ajudada". Não podemos cair na banalidade de acreditar que certas ações são obviamente positivas. Muitas vezes, beneficiar é saber quando não intervir. É preciso exercitar nossa sensibilidade para atender às necessidades das pessoas de acordo com sua cultura, amadurecimento e nível social.

O Budismo nos incentiva a pensar grande: *beneficiar todos os seres do Universo*. Este pensamento amplo é possível porque está baseado na premissa da existência da interdependência positiva: podemos agir conectados na rede das ações positivas de corpo, palavra e mente.

Precisamos reconhecer a relação kármica de causa-efeito, para criarmos decididamente as causas e condições interdependentes positivas das ações Autocurativas e evitarmos as causas e condições interdependentes negativas, que nos destroem. Como, por exemplo, prejudicarmos a nós mesmos e aos outros buscando a felicidade por meios inadequados.

Pema Chödrön comenta: "Se realmente soubéssemos quanto sofrimento nossa tentativa de evitar a dor e buscar o prazer traz ao planeta como um todo – como essa atitude nos torna infelizes e interrompe a ligação com nosso coração e inteligência fundamentais – sairíamos correndo e praticaríamos meditação como se a casa estivesse pegando fogo".[5]

As ações daqueles que purificaram todas as faltas de seu corpo, palavra, mente, qualidades e ações, nos níveis grosseiro, sutil e muito sutil, são puras, plenas da bem-aventurança da verdade absoluta, por isso, o que quer que digam ou pensem será positivo.

Algumas vezes, não fui capaz de compreender certas atitudes de Lama Gangchen Rinpoche que me pareciam bizarras. Como, por exemplo, mudar de planos subitamente e chegar ao Brasil uma semana depois da data prevista, o que nos obrigou a reorganizar "enlouquecidamente" toda sua programação... Mas sempre testemunhei os resultados positivos de suas ações. Nestes anos todos em que me dediquei a organizar eventos para mestres budistas, aprendi a importância de confiar na interdependência positiva: nos momentos certos aparecem as pessoas certas. No entanto, isto não significa que tudo ocorra sem

---

5. Pema Chödrön, *Quando Tudo se Desfaz*, Ed. Gryhus, p. 113.

interferências negativas! A diferença é que surge em nós energia positiva para lidar com a negatividade.

Muitas vezes, a determinação de beneficiar os outros surge quando fomos muito prejudicados ou sofremos perdas realmente violentas. A dor profunda nos leva a buscar um sentido maior ou uma razão mais forte para estarmos vivos. Em meu trabalho de psicoterapia, acompanhei muitas mães que perderam seus filhos de modo violento e precoce. Considero a dor da perda de um filho um dos maiores sofrimentos humanos. Muitas delas me disseram que assim que souberam do falecimento de seus filhos, desejavam morrer para irem ao encontro deles. No entanto, escolheram viver quando tornaram suas vidas significativas, podendo de alguma forma beneficiar outras pessoas.

Certa vez Lama Zopa disse-me diretamente: "Quando você tiver dúvidas entre duas soluções, escolha a que beneficie um número maior de pessoas".

Muitas vezes, dedicar nossa energia aos outros nos leva à exaustão. Sempre há alguém solicitando algo mais. Há poucos dias escutei um conselho de meu médico, Dr. Eliezer Berenstein, que me fez parar para pensar. Ele inicialmente falou: "Bel, você deve buscar por justiça". Surpresa, repliquei: "O que é justiça?". E ele me disse: "Justiça é o equilíbrio de saber deixar de dar energia para aqueles que não sabem recebê-la, e dar energia para aqueles que a necessitam e ficam agradecidos por tê-la recebido. Se você não souber fazer isso, ficará exausta...".

Portanto, o esforço correto de beneficiar os outros requer o desenvolvimento da sabedoria discriminativa: a capacidade de perceber o que é ilusão e não perder seu foco e motivação.

Poder da aspiração

A aspiração é a base da motivação. Ela torna nosso esforço poderoso porque desperta o desejo de atingir uma meta. Como o arco e a flecha. A motivação é a direção para a qual apontamos a flecha; a aspiração é a força que usamos para puxar o arco.

Inicialmente, precisamos despertar a vontade de ser como aqueles que admiramos para que, ao nos identificarmos com ele, percebamos que também possuímos um potencial semelhante. Outras vezes, podemos nos deixar inspirar pelo incentivo daqueles que vêm o positivo em nós, mesmo que não sejamos capazes de reconhecê-lo.

Assim como o amor passivo vem antes do ativo, o primeiro passo para despertar a aspiração é passivo, para depois se tornar ativo. Primeiro, decidimos querer amar; depois amamos.

185

Gangchen Rinpoche é um exemplo do amor ativo. Para ele, ficar um dia descansando é um ato contraditório. Ele se sente feliz quando está trabalhando. No entanto, não é isso que normalmente ocorre conosco. Trabalhamos já pensando no momento do descanso. Isso indica que ainda não temos a força necessária para praticar o amor ativo, portanto é melhor nos aprimorarmos no amor passivo.

No entanto, se quisermos evoluir espiritualmente, um dia teremos de praticar o amor ativo. A questão que devemos responder é: "Queremos ou não abrir nossos corações para os outros?". Se a resposta for sim, não visaremos mais o descanso...

Poder da constância

O esforço advém da certeza de querer alcançar um resultado. No entanto, somente a constância irá gerar a estabilidade necessária para tornar nossas metas realidade.

Certa vez, ao me vangloriar com Lama Gangchen por meus esforços em não desistir de meus projetos, ele simplesmente me disse: "É natural se esforçar". Fiquei sem graça, mas logo reconheci que Rinpoche estava naquele momento curando minha necessidade de ser elogiada. A necessidade de elogio é um hábito que pode nos paralisar, portanto, suas palavras eram um estímulo para que eu seguisse adiante. O esforço é o caminho natural que devemos trilhar constantemente na vida.

Muitas vezes, o fato de termos expectativas exageradas nos faz desistir de nossas metas! Lama Michel Rinpoche costuma nos dizer: "É melhor andar como a formiga do que saltar como a pulga. A formiga, apesar de dar pequenos passos, sempre avança e jamais descansa, enquanto a pulga dá grandes saltos, mas fica um longo tempo parada antes de dar o próximo pulo!".

Poder da alegria

A alegria é um estado de viva satisfação e contentamento: um estado de disposição interna que surge espontaneamente quando realizamos algo que dá sentido à nossa vida. Deixar-se contagiar pelo sentimento de prazer que algo ou alguém desperta em nós é um modo de expandir a felicidade. Sentir alegria gera disposição, coragem, leveza e fluidez.

No entanto, recentemente tive oportunidade de constatar o quanto temos dificuldade de lidar com esta emoção. Costumamos dedicar nossos Dias de Plantio Coletivo a temas específicos. Quando o tema escolhido foi a alegria, várias pessoas desistiram de ir na última hora! Uma delas declarou abertamente: "Estou muito triste para trabalhar com a alegria". Uma das atividades consistia em contar para um parceiro qual havia sido o momento mais feliz da sua vida e plantar uma muda de flor com a intenção de regozijar desta boa memória. No final do dia, dois participantes fizeram um depoimento curioso: "Percebemos que falar sobre o momento mais feliz de nossas vidas nos deixava sérios demais. Então, começamos a falar sobre as dificuldades que já passamos juntos e demos muitas risadas!".

Assim, pudemos constatar o quanto está arraigado em nós o arquétipo da Cinderela: só podemos ir ao baile (festejar, comemorar e encontrar o príncipe!) depois de termos lidado com o borralho (vivido entre as "cinzas" de problemas e contratempos!). Ou seja, só nos sentimos merecedores da alegria quando temos alguma tristeza para contrabalançar. O hábito de considerar o sofrimento como um mérito nos impede de sermos espontâneos em nossa alegria. Muitas vezes pensamos, como posso estar alegre enquanto outros estão sofrendo tanto!

No entanto, a alegria é um estado interno constante que, por vezes, se esconde sob a pressão do sofrimento. Assim como o sol, que, apesar de estar sempre lá, encontra-se por vezes obscurecido pelas nuvens.

A alegria começa com o alívio do sofrimento. "Sentimos muita alegria quando nossa carga começa a diminuir, e esse sentimento decorre de estarmos fazendo alguma coisa para mudar o padrão de medo e resistência diante do que é desagradável. Na verdade, resistir é o que causa dor. Mais do que a própria raiva ou inveja, é a resistência que gera sofrimento. Qualquer coisa que comece a diminuir essa resistência nos ajudará a nos abrir e celebrar."[6]

Observar as crianças é um método eficaz para recordar que um dia já soubemos usufruir de nosso bem-estar natural, lidando com o sofrimento com menos resistência. "As crianças chegam ao mundo exercendo naturalmente a capacidade do desapego por meio do divertimento e do deleite. Elas sorriem trinta e cinco vezes mais do que os adultos. Elas se divertem por antecipação e, por isso, conseguem evitar que pensamentos perturbadores se instalem em suas mentes. Instintivamente, elas passam de um tema perturbador para um tema prazeroso".[7]

No entanto, nós adultos costumamos repreender o entusiasmo das crianças porque perdemos o hábito de brincar. "Falem mais baixo, fiquem quietos", são frases que frequentemente ouvimos quando crianças e depois repetimos para nossos filhos, geralmente quando eles estão no auge da alegria.

---

6. Pema Chödrön, *Comece Onde Você Está*, Ed. Sextante, p. 110.
7. Hugh Prather, *Não Leve a Vida Tão a Sério*, Ed. Sextante, p. 109.

Por que a alegria das crianças costuma incomodar tanto? Meu avô gostava de tirar sua sesta na sala em que brincávamos. Lembro-me de achar graça de vê-lo dormindo, enquanto corríamos "alucinadamente" ao seu redor.

Infelizmente, as brincadeiras dos adultos tornaram-se violentas, irônicas e viciadas na busca de adrenalina: perderam a leveza. Podemos relaxar e aprender a brincar como as crianças novamente. O contato com a Natureza nos proporciona esta oportunidade.

Outro dia, em nossos trabalhos de cultivo no Sítio Vida de Clara Luz, identifiquei-me com uma árvore de mexericas que estava repleta de plantas parasitas. No início, enquanto estava concentrada em arrancar fio por fio, desde sua raiz, dizia para mim mesma: estou retirando de mim todo e qualquer peso extra. Depois, as frases ganharam nomes de pessoas e cenários de diversas situações. Para alcançar as ervas daninhas mais altas comecei a pular como uma criança. A esta altura já estava rindo internamente. Foi quando resolvi subir na árvore até seu topo e lá de cima gritei: "Uêbaaa". Minha alegria contagiou meus amigos que começaram a rir junto comigo. Pete correu para pegar uma máquina fotográfica. Ele registrou um momento de autêntica alegria: a pureza de sentir-se feliz.

Poder da descontração

Quando apreciamos o que é simples, aprendemos a valorizar nosso bem-estar, um estado de alegria espontânea. Não levar a vida tão a sério é saber não dar uma ênfase excessiva ao que é, de fato, superficial.

A ideia de esforço não deve ser contaminada pelo sentimento de obrigatoriedade. Tenho um amigo que me inspira a aprender a descontrair para ser feliz: ele se chama Ricardo Baddouh. Com ele, aprendi a rir em situações de tensão e cansaço. Ele está sempre sorrindo, sua energia é leve e agradável. Certa vez, quando fazíamos o teste sobre os arquétipos dos Heróis que é apresentado no livro *O Despertar do Herói Interior* de Carol Pearson,[8] ele acertou os pontos máximos do *Bobo* (como o Bobo da Corte). Os heróis são arquétipos de nossos guias interiores: forças internas que nos ajudam a enfrentar os desafios da vida. O arquétipo do Guerreiro, por exemplo, desperta-nos coragem e disciplina, o Sábio, sabedoria e desapego. Mas será o arquétipo do Bobo que nos trará alegria, liberdade e confiança para fluir nos processos de transformação interior.

---

8. Carol Pearson, *O Despertar do Herói Interior*, Ed. Pensamento, p. 339.

"A contribuição do Bobo para a nossa vida é a resiliência, a capacidade de se levantar e de tentar outra vez. [...] Se não tivermos o Bobo dentro de nós, não teremos a capacidade de gozar a vida pelo simples prazer de viver. Ele sabe destacar o momento por tudo o que ele representa em termos de prazer e experiência e, até mesmo, apreciar as partes mais negativas da vida pelo que elas têm de dramático e comovente. Esta é a parte de nós que nos dá esperança quando não existe nenhum sinal positivo à vista. Quem desejaria privar-se disso?"[9] O poder da descontração nos ajuda a manter o esforço com alegria.

Meditação para resgatar sua capacidade de ter perseverança

De olhos fechados, solte o maxilar e mantenha os lábios levemente unidos. Sua língua está relaxada, tocando o céu da boca logo atrás dos dentes superiores. Seu queixo está levemente inclinado para baixo, voltado na direção do coração.

Enquanto respira, concentre-se no movimento de subir e descer de seu abdômen. Sinta-se bem sentado, sustentado pela terra, ao mesmo tempo que a cabeça está conectada com o céu.

Deixe-se relaxar durante alguns instantes e, depois, concentre-se no propósito desta meditação: resgatar sua capacidade de ter perseverança para realizar seu propósito nesta vida.

Faça uma análise sincera do que está lhe dando forças e o que está consumindo sua energia neste momento. Compare-se com épocas passadas.

Agora, pense nas qualidades de seu mestre ou de pessoas que você admira. Procure recordar-se de uma situação difícil pela qual elas passaram. Lembre-se de como reagiram e de como saíram daquela situação. Como você poderia aplicar o exemplo dessa pessoa em sua situação atual?

Veja-se oferecendo a si mesmo uma nova chance. Perceba que sua isponibilidade para agir é, em si, uma ação transformadora.

Respire profundamente e, quando se sentir pronto, escolha uma expiração e abra os olhos.

---

9. Idem, p. 258.

XIX
Coragem: como ir além da esperança e do medo

Para um guerreiro, é a experiência do coração triste e terno que dá origem ao destemor, à coragem.

Chögyam Trungpa

A palavra "coragem" tem a mesma raiz que a palavra francesa *coeur*, que significa "coração". No Ocidente, associamos a mente ao cérebro. No Budismo, ela está associada ao coração. É preciso aquecer nossa mente-coração para ter coragem!

Muitas vezes invalidamos e reprimimos nossos sentimentos e nossas necessidades internas em função da baixa autoestima. Quando a coragem amadurece em nosso interior, sentimos que tomamos posse de nós mesmos: estamos prontos para buscar o que é justo para nós. Desenvolvendo a autoridade interna, somos capazes de agir prontamente no sentido de dar proteção, seja a nós mesmos ou aos outros.

Segundo a Psicologia Budista, a coragem é um estado que surge quando nos movemos além da esperança e do medo. Enquanto estivermos presos à esperança de não precisarmos confrontar nossos medos, estaremos deixando de cultivar a coragem.

Olhar o mal, a injustiça, a inveja, a avareza, o abuso e a violência requer bravura para suportar o que preferíamos negar. Manter uma atitude otimista, baseada na ingênua esperança de *negar a negatividade* que nos cerca, termina por nos deixar desprotegidos e vulneráveis às interferências negativas.

Não devemos confundir coragem com excesso de confiança. Negar os perigos, pensando "comigo não vai acontecer nada ruim" evidencia um ego inflado. Esta atitude bloqueia nosso instinto de proteção nos impedindo de ganhar familiaridade com os estados mentais que permitem uma percepção mais aguçada do que nos rodeia. Nossa mente-coração sabe nos alertar sobre o perigo, mas é preciso aprender a escutá-la!

Como diz o contador de fábulas do século XVII, Jean de La Fontaine: "Acreditamos facilmente em tudo que tememos ou desejamos".[1] Assim, atribuímos qualidades inexistentes às pessoas e situações à nossa volta, para que ilusoriamente elas possam preencher as nossas necessidades. Eu, particularmente, reconheço que tenho a tendência de *desculpar* a intenção negativa dos outros para não ter que encarar que estou sendo atacada.

Neste sentido, dizer: "Coitados, eles não sabem o que fazem" torna-se perigoso, pois nos tornamos cúmplices das ações negativas alheias ao sermos indulgentes com elas.

Frente à negatividade não deve haver negociação, temos de ser assertivos, o que não significa sermos rígidos.

A rigidez advém de uma mente estreita, que não é capaz de ver os vários lados de uma mesma questão: a luz e a sombra. A rigidez nos impede de observar nossa vulnerabilidade. No entanto, se quisermos despertar a coragem, devemos, antes, reconhecer que somos vulneráveis. É a percepção de nossa vulnerabilidade que nos estimula a crescer, pois nos informa sobre a natureza da força e do conhecimento que precisamos buscar. Acolhendo nossa fragilidade, descobrimos nosso real tamanho e, assim, ela se torna um ponto de força. Somente quando conhecemos nossos pontos vulneráveis é que sabemos encontrar as melhores condições para nos defender.

Coragem de não se deixar levar pela fraqueza alheia

Seguir nosso destino requer coragem até mesmo para superar o medo de assumir nossa própria grandeza e as exigências que dela decorrem. Quando somos vistos como *uma pessoa forte*, corremos o risco de nos tornar presas fáceis da "tirania dos fracos". Eva Pierrakos: "Não existe tirania mais forte que aquela que uma pessoa fraca exerce sobre os mais fortes, ou sobre todo o seu ambiente. É como se essa pessoa estivesse sempre dizendo: 'Sou tão fraca! Você tem que me ajudar. Sou tão indefesa! Você é responsável por mim. Os erros que eu cometo não contam porque eu não sei fazer de outro modo. Eu não posso evitar. Você deve ser indulgente comigo todo o tempo e permitir que eu escape das consequências. [...] Eu posso falhar porque sou fraco. Você

---

1. Nilton Bonder (org.), *Curativos para Alma*, Ed. Rocco, p. 58.

é forte e, portanto, tem que compreender tudo. Você não pode falhar porque o seu fracasso iria me afetar'. A autoridade preguiçosa e autoindulgente dos fracos impõe exigências estritas às outras criaturas. [...] Pela submissão, você não ama, apenas espera ser amado. Você não vê que os outros também têm as suas vulnerabilidades, suas fraquezas e necessidades. Você rejeita por inteiro essa parte da natureza humana das outras pessoas e, assim, você as fere".[2]

Sou extremamente grata a esta autora, pois seu texto me alertou sobre o perigo de abrir mão de minhas necessidades em função da fraqueza alheia. Quando resolvi me separar, meu ex-marido me pressionou durante alguns meses dizendo que se mataria se eu não voltasse com ele. Quando compreendi que seu ato era tirânico, consegui me manter firme em meus propósitos. De fato, ele não foi capaz de administrar a dor de nossa separação e suicidou-se. Mas a clareza sobre a minha vulnerabilidade diante de seu sofrimento protegeu-me do sentimento de culpa que tão comumente surge naqueles que continuam vivos. Não podemos escolher nos anular, isto é, morrer internamente, para que outros vivam de nossa energia.

Ser indulgente com aqueles que nos prejudicam é um sinal de fraqueza e conformismo: ausência de coragem para agir contra tal situação. É como viver num pesadelo lembrando que tudo é um sonho. Amenizar o mal não irá nos proteger. A questão é que podemos passar tempo demais sob a tutela daqueles que nos sobrecarregam de negatividade e, depois, ser tarde demais para lutar. É como ter uma doença grave e ficar esperando por milagres sem agir em direção à cura.

Buddha dizia: "Se você quiser conhecer o seu passado, olhe seu corpo no presente. Se você quiser saber sobre o seu futuro, olhe sua mente no presente".

Segurança diante da incerteza

Há momentos na vida em que não temos saída: não podemos mudar as circunstâncias externas. Temos que aceitá-las. Sabemos que quanto antes aceitarmos o inevitável, menos desgaste teremos. No entanto, só quando conseguimos realizar a alquimia dessa aceitação dentro de nós, é que começamos a nos levantar novamente. O curioso é que, no momento em que fazemos isso, as circunstâncias externas também passam a mudar.

Como escreve Ron Leifer: "O âmago do conhecimento esotérico que buscamos consiste em segredos dos quais nós mesmos nos guardamos. Nós

---

2. Eva Pierrakos, *Não Temas o Mal*, Ed. Cultrix, p. 107.

nos guardamos deles porque eles não são o que gostaríamos que fossem. O mundo não é o que gostaríamos que fosse; a vida não é o que gostaríamos que fosse; os outros não são o que gostaríamos que fossem; nós não somos o que gostaríamos de ser. Nós nos guardamos dessas verdades porque elas nos confundem e aterrorizam".[3]

Portanto, temos que admitir que estamos nos distanciando da realidade toda vez que escondemos de nós mesmos o que estamos, de fato, sentindo. Isso é muito comum quando temos que lidar com uma emoção tão intensa e perturbadora como o ciúme. A nossa resistência em admitir esse sentimento cria mal-entendidos que terminam por nos deixar mais expostos às situações que o provocam. Negar uma emoção nos torna mais vulneráveis a ela. Se pudermos admitir nossos sentimentos, poderemos perceber que são eles que intensificam e colorem a interpretação que fazemos da realidade. Nossa resistência em admitir o que estamos de fato sentindo nos faz sofrer passivamente. Podemos manter uma mente positiva se enfrentamos diretamente as situações.

Quando o inesperado ocorre, resistimos em encarar a realidade. Mas, se nos mantivermos suaves e abertos para o que quer que estejamos sentindo, aos poucos nossa mente absorve o impacto de uma notícia inesperada. Até mesmo quando nos sentimos incapazes, podemos manter uma atitude interna de generosidade criando espaço para acolher nossa própria dor com carinho.

Certa vez perguntei a Lama Gangchen Rinpoche: "É possível ter coragem sem sentir medo?". Ele me respondeu prontamente: "Impossível!". Coragem é a capacidade de *agir* mesmo com medo. Assim como nossos músculos só se fortificam quando são exercitados, a mente só se torna corajosa ao enfrentar o desconhecido. Coragem envolve ação, sem a qual temos apenas a intenção.

Dizer para mim mesma: "Fazer isso agora é difícil, mas é necessário para eu ter um futuro melhor" me ajudou a suportar decisões difíceis em longo prazo. "Não há mudanças que não principiem na escuridão da alma humana. Primeiro temos que descobrir uma entrada para a escuridão, a seguir, temos de acender uma velinha no escuro para que possamos procurar nosso eu futuro e, por fim, temos de nos unir a ele. E isso requer determinação, paciência e, mais que tudo, coragem."[4] A segurança diante da incerteza surge da confiança de que nossas ações serão a base para uma mudança positiva.

Às vezes protelamos o que queremos fazer em nome da prudência. Mas, na realidade, agindo assim, geralmente, estamos tentando evitar uma situação da qual temos medo de assumir a responsabilidade.

---

3. Ron Leifer, *Projeto Felicidade*, Ed. Cultrix, p. 13.
4. Robin Robertson, *Sua Sombra*, Ed. Pensamento, p. 12.

Existem momentos em que temos que dar um passo à frente do outro e seguir andando, mesmo sem saber aonde iremos chegar. Externamente até podemos enxergar o caminho, mas não sabemos ao certo o impacto que irá representar dentro de nós.

Muitas vezes não podemos esperar até que a coragem amadureça em nós para agirmos com mais confiança.

"Todos os 'ainda não estou pronto', todos os 'preciso de tempo' são compreensíveis por um curto período. A verdade é que não existe a sensação de se estar 'completamente pronto' ou de ser aquela a 'hora certa'. Como acontece em qualquer mergulho no inconsciente, chega uma hora em que simplesmente torcermos que dê certo, apertamos o nariz e saltamos no abismo. Se não fosse assim, não teríamos precisado criar as palavras *herói*, *heroína* ou *coragem*."[5]

Coragem: equilíbrio entre prudência e audácia

O primeiro ponto para despertar a coragem é ter autorresponsabilidade, isto é, construir uma estrutura interna equilibrada e ao mesmo tempo audaz, para ser capaz de ultrapassar os limites que nos impomos.

Ter coragem não é ser imprudente. Agir sem considerar os limites de uma situação é imprudência. A coragem é construída de acordo com as demandas da situação e deve basear-se na intenção de cultivar o autoconhecimento. A pessoa audaz sabe discernir entre o momento de agir, o momento de aguardar e até mesmo o de escapar. Ser imprudente é "ir à luta" de olhos fechados. Ser audacioso é ter força interior para manter os olhos abertos sem covardia diante do conflito e observar os limites da situação.

Chögyam Trungpa esclarece: "O caminho da covardia consiste em nos embutirmos num casulo, dentro do qual perpetuamos nossos processos habituais. Reproduzindo constantemente nossos padrões básicos de conduta e pensamento, jamais nos sentimos obrigados a dar um salto ao ar livre ou em direção a um novo campo".[6]

A Medicina Budista Tibetana diz que toda doença é uma bênção, porque ela nos mostra rapidamente onde precisamos mudar. Podemos resistir às mudanças, mas é alto o preço de ficarmos atados ao velho conhecido.

"A vida nos apresenta problemas que não podem ser resolvidos com velhas fórmulas. Esses problemas são os que exigem uma mudança em nossa vida. Temos consciência disso, mas não queremos aceitar. Forçamos uma solução an-

---

5. Clarissa Pinkola Estés, *Mulheres que Correm com os Lobos*, Ed. Rocco, p. 184.
6. Chögyam Trungpa, *Shambala*, Ed. Cultrix, p. 64.

tiga para um problema novo, fingindo que, embora não seja muito adequada, é quase. É claro que ela não é adequada. Só estamos pondo em prática o princípio da avestruz, de enfiar a cabeça na areia e esperar que o problema se resolva. Se, por medo ou radicalismo, damos continuidade a esse comportamento por muito tempo, começamos a ser a causa real de nosso próprio sofrimento."[7]

A vida é a favor das mudanças, pois, somente lidando com o fluxo natural da impermanência, é que podemos aprimorar nosso mundo, tanto o interior como o exterior. A questão é compreender o que precisa ser mudado.

Inicialmente aplicar um novo padrão é um desafio, por isso teremos que evocar em nós o arquétipo do guerreiro: a força interior que nos ajuda a encontrar e definir nossas fronteiras e defendê-las quando for preciso. Como escreve Carol Pearson: "Enquanto não estabelecermos limites claramente definidos, acreditaremos, corretamente ou não, que estamos sendo mantidos prisioneiros por alguém ou por alguma coisa. Quando as pessoas estão começando a afirmar suas próprias identidades no mundo, elas frequentemente podem pensar que, se fizerem isso, todos irão atacá-las ou abandoná-las".[8] É bom lembrar que aqueles que constantemente estão atacando os outros não estão evocando o arquétipo do Guerreiro, mas sim sendo possuídos por ele!

O segredo para abandonar um velho hábito pode estar em reconhecer que ele tornou-se simplesmente um "peso extra". Ouvi falar que, certa vez, Teresa d'Ávila respondeu a uma discípula que se queixava dizendo-se incapaz e duvidando de seu próprio valor: "Não acrescente mais nada, você já é bastante estúpida assim como você é!". Portanto, na próxima vez que nos pegarmos dizendo: "Eu não valho nada, não sirvo para nada, não tenho capacidade mesmo", poderemos reconhecer estes pensamentos como algo extra, e nos decidirmos por abandoná-los.

Quando usamos uma justa medida, nem mais nem menos, estamos nos tornando pessoas autênticas: uma condição natural que surge ao se tornar um corajoso guerreiro pela paz.

---

7. Robin Robertson, *Sua Sombra*, Ed. Pensamento, p. 10.
8. Carol S. Pearson, *O Despertar do Herói Interior*, Ed. Pensamento, p. 124.

XX
Ter coragem para seguir em frente

> *Cada vez que nos tornamos mais transparentes*
> *à nossa própria luz, restauramos a luz do mundo.*
> Rachel Naomi Remen

O mestre budista Chögyam Trungpa dizia que o objetivo da vida consiste em simplesmente ir em frente e fazer da vida um modo de despertar, mais do que de adormecer. A capacidade de continuar nos ajuda a perceber que nenhum problema é sem saída. Seguir adiante significa não nos deixarmos estagnar pela inércia, pelo medo ou pela irritação.

A melhor maneira de nos libertarmos do passado é fazer as pazes conosco mesmos no momento presente. Fazer as pazes com quaisquer lembranças ou sentimentos que possam surgir. De forma que, aos poucos, não seremos mais "aprisionados" por essas recordações.

Passamos a permitir que antigas imagens sobre nós mesmos vão embora. Continuamos simplesmente a seguir em frente. Nada mais nos faz parar. Sabemos continuar positivamente, pois estamos conectados com nossa confiança básica, com nossa bondade fundamental.

Coragem é a habilidade de mover-se para o futuro, sem olhar para trás: desapegar-se do passado. Lembro-me de um fato ocorrido com Lama Segyu Rinpoche. Ele me contou que, anos após ter ido morar nos EUA, encontrou na casa de sua mãe uma caixa fechada remanescente da mudança. Não teve dúvidas: colocou fogo na caixa sem abri-la. "Assim, não despertaria a mente do apego", disse-me ele. Uma vez que passara tantos anos sem precisar das coisas que estavam naquela caixa, não era necessário abri-la para saber que o que ela continha era *carga extra*. Isso muitas vezes me inspira a não remexer em histórias passadas que já esgotaram seus enredos. Em muitos momentos, é preciso saber conter a curiosidade e colocar fogo nas nossas "caixas", antes que não possamos mais controlar o impulso de abri-las.

Há, porém, também momentos em que ir ao sótão remexer em caixas do passado pode ser muito terapêutico. Depois que comecei a escrever este livro, passei a reler meus cadernos de anotações. Sempre tive o hábito de anotar meus sonhos, sessões de terapia e frases-chave que escutei dos Lamas. Agora, ao reler coisas escritas há mais de dez anos, percebo como ainda estou presa a alguns padrões e também como consegui de fato me liberar de outros. Alguns sonhos eram premonitórios. Alguns ensinamentos, hoje, têm mais impacto sobre mim do que na época que os escrevi.

Como diz John Welwood: "Já que toda a autoimagem é sustentada por velhas histórias – crenças que nós mesmos nos contamos sobre 'como é a realidade' – trazê-las à luz é um passo essencial para afrouxar a sujeição a uma identidade".[1]

"A gente se vê, na Terra Pura"

Desde que meu filho, Lama Michel Rinpoche, aos 12 anos tornou-se monge e foi morar no Monastério de Sera Me no Sul da Índia, tive que aprender a me despedir, isto é, a não olhar para trás. Por alguns anos seguidos, nos encontramos apenas uma vez ao ano durante duas semanas. Tínhamos o seguinte trato: no aeroporto, depois do último abraço, cada um deve seguir em frente, sem olhar para trás.

Houve uma vez que cheguei a me programar internamente para vivenciar estas duas semanas de forma *bem* consciente. Estávamos em Kathmandu, no Nepal. Na primeira semana soltei-me, sem pensar na despedida. Já na segunda, reconheci cada dia como um treino para aprender a me separar fisicamente daqueles que amo, inspirada na realidade de que quando estiver para morrer terei que *saber* me despedir de todas as pessoas queridas!

Então, a cada dia escolhia abrir mão de estar junto com meu filho para estar comigo de uma maneira diferente: "*Me* levei para almoçar", "*Me* levei para visitar um templo" e assim por diante. Ele não sabia que, dentro de mim, estava seguindo uma programação interna, quando lhe dizia: "Hoje não vou almoçar com você, depois a gente se vê". Sinto ter, desde então, interiorizado a motivação de lidar com as separações de um modo consciente. Espero que quando minha morte chegar, minha mente já esteja programada para pensar: "Hoje não vou estar com você, depois a gente se vê na Terra Pura".

---

1. John Welwood, *Alquimia do Amor*, Ed. Ediouro, p. 139.

Quando a separação de uma pessoa querida é inevitável, corremos o risco de nos abandonar e *partir junto com ela*. Como resultado, nos sentiremos vazios e melancólicos, porque não temos a nós mesmos para nos fazer companhia. É preciso aprender a manter o fogo de nossa casa interior aceso, para que encontremos o aconchego do calor interno quando retornarmos "para casa" contando apenas com nós mesmos. Assim como teremos que saber "voltar para casa" no momento de nossa morte.

Segundo o Budismo, ao purificarmos nossa mente das marcas mentais negativas poderemos renascer na Terra Pura dos Buddhas onde teremos um corpo e uma mente puros, vivenciaremos continuamente a paz interior e, por isso, poderemos rapidamente concluir nossa evolução pessoal para retornar para a esfera impura do Samsara em condições de ajudar todos os seres a fazerem o mesmo: atingir a iluminação.

A Terra Pura não existe por si só, como um lugar "lá no céu". Ela é o resultado de um estado mental extremamente sutil e puro. Lama Gangchen Rinpoche, em seu livro *NgelSo Autocura Tântrica III*, descreve a Terra Pura, quando finalmente tivermos atingido a iluminação, isto é, o completo relaxamento e regeneração *NgelSo* de nossa Energia Essencial de Vida:

A mente de lua cheia iluminada amanhece
compreendemos que a Terra Pura está e sempre
esteve em nosso próprio coração
mas que devido ao véu do apego a si mesmo e da ignorância,
visões comuns e pensamentos comuns
ou simplesmente não conseguíamos vê-la,
ou estávamos procurando-a no lugar errado![2]

Aprendi a superar a dor das saudades de meu filho quando entendi que o amor que nos nutre emana da confiança em nosso vínculo de mãe e filho, e que portanto não depende do fato de podermos ou não nos encontrar. Como disse Sogyal Rinpoche certa vez em seus ensinamentos: "Quando uma pessoa sente que recebeu tudo que gostaria de ter recebido de alguém, deixa-o ir". Ou seja, a satisfação é um antídoto natural do apego.

Coragem para seguir em frente e realizar nossa vocação

Ao descobrir nossa vocação, surge em nós, simultaneamente, um profundo sentimento de coragem. Sentimo-nos muito próximos de nós mesmos quando

---

2. Lama Gangchen Rinpoche, *NgelSo Autocura Tântrica III*, Ed. Gaia, p. 174.

compreendemos uma verdade interna que não pode mais ser negada. Consequentemente, nós nos comprometemos com a ideia de abandonar tudo aquilo que nos impedia de ir na direção de nosso destino.

"Ir ao encontro do destino é realizar plenamente o potencial que está desde sempre em nós. É como ouvir um chamado e responder a ele. Ou desabrochar todas as nossas potencialidades e seguir uma vocação. E, estranhamente, o mundo costuma nos corresponder quando fazemos assim. Uma das formas de saber que se está no bom caminho e que estamos fazendo aquilo para o qual nascemos é que o mundo nos abre as portas."[3]

Joseph Campbell nos dá uma ótima dica de como descobrir nossa vocação em seu livro *Reflexões sobre a Arte de Viver*: "Quando Jung decidiu tentar descobrir o mito segundo o qual estava vivendo, ele se perguntou, 'De que brincadeiras eu gostava quando era criança?' Sua resposta foi: fazer pequenas cidades e ruas com pedras. Assim, ele comprou um terreno e, à guisa de distração, começou a construir uma casa. Deu um trabalho imenso, absolutamente desnecessário, pois ele já possuía uma casa, mas foi um modo apropriado de criar um espaço sagrado. Foi pura diversão. O que você fez, quando criança, que criasse a sensação de atemporalidade, que fizesse com que você se esquecesse do tempo? É aí que está o mito pelo qual você deve viver".[4]

Todos nós precisamos conhecer nossa vocação: o que temos de particular para oferecer ao mundo. Não seguir nossa vocação representa um problema tanto para nós quanto para os outros, pois, quando nos entregamos à inércia da vida, nos tornamos também um peso para aqueles que estão à nossa volta.

Jean-Yves Leloup, em seu livro *Caminhos da Realização,* analisa como a história de Jonas e a baleia, contada no Antigo Testamento da Bíblia, pode nos ensinar sobre os medos e resistências com os quais nos deparamos na busca por nossa vocação.

Deus ordena a Jonas que vá para a violenta cidade de Nínive pregar a Sua palavra. Jonas, no entanto, o desobedece e toma um barco para Társis, cidade de veraneio. Sobrevém uma forte tempestade. Os marinheiros jogam ao mar toda a carga do barco para evitar que ele naufrague. No entanto, o mar continua incrivelmente agitado e o perigo de um naufrágio permanece iminente. O capitão decide então procurar Jonas que havia descido para o porão e ao encontrá-lo deitado, dormindo um sono profundo, lhe diz: "Como podes dormir tão profundamente? Como podes dormir no meio deste desespero que nos faz sucumbir? Levanta-te, desperta, invoca teu Deus. Talvez este teu Deus possa nos ouvir, talvez que, com este teu Deus, não pereçamos".[5] Enquanto isso, ao

---

3. Márcia Mattos, *O Livro das Atitudes Astrologicamente Corretas*, Ed. Campus, p. 122.
4. Joseph Campbell, *Reflexões sobre a Arte de Viver*, Ed. Gaia, p. 183.
5. Jean-Yves Leloup, *Caminhos da Realização*, Ed. Vozes, p. 22.

jogarem dados, os marinheiros preocupados identificam Jonas como o causador daquela perturbação. Ele por fim confessa ter desobedecido a Deus, e pede que lhe joguem ao mar. A tempestade então cessa. Ao ser lançado ao mar, Jonas é engolido por uma baleia dentro da qual passa três dias até se arrepender e pedir a Deus que lhe dê uma segunda chance. Assim, ele é expelido da baleia e finalmente segue para Nínive.

"Portanto Jonas, num primeiro momento, é o *arquétipo do homem deitado*, adormecido, do homem que não quer se levantar e não quer cumprir missão alguma. É o *arquétipo do homem que foge*, que foge da sua identidade, que foge da sua palavra interior, que foge desta presença do Self no interior do Eu. Esta fuga de sua voz interior vai provocar um certo número de problemas no exterior dele mesmo."[6] Aquele que se recusa a conhecer a si mesmo e não segue os seus desejos mais profundos, acarreta problemas para os outros!

Em um segundo momento, quando Jonas dentro da baleia decide retomar seu caminho, ele não teme mais nada. Como escreve Jean-Yves Leloup: "Há momentos que não podemos mais nos mentir, nos contarmos estórias. Nós somos obrigados a sermos autênticos, não podemos mais fugir. O arquétipo de Jonas é também um convite para que mergulhemos na profundeza de nosso inconsciente, para passarmos através destas sombras, para mergulharmos na nossa própria experiência da morte, aceitarmos que nosso ser é mortal, para descobrirmos, em nós, o que não morre".[7]

Nyang-de: ir além da mágoa

Se decidirmos nos tornar alguém que se dedica com todo o coração a utilizar a vida para despertar, temos que superar a dificuldade de lidar com o desconforto das mudanças.

Quando nos conscientizamos de que estamos resistentes em aceitar uma mudança iminente, é útil nos perguntar: "O que é preciso morrer agora dentro de mim, para nascer nesta nova fase com força e confiança?". Uma resposta é certa: nossas mágoas.

Carregar mágoas nos faz sentir cansados e sem vontade de iniciar novos projetos. Elas revelam o quanto estamos estagnados por limitações internas e externas. Ficar presos a elas consome nossa energia vital.

Dalai Lama explica que o termo tibetano para nirvana é *nyang-de* que se traduz literalmente por "além da mágoa". "Nesse contexto, mágoa refere-se às

---

6. Idem, p. 29.
7. Idem, p. 67.

aflições da mente; de modo que o nirvana realmente designa um estado de ser que está livre de emoções e pensamentos angustiantes. O nirvana é a imunidade ao sofrimento e às causas do sofrimento. Quando percebemos o nirvana nesses termos, começamos a nos dar conta do que a felicidade verdadeira e genuína realmente significa. Podemos então visualizar a possibilidade de nos livrarmos totalmente do sofrimento".[8]

Cada vez que formos capazes de interiorizar e escutar nosso medo estaremos amadurecendo nosso potencial de coragem. Ao reconhecer o medo, diga a si mesmo: "Eu já te conheço, sei para onde você me leva, não quero mais te seguir". Concentre-se, então, na sua intenção de expressar sua vocação. E finalmente lembre-se: nem tudo que é aflitivo acontece – noventa por cento de nossos medos são hábitos, ideias preconcebidas. Mova-se para o futuro, confie nele!

Meditação para curar mágoas

Em silêncio, traga de volta para sua casa interior todas as energias de sua mente e corpo. Descanse no seu espaço interno o tempo que lhe parecer necessário. Em seguida, com todo seu coração, invoque à sua frente o Ser Sagrado com o qual você sabe que pode contar ou uma forte luz da cor que você, neste momento, sabe que tem a cura de que necessita.

Considere que este Ser ou esta luz não são apenas o resultado da sua imaginação, mas sim a verdadeira expressão de sua conexão com a fonte curadora.

Reconheça com sinceridade suas mágoas e abra-se para receber a cura: visualize raios de luz saindo do Ser Sagrado ou desta fonte de luz e penetrando no topo de sua cabeça. Rapidamente, preenchem seu corpo de luz, purificando instantaneamente suas mágoas. Veja-se totalmente preenchido de luz.

Aos poucos, seu corpo de luz diminui até se transformar num ponto luminoso que se dissolve na intensa luz do Ser Sagrado à sua frente.

Traga essa luz sagrada para o centro de seu coração. Sinta sua consciência novamente centrada em seu corpo. Determine-se a cultivar esse estado mental, simples e natural, mesmo depois de abrir os olhos.

Para finalizar, agradeça a fonte curadora, a purificação recebida e compartilhe essa energia curativa com todos aqueles que estejam precisando dela.

---

8. Dalai Lama, *Transformando a Mente: Ensinamentos Sobre Como Gerar a Compaixão*, Ed. Martins Fontes, p. 36.

XXI
Fé e confiança

> *Devoção, confiança e aceitação verdadeiras
> começam nos nossos próprios corações.*
>
> Tarthang Tulku

A palavra confiança vem do latim *fidare*, que significa afiançar, abonar. Neste sentido, confiar é dar crédito a algo que nos desperta a sensação de segurança. Assim como o ato de dormir: é preciso sentir-se seguro para entregar-se ao sono.

Lembro-me quando Lama Michel visitou uma Instituição no Rio de Janeiro que dava abrigo às crianças de rua. Muitas delas dormiram enquanto ele falava. Inclusive uma deitou-se debaixo da cadeira na qual ele estava sentado. Fiquei tocada ao escutar uma das assistentes me dizer: "O fato de eles dormirem é um sinal muito positivo, pois indica que eles se sentiram seguros com a presença do Lama Michel. A maioria deles passa a noite acordada, pois não se sente segura para dormir".

Quando vamos dormir estamos nos conectando com a confiança básica de entrega. No entanto, não podemos relaxar a ponto de dormir acreditando ingenuamente que todas as nossas necessidades serão supridas. Precisamos estar despertos: sermos capazes de lidar com a realidade de modo aberto e direto.

Os diversos tipos de confiança

Sua Santidade Dalai Lama descreve quatro tipos de Confiança:[1]

---
1. Dalai Lama, *Dalai Lama – sobre o Budismo e a paz de espírito*, Ed. Nova Era, p. 34.

A primeira é confiar não na pessoa, mas na doutrina. Significa que devemos examinar o que uma pessoa diz.

A segunda é confiar não nas palavras, porém no significado. Significa que não devemos nos ater à forma, por exemplo, se as palavras são belas, mas sim ao seu significado.

A terceira é, com relação ao significado, não confiar naquilo que requer uma interpretação, mas no que é definitivo.

A quarta é, com relação ao definitivo, confiar não no modo de percepção das consciências que são afetadas pela aparência dual, mas em uma consciência de sabedoria exaltada, Superior, na qual todo o dualismo tenha sido totalmente extinguido.

A confiança, *Dad-pa* em tibetano, é primeiro dos *Onze Eventos Mentais Virtuosos*[2] descritos no *Abhidharma*: "É uma convicção profunda, uma lucidez e um desejo ardente pelas coisas que são reais, que têm valor, e que são possíveis. Ela funciona como base do interesse constante".[3]

Segundo o *Abhidharma*, existem três tipos de confiança:

1. Confiança lúcida
2. Confiança esperançosa
3. Confiança desejosa

Confiança lúcida

A palavra *confiança* em tibetano também pode ser traduzida como *fé*: "Fé é uma mente naturalmente virtuosa que serve, acima de tudo, para se opor à percepção de falhas em seu objeto observado".[4]

A fé, segundo o Budismo, não é uma atitude mística, nem cega. A fé é conquistada por meio da lógica e da compreensão de uma experiência profundamente investigada.

A confiança lúcida é o estado mental que surge ao testemunharmos as boas qualidades das pessoas, situações e coisas. Ao admirá-las, consequentemente, passamos a ter fé nelas. Desta forma, segundo o Budismo, inicialmente conquistamos a fé por *apreciação* nas Três Joias: em Buddha, no Lama Curador; no Dharma, os ensinamentos; e na Sangha, aqueles que nos ajudam no caminho espiritual. Em seguida, desenvolvemos a fé de *inspiração* que surge do desejo

---

2. Ver Apêndice, seção referente ao Capítulo I.
3. Herbert V. Guenther e Leslie S. Kawamura, *A Mente na Psicologia Budista*, tradução do original tibetano *O Colar da Compreensão Clara* de Yeshes Rgyal-Mtshan, Ed. Cultrix, p. 67.
4. Geshe Kelsang Gyatso, *O Caminho da Boa Fortuna*, Ed. Tharpa Brasil, p. 85.

de nos tornarmos como aqueles que admiramos, para então conquistarmos o tipo mais elevado de fé: a fé da *confiança*.

Ao apreciar pessoas, situações e princípios filosóficos que nos inspiram, passamos a encontrar segurança, equilíbrio e abertura na confiança que, de algum modo, estamos no caminho correto, mesmo se não formos capazes de compreender o que se passa em nosso interior temporariamente. A confiança lúcida não está baseada na ingenuidade, ela é o resultado da mente que sabe gerenciar a dúvida ao manter um estado de atenção e foco no que confia ser de valor.

Por vezes, nossa necessidade de confiar se sobrepõe à realidade. Não podemos confundir confiança com a expectativa ingênua, baseada na esperança de encontrar apenas proteção contra o medo. Em função da necessidade de nos sentirmos confiantes, podemos nutrir uma expectativa exagerada sobre as pessoas, contando que elas ajam de acordo com o que esperamos.

A confiança nasce da constância. Baseia-se na continuidade dos eventos que respondem à regra da reciprocidade. A lealdade mútua gradualmente cria as condições para que ela seja estabelecida.

Neste sentido, a base da confiança está em reconhecer o nosso próprio valor e o valor alheio. Pois ela surge da intenção de purificar o que não é verdadeiro para investir em nós mesmos e no outro com o propósito de evoluir: recuperar a confiança básica na essência pura da mente.

É importante cultivar o estado de confiança que surge por meio da concentração meditativa. A meditação é um excelente treino para manter a mente aberta e atenta ao mesmo tempo. Ao refletir, observar e cultivar uma mente constantemente interessada em conhecer algo com profundidade iremos fortalecer a base mental que sustenta a confiança lúcida.

"Confiança não quer dizer confiar em algo, mas permanecer no estado da confiança, sem precisar competir ou mostrar-se superior. É um estado incondicional, no qual nós apenas possuímos um inabalável estado mental que dispensa qualquer ponto de referência",[5] escreve Chögyam Trungpa. Portanto, a confiança é construída em nosso interior e não está baseada nas condições externas.

Neste sentido, ao invés de ficarmos seguros somente quando estamos em condições de controlar o que ocorre à nossa volta, sentiremos confiança na medida em que reconhecermos nossa capacidade de gerir a insegurança e o medo que surgem quando *não* estamos no comando da situação. Uma vez que, devido ao caos ecológico e econômico nos quais nos encontramos, a pressão externa tende a crescer, temos que aumentar a nossa capacidade de lidar com o caos interno.

---

5. Chögyam Trungpa, *Shambala*, Ed. Cultrix, p. 89.

O compromisso com um mestre espiritual

Há dezessete anos que acompanho o impacto da presença de Lama Gangchen Rinpoche no Ocidente: um mestre budista em uma sociedade que, por princípio, considera gurus como falsos Messias. Fomos "educados" para desconfiar dos mestres orientais. É como se fosse correto apenas admirá-los como referências de sabedoria, mas seria perigoso nos *comprometermos* com eles.

Alguns ocidentais criam um compromisso imediato com o mestre, como ocorreu comigo, outros permanecem anos *indo e vindo*, escutando seus ensinamentos, observando suas atitudes, até o dia em que sentem confiança para firmar o compromisso mestre-discípulo.

Certa vez, Rinpoche me disse a respeito da relação mestre-discípulo: "Podemos desconfiar até confiar, mas uma vez que passamos a confiar temos que dar a esse sentimento uma qualidade de confiança inabalável".

Lama Gangchen esclarece: "Não devemos nos comprometer em uma relação guru-discípulo e depois mudar de ideia. Colocar o guru no topo de nossa cabeça e depois, gradualmente, fazê-lo escorregar em nossa estima até chegar aos nossos pés certamente não nos trará nenhum benefício. É melhor fazer o contrário, ou seja, aproximar pouco a pouco o Lama do topo de nossa cabeça à medida que purificamos nossa mente. Se acreditamos que um dia poderemos romper o vínculo, é melhor manter apenas uma relação de amizade. Romper o vínculo-vajra guru-discípulo causa um profundo choque em nosso corpo, mente e chakras. É como matar nosso próprio guru interno, perdendo assim uma chance inacreditável. Por isso, devemos ter pelo menos noventa por cento de certeza se desejamos nos tornar discípulos de alguém".[6]

Ao dar conselhos aos seus discípulos, é natural que os mestres espirituais passem a deter certa autoridade sobre eles. No entanto, não possuem uma postura paternalista, na qual, por exemplo, decidiriam algo por nós. Neste sentido, a relação mestre-discípulo é semelhante à relação terapeuta-paciente, na qual no início do tratamento o paciente deposita no terapeuta uma grande dose de confiança. Como diz John Welwood: "Mesmo que eu me sinta desconfortável com a autoridade que me é conferida por meus clientes, eu a aceito, especialmente nos estágios iniciais do trabalho. Compreendo que os cliente chegarão mais rapidamente ao estágio de abandonar os velhos hábitos se me derem autoridade para orientá-los durante o percurso".[7]

O relacionamento entre mestre e discípulo hoje em dia é muito difícil justamente porque não possuímos modelos de confiança internalizados de maneira saudável:

---

6.   Lama Gangchen Rinpoche, *NgelSo Autocura Tântrica III*, Ed. Gaia, p. 316.
7.   John Welwood, *Em Busca de uma Psicologia do Despertar*, Ed. Rocco, p. 293.

aprendemos muito cedo a desconfiar de quem nos ensina algo ou cuida de nós. Do mesmo modo que desconfiamos dos políticos que cuidam de nosso planeta Terra, questionamos a autoridade de nossos professores, médicos e pais.

Infelizmente, na maioria das vezes, aprendemos um modelo falso de confiança ainda quando pequenos. Se tivermos interiorizado a ideia de confiança a partir de ordens impostas por um comando que não era leal e coerente ao que se propunha, teremos construído o sentido de confiar no outro, baseado em experiências errôneas.

Por exemplo, promessas feitas e não cumpridas como: "Fica bonzinho que papai já volta", e o pai vai trabalhar e não "volta", criam um forte sentimento de insegurança e desconfiança. Dessa maneira, nossa ideia de confiança fica contaminada pelo hábito de desconfiar das pessoas que representam papéis de comando.

Quando não nos sentimos protegidos, internalizamos um sentido de confiança baseado numa profunda sensação de vulnerabilidade, que quando adultos surge como incapacidade de autossustentação. A autoconfiança é reforçada quando acreditamos firmemente em nosso poder pessoal. Neste sentido, passamos a buscar orientações externas apenas quando sentimos não ter mais recursos internos.

A falta de autoconfiança surge da sensação de que não conseguiremos mobilizar esses recursos internos no momento em que necessitarmos deles.

De uma maneira ou de outra, se quisermos realizar algo nesta vida que seja de fato significativo, teremos que perder o medo de nos comprometer com o autodesenvolvimento e nossa participação na sociedade. Ficar às margens dos relacionamentos nos impede de criar vínculos suficientemente fortes para suportar as pressões da vida.

Após ter aceitado um compromisso, podemos ainda levar dias para assimilar nossa decisão. É importante reconhecer que necessitamos do tempo também para interiorizar nossos vínculos de compromisso. Assim como relata um dos pacientes de Melody Beattie: "Depois de me comprometer, dou a mim mesmo alguns dias para entrar em parafuso. Permito a mim mesmo atravessar o processo do pânico, porque sei que acabarei me acalmando. A chave é saber o que queremos e o que não queremos, e confiar nisso".[8]

A confiança em um mestre é chamada no Budismo Tibetano de "raiz do caminho", pois é ela quem sustenta e nutre o praticante, enquanto ele desenvolve seu próprio guru interno. "Confiança espiritual não é apenas uma cobertura básica para enfeitar a superfície com belas flores. É mais como um

---

8. Melody Beattie, *Para Além da Codependência*, Ed. Record, p. 236.

tronco de árvore nada extraordinário, com alguns poucos brotos verdes surgindo dele e uma profunda raiz invisível. Ao confiarmos nessa raiz, qualquer desânimo que sintamos logo se dissipa e é substituído por uma confiança mais fundamental. O desânimo significa, literalmente, perda de coragem. Essa raiz renova nossa coragem."[9]

Confiar no Dharma: os ensinamentos

"O Budismo Tântrico é mais um método de ciência interior do que uma religião, pois não há dogmas nem catecismos. A confiança nos ensinamentos de Buddha nasce de sua própria descoberta da mesma verdade e de sua própria experiência dos resultados benéficos desses ensinamentos."[10]

Escutar, refletir e meditar sobre Dharma, os ensinamentos budistas, é sempre revigorante. Quando tenho a oportunidade de conversar com um mestre budista sinto surgir em mim uma energia muito particular: um misto de alegria, curiosidade, satisfação e, por fim, uma crescente sensação de calor no peito. Algumas frases dos Lamas ficam arquivadas em nossa memória e, no momento necessário, voltam com uma nova força e compreensão.

"O propósito do estudo do Budismo não é estudar Budismo, mas estudar a nós mesmos. É impossível estudar a nós mesmos sem algum ensinamento."[11] À medida que, por meio da prática dos ensinamentos budistas, adquirimos uma maior capacidade de abandonar padrões mentais negativos e reconhecemos com mais facilidade a presença de estados mentais positivos em nossa mente, passamos a confiar cada vez mais nos ensinamentos.

Confiar na Sangha: aqueles que nos ajudam no caminho espiritual

A Sangha são aqueles que nos apoiam e inspiram a seguir o caminho espiritual: Lamas, monges e amigos de companhia espiritual. A Sangha interior é nossa capacidade de fazermos boa companhia para nós mesmos.

Como podemos saber se alguém é Sangha? Lama Gangchen responde: "A pessoa que faz parte de uma Sangha está cultivando seu sorriso interior e, por isso, tem menos reações, mais paz interna, mais espaço interno e mais liberdade. Pessoas nervosas, invejosas ou raivosas não são Sangha, pois não são bons exemplos de amigos que nos ajudam a trilhar juntos o caminho".[12]

---

9. Lewis Richmond, *O Trabalho como Prática Espiritual*, Ed. Cultrix, p. 133.
10. Lama Gangchen Rinpoche, *NgelSo Autocura Tântrica III*, Ed. Gaia, p. 79.
11. Shunryu Suzuki, *Mente Zen, mente de principiante*, Ed. Palas Athena, p. 72.
12. Lama Gangchen Rinpoche, *NgelSo Autocura Tântrica III*, Ed. Gaia, p. 273.

Encontrar verdadeiros amigos é um bem precioso. Eles não precisam ter a mesma religião que a nossa, o importante é que partilhem dos mesmos princípios e valores.

Na maioria das vezes, quando a confiança básica num relacionamento é rompida, dificilmente volta a ser reconstruída. Assim como quando um cristal se rompe: não é possível juntá-lo novamente. Por isso, para cultivar vínculos duradouros, precisamos escolher amigos que compartilhem dos mesmos valores que os nossos.

Podemos ter perdido a confiança em alguém que nos traiu, mas não precisamos perder a confiança em nós mesmos, isto é, em nossa capacidade de conquistar um novo relacionamento de confiança com outra pessoa.

Caso contrário, estaremos continuamente vivenciando relacionamentos abusivos e ameaçadores, pois eles estarão baseados em sentimentos de deslealdade e insegurança. Sem confiança, não há entrega, sem entrega, não há amor.

Tara Bennett-Goleman comenta sobre os danos daqueles que possuem a crença fundamental de que não se pode confiar nas pessoas: "Esta crença vem acompanhada da sua principal particularidade: a raiva e também a ira instantâneas. As pessoas que têm esse padrão se mostram constantemente vigilantes nos relacionamentos, temendo que as pessoas de algum modo irão se aproveitar delas, ou traí-las. Como elas desconfiam muito das intenções dos outros e assumem o pior com tanta facilidade, têm muita dificuldade em se aproximar das pessoas ou se abrir com elas. Paradoxalmente, algumas pessoas com o esquema da desconfiança podem se sentir atraídas por relacionamentos nos quais seus piores receios são confirmados, ou seja, envolvendo-se com pessoas que, de fato, as tratam com desconsideração."[13]

O desejo de construir uma nova base de confiança surge quando tocamos no fundo de nosso coração a determinação de não ficar estanques em nossos ressentimentos.

Precisamos aprender a nos desarmar diante do outro. Se agirmos o tempo todo nos protegendo do abandono, continuaremos sendo traídos, pois não saberemos incluir a virtude da confiança em nossos relacionamentos como uma realidade possível.

Podemos começar por confessar a ferida emocional que nos levou a ser vulneráveis e desconfiados para que o outro não receba como um ataque pessoal nosso hábito em desconfiar. Ao reciprocamente aceitar, também, a fragilidade do outro, iremos aos poucos aprender a nos soltar e a confiar com lucidez.

---

13. Tara Bennett-Goleman, *Alquimia Emocional*, Ed. Objetiva, p. 113.

Um indício de que melhoramos nossa capacidade de confiar surge quando não estivermos mais interessados em aturar relacionamentos abusivos, e muitos menos em sentirmos por eles atraídos. Desta forma, a síndrome da "mulher que gosta de malandro" ou "o gosto por situações de alto risco" serão superados.

Confiança esperançosa

Esta é a verdadeira fé, pois está baseada em nossa própria experiência. "A Confiança Esperançosa é a confiança que surge do pensar sobre a conexão que existe entre a ação que se pratica e seu resultado como ensinado por Buddha."[14]

Para tanto temos que compreender a verdade da interdependência dos fenômenos, isto é a relação kármica de causa e efeito e a ausência de existência substancial em todos os fenômenos. Buddha Shakyamuni disse: *"Porque as coisas existem interdependentemente, não pode haver existência independente"*.

Lama Gangchen explica: "De todos os ensinamentos de Buddha, o ensinamento sobre a interdependência dos fenômenos é o mais profundo. No nível absoluto, precisamos ter a percepção da vacuidade de todos os fenômenos. Antes, porém, precisamos criar a causa para isso, ao compreendermos que, no nível grosseiro, todas as coisas existem como manifestações interdependentes. As emoções que surgem em nossa mente são manifestações interdependentes".[15]

Todos os fenômenos, visíveis e não visíveis, estão inter-relacionados, ou seja, nossos pensamentos e ações são como ondas holográficas da realidade em que vivemos. Por isso, a confiança esperançosa estará presente toda vez que tivermos clareza de nossas intenções.

Mesmo que vivenciarmos situações adversas, poderemos confiar em resultados positivos se a causa tiver sido positiva. A escritora chilena Isabel Allende numa entrevista pela televisão disse: "A verdade é cíclica, sou feliz de ter vivido o tempo suficiente para comprovar que esta premissa é verdadeira".

Isso significa que as causas positivas permanecem latentes até surgirem as condições para que elas se manifestem. "Também significa que o efeito de nossos pensamentos, sentimentos e ações não desaparece. Ele continua a se irradiar para fora, como uma ondulação num tanque. Por exemplo, se tivermos a firme intenção de ser mais gentis com nossos colegas de trabalho, ao menos

---

14. Traduzido do tibetano por Herbert V. Guenther e Leslie S. Kawamura, *A Mente na Psicologia Budista*, Ed. Cultrix, p. 67.
15. Lama Gangchen Rinpoche, *NgelSo Autocura Tântrica III*, Ed. Gaia, p. 55.

uma vez, o efeito dessa resolução continuará a agir sob a superfície por muito tempo depois, mesmo que acharmos que não estamos fazendo progresso em realizá-la. Ensinaram-nos a confiar na evidência de nossos sentidos, a aceitar como real o que podemos ver e ouvir, tocar e cheirar. Essa é a nossa tendência científica. Mas existe um outro tipo de realidade, mais sutil e menos evidente, na superfície do mundo, que tem a ver com a interligação entre as coisas".[16]

A confiança incondicional no futuro é uma atitude infantil. Sabemos que o futuro é incerto. Por isso, não podemos basear confiança na condição de obter os resultados concretos da realidade externa para sentirmo-nos seguros. Confiamos no futuro, porque estamos certos do que estamos realizando no presente.

A confiança que depositamos na realidade externa é o resultado das nossas projeções internas. Por isso, podemos apenas confiar na certeza da lei kármica de que quando a causa é positiva, assim será o seu efeito. Neste sentido, a confiança em nossos atos e perspectivas de futuro surge do autoconhecimento sobre a motivação pela qual agimos, e não em seus resultados aparentes.

A desconfiança nasce, também, de experiências nas quais nossas necessidades foram vistas com indiferença ou de situações em que nossa atitude, mesmo que bem-intencionada não era reconhecida como "digna de confiança", por exemplo, simplesmente por sermos crianças.

No entanto, se quando crianças não tivermos desenvolvido autênticos relacionamentos de confiança, teremos agora que *aprender* a confiar em alguém para criarmos vínculos afetivos saudáveis. Se nossa capacidade de confiar ficou abalada, teremos que construí-la talvez pela primeira vez em nossa vida!

Confiança desejosa

A confiança desejosa surge da compreensão da origem primordial de nosso sofrimento, assim como do caminho a percorrer para superá-lo. Em termos budistas, trata-se do praticante que entendeu profundamente as Quatro Nobres Verdades. Esta confiança é a fé baseada no desejo de ser como seu objeto de fé, isto é, de possuir a mesma capacidade de ter sabedoria, compaixão e generosidade. Desta forma, deixaremos de seguir uma autoimagem baseada no sofrimento para cultivar um forte orgulho divino, no qual poderemos finalmente emanar nossa energia pura, tal como a de uma divindade.

No entanto, temos uma forte tendência de nos desvalorizar. Por isso, é muito importante cultivarmos a confiança de que somos capazes de evoluir.

---

16. Lewis Richmond, *O Trabalho como Prática Espiritual,* Ed. Cultrix, p. 134.

Devemos evitar pensar "isso é muito para mim, admiro aqueles que meditam, mas eu jamais serei capaz".

Como dizia Lama Yeshe: "Não importa se nos consideramos religiosos ou não religiosos, filósofos ou ateus; enquanto ficarmos alheios à nossa realidade básica, estaremos condicionados por estas ideias enganosas e de autocomiseração. Se quisermos nos libertar de todas as doenças físicas e mentais, é extremamente importante que nos desfaçamos de qualquer comiseração por nós mesmos".[17]

O Budismo Tântrico afirma que o núcleo de cada ser humano é divino e puro. Mas para tornar esta ideia parte integrante de nossa vida e não apenas uma mera intelectualização, precisamos aprender a meditar no orgulho divino.

"Emanar vocês mesmos como divindade não tem nada a ver com uma cultura particular ou com um tipo particular de crença religiosa. Vocês já estão emanando-se: quando manifestam a sua imagem cheia de autocomiseração, vocês não pensam que isto tem a ver com uma cultura em particular; vocês o fazem e pronto. Por isso, parem de seguir um hábito baseado na ignorância e cultivem um forte orgulho divino emanando-se no aspecto de uma divindade. Comecem a viver desfrutando de vossa extraordinária potencialidade."[18]

Meditação de refúgio no Guru

Visualizamos nosso mestre tântrico à nossa frente e o consideramos como a personificação de todas as qualidades iluminadas que desejamos realizar em nós mesmos.

Imaginamos que o guru penetra no topo de nossa cabeça, dissolve-se em luz e desce até o nosso coração. Sentimos calor interno, paz e confiança enquanto nos concentramos na união de nossa mente sutil com a mente sutil de nosso mestre.

Para finalizar, dedique toda a energia positiva que você acumulou nesta concentração para todas as pessoas e situações que necessitam de fé e confiança. Visualize que raios de luz saem de seu coração e preenchem o coração destas pessoas de luz instantaneamente. E depois retornam para o seu coração.

---

17. Lama Yeshe, *La Via Del Tantra,* Chiara Luce Edizioni, Itália, p. 139.
18. Idem, p. 140.

XXII
Uma ampla visão sobre a morte

Se uma pessoa torna-se mais completa antes de morrer, é porque ocorreu a cura.

Stephen Levine

Esta noite tive um sonho. Estava em Nova York (estrangeiro) sabendo que tinha que voltar para São Paulo (minha casa). Não conseguia partir: ora perdia a passagem, ora o horário do voo. Foi quando encontrei com o Pete (o amor) que me disse firmemente: "Agora você tem que ir". Então, ele me levou até a entrada de um aeroporto muito precário, caótico, lotado de gente aguardando em longas filas a sua vez de partir e disse para uma atendente: "Ela tem que partir, você não consegue encaixá-la como fez com a outra senhora há pouco?". Olhei no relógio, eram 5 horas da manhã. Eu devia ter pego o voo das 2:30 da madrugada. A atendente confirma que pode me encaixar no próximo voo, mas fico assustada quando vejo que desconheço a companhia aérea. Um outro senhor (protetor), então, me alerta: "A senhora pode voar pela Unesco, pois a senhora tem pontos a receber pela ajuda que já prestou a eles". Aceitei a sugestão e olhei insegura para o Pete pedindo aprovação. Seu olhar é claro e firme ao me dizer: "Vá, agora você tem que ir. É a sua chance". Então, nos abraçamos e nos beijamos conscientes de nosso amor e que estávamos definitivamente nos despedindo. Minha força para seguir em frente vinha da certeza de que *era* a hora de partir. No corredor que levava ao avião, encontrei duas senhoras gordas sentadas numa pequena cabine comentando: "Toda vez que este Lama Gangchen passa por aqui faz a maior confusão" (desprograma o óbvio). Naquele momento, ri internamente: compreendi que Ele já havia passado por ali e preparado o que fosse necessário para tudo estar bem durante minha viagem. Olho para as senhoras e pergunto: "E agora?". Elas riem e me respondem: "Ah, agora ninguém sabe, esse é o voo do desconhecido". Acordei e logo pensei: sonhei com a minha morte.

Você já vivenciou a realidade da sua morte? Um acidente de automóvel, o susto do diagnóstico real ou suspeito de uma doença grave, um assalto, ou uma pane no avião. Os sustos que nos lembram que a morte existe são como rituais de iniciação, pois depois deles *sabemos* que um dia vamos morrer.

Sua Santidade Dalai Lama diz que visualiza, todos os dias, a sua morte e seu renascimento oito vezes para estar preparado quando ela chegar. No Budismo, há práticas de meditação que reproduzem os estágios pelos quais passamos no processo de morrer e renascer. Aliás, graças à realização destas práticas é que os Lamas são capazes de, antes de morrer, deixar cartas e sinais sobre onde vão renascer em sua próxima vida.

Para nós, ocidentais, tudo isso é um mistério. Mas o fato de poder meditar sobre o processo de nossa própria morte nos ajuda a criar maior proximidade conosco mesmos, assim como confiar em nossos instintos, quando temos que andar no escuro.

A sensação frente à realidade da morte será sempre única quando ela, de fato, chegar. Ao compartilhar a proximidade da morte com meus pacientes testemunho o quão particular e único é este processo.

A morte é uma experiência muito difícil se estivermos despreparados para lidar com ela. Abandonar tudo que é familiar já gera vulnerabilidade. Por isso, quanto mais familiarizados estivermos com nosso mundo interior, melhor enfrentaremos o desconhecido. Quando não podemos mais nos apoiar no mundo exterior, contamos apenas com nosso eixo de segurança interna.

Foi o medo da morte que me levou a trabalhar com pacientes terminais. Em 1988, uma intensa experiência pessoal me fez refletir profundamente sobre minha mortalidade. Já havia encontrado Lama Gangchen Rinpoche um ano antes. Ao experimentar uma profunda solidão diante do medo da morte, decidi dar um novo rumo à minha vida: superar a resistência de lidar com a minha própria mortalidade e ajudar os outros a se sentirem menos solitários frente à morte.

Quanto mais tentamos fugir de um medo, mais ele cresce. O medo da morte é o resultado do tabu que a envolve. Se tivéssemos mais familiaridade com a própria ideia da morte, não a veríamos sob o manto da tragédia.

De modo bem mais profundo e sutil, o medo da morte deriva da ideia – ilusória – de um Eu permanente e de existência inerente. E, mais do que os objetos, pessoas ou situações, é este Eu que tememos ver aniquilado com a morte. Assim, o medo da morte surge como uma atitude defensiva egoica frente a essa desintegração.

A morte nos faz pensar na vida. Ao darmos um significado à nossa morte, encontraremos uma nova perspectiva para nossa existência. No entanto, não basta refletir filosoficamente sobre a morte, é preciso familiarizar-se com ela *positivamente*.

A consciência da morte nos ensina a desfrutar a vida com mais intensidade e, ao mesmo tempo, de maneira menos dramática. Se encararmos com naturalidade o fato de que somos mortais, valorizaremos muito mais cada momento da vida.

No entanto, nos distanciamos cada vez mais do processo natural de morrer. A medicina atual, ao pretender superar os limites da natureza, olha para a morte como uma derrota. Ela é vista como um fracasso profissional ou uma fraqueza da personalidade: "ele desistiu", como já ouvi inúmeras vezes dizerem.

Acreditamos que vamos morrer, mas agimos como se não tivéssemos consciência de nossa mortalidade. Acreditar é apenas uma função mental, enquanto *ter consciência* envolve as demais funções de nosso ser: pensar, intuir e perceber.

Para nos conscientizarmos de algo não basta ter um entendimento intelectual, precisamos refletir além de nossas percepções racionais. Necessitamos cultivar um olhar contemplativo que pode ser conquistado por meio de profundos estados meditativos. Como, por exemplo, refletir sobre as seguintes perguntas:

"Sou o corpo, ou alguma parte desse agrupamento de ossos, sangue e carne?"

"Sou minha consciência?"

"Sou algo além do meu corpo e da minha consciência?"

A compreensão da não existência de um Eu inerente e permanente nos livra de todos os medos, inclusive o da morte. Esta compreensão, no entanto, requer uma percepção muito abrangente. Enquanto não a tivermos alcançado, é importante mantermos a consciência de que tudo é impermanente para conquistarmos a aceitação autêntica de nossa mortalidade. A compreensão da impermanência não é tão difícil de atingir quanto a da vacuidade, por exemplo.

Precisamos refletir tanto sobre a impermanência grosseira quanto sobre a sutil. A impermanência grosseira é evidente: podemos observá-la todos os dias em nosso próprio corpo. A impermanência sutil, no entanto, exige uma maior compreensão da realidade futura: incluir a não existência futura na atual existência. Assim como quando acendemos um incenso damos início à sua não existência, quando somos concebidos damos início ao nosso processo de morte.

Se adquirirmos o hábito de refletir sobre a impermanência, buscaremos naturalmente nos dedicar à vida espiritual, pois deixaremos de ficar sobrecarregados pela densidade da vida mundana. Neste sentido, pensar sobre a morte nos ajuda a viver melhor. O Budismo nos aconselha a pensar, pelo menos três vezes ao dia, sobre a morte.

Lama Gangchen nos alerta: "Se pensarmos na morte agora, no momento em que ela acontecer de verdade, poderemos morrer em paz e sem arrependimentos. Meditar sobre a morte é um processo de cura, pois nos faz enfrentar nossa recusa, raiva e depressão, até finalmente chegarmos a um estágio de aceitação e paz interior. É melhor fazermos isso agora, antes que uma doença terminal apareça, pois, caso isso aconteça, corremos o risco de não ter tempo suficiente para aceitar psicologicamente nossa morte, morrendo então com a mente cheia de medo e raiva, justamente o que desejamos evitar".[1]

A visão budista sobre a morte

O Budismo nos inspira a incluir a morte na vida, para reconhecermos a natureza cíclica e contínua da existência de todos os fenômenos. Na morte, o corpo e a mente irão se separar, mas a mente sutil não acaba: segue seu processo contínuo de morte e reencarnação.

O Budismo Tântrico reconhece a existência dos níveis grosseiro, sutil e muito sutil do corpo, da mente e dos elementos externos e internos. Quando se refere ao corpo, por exemplo, considera seu nível grosseiro como o corpo físico, o seu nível sutil, como a aura, e seu nível muito sutil, como o contínuo mental, que está localizado no interior de nosso chakra cardíaco.

O contínuo mental transmigra de uma vida para outra sustentado por ventos muito sutis de energia. A natureza interna mais essencial da mente muito sutil é pura como cristal, mas nela estão registradas as marcas das intenções com que realizamos nossas ações de corpo, palavra e mente.

Chamamos de mente grosseira nossas percepções baseadas na mente conceitual, que avalia a realidade a partir da visão errônea de que os fenômenos são permanentes e existem por si mesmos. A mente sutil é nossa sabedoria intuitiva. A mente grosseira é dual, está contaminada pelos defeitos mentais baseados no medo e na dúvida, e nos impede de acessar essa sabedoria inata.

Segundo o Budismo Tântrico, a morte de fato só ocorre quando a mente muito sutil deixa o corpo, o que pode se dar minutos ou até mesmo dias após a parada cardíaca e respiratória.

Fatores que desencadeiam a morte

O Budismo nega o conceito de sorte ou destino como uma força externa que determina o curso de nossa vida. Tampouco sustenta a ideia de que todas

---

1. Lama Gangchen Rinpoche, *NgelSo Autocura Tântrica III,* Ed. Gaia, p. 248.

as coisas acontecem por coincidência. Nosso tempo de vida está relacionado à dinâmica da força de três tipos de energias que mantêm nossa mente ligada ao nosso corpo, e por isso, quando elas se esgotam, o processo da morte não pode ser mais revertido. Estas três energias são:

1. Energia do mérito
2. Energia vital
3. Energia do karma

Quando estas energias estão funcionando perfeitamente, não temos obstáculos em nossa vida. Mas quando uma delas está muito fraca, surgem enfermidades que podem nos levar à morte. Por isso, devemos buscar aumentá-las e cuidar para que elas não se consumam rapidamente.

A Energia de mérito – é a energia espiritual, vital e positiva acumulada por meio de ações virtuosas, com a qual desenvolvemos nossa luz interna. Por isso, ações como salvar a vida de outros seres e cuidar de pessoas doentes, desenvolver a paciência, a humildade, a honestidade, a generosidade, a compaixão e proteger os outros dos perigos, do frio e da fome são causas energéticas que nos trazem vida longa.

A Energia vital – conhecida em tibetano por *La*, é nosso corpo energético, comparável à aura. O termo *La* significa "supremo", "corpo superior" e é o mesmo termo que compõe a palavra "lama", "guia supremo". Visível somente a quem possui poderes especiais, o *La* se assemelha ao corpo físico. Nasce e permanece conosco até a morte, e depois permanece ainda na Terra por um breve período. Poderíamos defini-lo como uma "sombra energética": está sempre conosco e absorve completamente o nosso modo de pensar e agir. Quando experimentamos algumas emoções o nosso corpo energético muda também; quando comemos, o nosso *La* percebe as sensações, e aos poucos vai se modelando ao nosso entorno, nosso 'duplo corpo'. É como se tivéssemos um corpo em duas dimensões, uma grosseira e outra sutil, interdependentes entre si. O *La* ajuda a manter estável a energia do corpo físico e para poder gozar de boa saúde também deve ser estável e saudável. O *La* se fortifica através de orações, de mantras e de cerimônias especiais.

A Energia do karma – é a força impulsionadora por detrás do renascimento. Karma significa que, o que quer que façamos com o corpo, a fala e a mente, teremos o resultado correspondente. As boas ações originam um bom karma, uma força que leva à felicidade. As más ações dão lugar a um mau karma, força que leva à infelicidade. O karma como força, seja ela boa ou má, fica latente em nossa vida até que algum fator externo o ative e ele se torne manifesto. Esta é a Lei de Causa e Efeito segundo o Budismo.

Já nascemos com uma duração de vida predeterminada

"A morte é programada em nosso corpo no momento em que ele é concebido, e ninguém jamais poderá deter sua inevitável decomposição. Segundo após segundo, nossa respiração está sendo consumida, e nos aproximamos mais e mais do abraço da morte."[2]

Certa vez, Dr. Lobsang, doutor em medicina tibetana, explicou-me que, segundo o Tantra, cada pessoa nasce com uma quantidade "x" de "respirações da vida". A cada 760 inspirações e expirações nós perdemos uma "respiração da vida". Portanto, em um dia nós perdemos, em média, 21 delas.

Os Lamas nos incentivam a não assoprar velas, pois desta forma estamos expressando o ato de finalizar a vida pelo sopro.

O processo da morte

A morte é um processo de dissolução gradual da capacidade física, dos sentidos, dos elementos grosseiros e sutis de nosso corpo e de nossa mente.

Segundo o Budismo Tibetano, o processo da morte está descrito em oito etapas que se iniciam com a dissolução dos quatro elementos (terra, água, fogo e ar) e terminam com a dissolução da consciência (do apego, da raiva e da ignorância) no elemento espaço.

O processo de dissolução dos quatro elementos não ocorre apenas no momento da morte, mas também, de maneira extremamente sutil, quando, por exemplo, dormimos ou quando um pensamento desaparece da mente.

No momento da morte, portanto, os quatro elementos se dissolvem, isto é, são absorvidos uns pelos outros. Quando a energia que rege cada um deles deixa de ser funcional, é absorvida pela energia do elemento seguinte. No entanto, imediatamente antes de ser absorvido, aquele elemento torna-se mais intenso, dando lugar a uma dupla série de fenômenos, exteriores e interiores.

Quando os sentidos começam a falhar é um sinal que se deu início ao processo de nossa morte. Não conseguimos mais entender ou mesmo ouvir o que as pessoas estão falando. Também passamos a ver com dificuldade: "Olhamos para um objeto à nossa frente e só podemos ver seu contorno e não os seus detalhes".[3]

---

2. Lama Gangchen Rinpoche, *NgelSo Autocura Tântrica III*, Ed. Gaia, p. 248.
3. Sogyal Rinpoche, *O Livro Tibetano do Viver e do Morrer*, Ed. Talento, p. 319.

Dissolução do elemento terra

Quando o elemento terra se dissolve e é absorvido pelo elemento água, experimentamos o seu aumento seguido de sua queda, e por isso temos uma forte sensação que estamos caindo. Algo similar ao que ocorre quando experimentamos, eventualmente, uma sensação de queda abrupta logo após termos adormecido.

Não conseguimos mais piscar os olhos. Se eles permanecerem abertos, não poderemos mais enxergar. Por isso é importante que as últimas imagens que visualizamos sejam, preferencialmente, positivas, pois elas irão imprimir fortes marcas em nosso contínuo mental. Neste sentido, não devem ser imagens que nos despertem mais apego por este mundo, mas sim que nos inspirem fé e confiança na entrega de deixá-lo.

Não podemos mais manter a cabeça erguida, nem mesmo engolir. Nosso corpo perde o brilho, a sua força e se retrai. Ficamos incapazes de nos mover.

Internamente experimentamos a visão de uma miragem semelhante a uma chama trêmula azul.

Dissolução do elemento água

O elemento água produz todos os líquidos do corpo: sangue, saliva, suor, urina e fluidos regeneradores. Quando ele se dissolve e é absorvido pelo elemento fogo, todos os líquidos de nosso corpo irão secar. Como deixaremos de escutar, é importante ouvirmos sons que nos deixem uma marca positiva, como palavras de amor, preces, mantras ou uma bela música.

Inicialmente perderemos o controle dos fluidos do corpo, o que, muitas vezes, se demonstra pela incontinência urinária.

Não conseguimos mais mover a língua e as narinas irão se afundar.

Internamente temos a experiência da visão de uma neblina como o movimento da fumaça de um incenso.

Dissolução do elemento fogo

O elemento fogo produz o calor do corpo: o calor da digestão, a temperatura do corpo e o calor das emoções. Quando ele se dissolve e o elemento vento se sobrepõe a ele, perdemos a capacidade de digerir alimentos, nosso corpo fica frio, começando nas extremidades em direção ao coração.

Como perderemos o olfato, é importante sentir o aroma de perfumes que nos deixem uma marca positiva, assim como incensos ou *sprays* aromáticos. Nossa respiração torna-se mais fraca e cada vez menos profunda; começam os estertores na busca por mais ar. A respiração é fria ao passar pela boca e pelo nariz.

Internamente temos a experiência da visão de fagulhas de uma fogueira: como vaga-lumes movendo-se no ar.

Dissolução do elemento ar

Por fim, o elemento ar será reabsorvido no elemento espaço, isto é, em nossa mente sutil: a consciência individual.

O elemento vento é responsável pelo crescimento e movimento do nosso corpo e suas funções. Quando ele se dissolve e o elemento espaço se sobrepõe a ele, ficamos totalmente paralisados.

Nossa língua endurece, encolhe e fica azulada. Como perderemos o sentido do tato e do paladar será positivo receber um contato físico afetuoso e suave até o momento de nossa morte.

A expiração torna-se inicialmente mais longa que a inspiração até cessar e nosso coração parar de bater.

Quando isso ocorrer, é importante que não sejamos mais tocados, pois uma vez que nossa mente ainda encontra-se em nosso corpo, concentrada em seu estado último da Clara Luz, não devemos ser perturbados.

Segundo a tradição budista, evita-se mexer no corpo da pessoa morta por três dias: o tempo no qual considera-se que a mente pode ainda permanecer no corpo. Alguns meditadores que faleceram em posição de meditação, permaneceram nesta postura sem alterações até por 15 dias.

Como no ocidente esta prática não é possível, pois logo o corpo será preparado para ser removido para a cerimônia do enterro, é indicado que ele seja tocado primeiro na cabeça. Usa-se dar três puxões de cabelo no topo da cabeça do falecido para que a mente seja direcionada a deixar o corpo pelo chakra da coroa, em vez de sair por um dos orifícios corporais. O lugar pelo qual a mente deixa o corpo também influencia positiva ou negativamente o próximo renascimento. Outro costume budista é passar no topo da cabeça um pouco d'água sagrada ou creme com as pílulas abençoadas por um Lama. Devem ser feitas preces para dedicar toda a energia positiva que a pessoa tenha acumulado nesta vida para que ela tenha um bom renascimento. Podemos visualizar raios de luz colorida que saem do seu coração e vão em todas as direções, pessoas e situações que necessitem desta energia que o falecido soube gerar durante sua vida. Visualizamos estas pessoas e lugares preenchidos de luz, sendo assim abençoados.

Depois, visualizamos o falecido envolto em um casulo de luz dourada, sorrindo feliz, percorrendo um canal de luz que o levará para uma intensa luz dourada.

Quando cessam as funções do cérebro e do coração, oficialmente somos considerados mortos. Mas, na realidade, ainda estamos vivos, pois a consciência ainda não abandonou o corpo. Um dos sinais de que a mente finalmente deixou o corpo é que a região do coração esfria.

Internamente teremos a visão de uma lamparina de manteiga como uma única e pequenina luz brilhante envolta por uma completa escuridão, como uma chama sem oxigênio.

Nesse ponto do processo da morte, a nossa mente sutil irá se dissolver em nosso contínuo mental, isto é, na nossa mente muito sutil: teremos a experiência de três luzes interiores brilhantes e seguidas da Clara Luz.

O elemento espaço e a dissolução da mente sutil

Esta se dará em três etapas: (1) com a dissolução das experiências relativas ao apego, a pessoa vivenciará uma luz branca; (2) com a dissolução das experiências relativas à raiva, verá uma luz vermelha; e (3) com a dissolução das experiências relativas à ignorância, vivenciará grande escuridão até surgir a última experiência da mente antes de deixar o corpo: uma intensa luz branca, denominada *Clara Luz* – nossa natureza essencial pura.

Aqueles que praticam o Tantra sabem escolher o próprio renascimento de forma consciente, pois sabem reconhecer e lidar positivamente com as várias etapas do processo da morte. Na última fase, que antecede o momento em que a mente deixa o corpo, iremos vivenciar a manifestação de nossa mente extremamente sutil: nossa mente iluminada, livre de qualquer hábito mental negativo.

"A mente extremamente sutil desperta para experimentar unicamente o espaço vazio, claro e luminoso. Esta consciência da Clara Luz é o último e o mais sutil de todos os estados mentais experimentados durante esta vida. Para uma pessoa comum, todas essas dissoluções – que vão das visões similares a miragens até o surgimento da Clara Luz – ocorrem de modo incontrolável. Surgem uma após a outra, mas nós estamos praticamente inconscientes: a nossa mente está muito confusa e distraída. Mas aqueles que exercitaram bem e com antecedência, mantêm a clara consciência de tudo aquilo que acontece nesse processo. Eles sabem quais visões encontrarão e compreendem que tudo aquilo que estão percebendo é só uma aparência que se apresenta diante da mente deles enquanto estão morrendo, visões vazias de qualquer existência inerente, e também que não existe de fato nada que externamente possa ser percebido. [...]

Por causa dessa compreensão, eles não se assustam com aquilo que veem; ao contrário, dado que a mente deles se torna cada vez mais sutil, a sua consciência da vacuidade, da existência intrínseca torna-se cada vez mais profunda.

Ao final, com o surgimento da Clara Luz, essa mente muito sutil se mescla de forma indistinguível com a vacuidade, numa experiência indescritível de beatitude. Para tal pessoa, a morte é uma preciosa oportunidade de aperfeiçoar a sabedoria da não dualidade."[4]

O praticante, ao reconhecer esta Clara Luz, isto é, ao ser capaz de permanecer em sua essência sem ser iludido pelos pensamentos, atingirá a iluminação no momento de sua morte. Desta maneira, interromperá o ciclo involuntário de morte e renascimento, podendo escolher renascer em uma Terra Pura para completar o seu processo de iluminação, ou retornar a este mundo com a intenção de ajudar todos os seres a atingirem a iluminação.

No entanto, esta luz será profundamente inquietante para quem não estiver preparado para identificá-la como a sua a verdadeira natureza, a Clara Luz. Por estar ainda fortemente contaminada pela força do apego, da aversão e da ignorância, a pessoa entrará no Bardo, um estado intermediário de ignorância inconsciente, entre a morte e o seu próximo renascimento involuntário, baseado em experiências de insatisfação e sofrimento.

Bardo: o estado intermediário entre a morte e o renascimento

O termo tibetano *bardo* pertence ao vocabulário do tempo: indica um intervalo temporal marcado por um início e um fim definidos. Bardo significa "entre", como em "entre a vida e a morte", "entre dormir e acordar". Por isso, o termo não se aplica apenas à morte, mas a toda experiência ou a todo fenômeno cujos limites temporais são definíveis, de duração longa ou breve. O Budismo classifica seis tipos de bardo. Cada bardo é uma chance para desenvolvermos nossa luz interior. Precisamos aprender a usar positivamente essa energia de transição.

Os três primeiros bardos pertencem à vida presente:

1. O bardo do nascimento à morte.
2. O bardo do sonho.
3. O bardo da concentração: do início ao fim de uma meditação.

Os três últimos pertencem ao processo da morte:

4. O bardo do momento da morte: do início do processo da morte até a morte efetiva.

---

4. Lama Yeshe, *La Via Del Tantra*, Chiara Luce Edizioni, p. 130.

5. O bardo da natureza em si: do momento da morte até o aparecimento das divindades no estado *post-mortem*.
6. O bardo do vir-a-ser: do fim do precedente até o nascimento.

Ao entrar no bardo do vir-a-ser, no máximo 49 dias após termos falecido, vemos nossos futuros pais em união sexual. Sentindo intenso apego por um deles, tentamos nos aproximar, mas, possuindo uma forma muito sutil, obviamente não conseguimos. Cheios de frustração, raiva e ciúme, sofremos uma pequena morte. Nesse momento, nossa consciência é engolida por nosso pai e ejaculada dentro do útero de nossa mãe, onde então, cavalgando sobre o esperma de nosso pai, une-se ao óvulo. Exatamente nesse instante deixamos a clara luz da morte. Nossa mente e energia começam a ficar mais grosseiras, o programa da nova vida é acionado e, assim, nossa mente projeta uma outra realidade samsárica e a nova vida de sofrimento tem início.

Como preparar-se para morrer com a mente positiva

Certa vez, perguntei a Lama Gangchen: "Mas afinal qual deve ser nossa proposta? Ir para a Terra Pura ou voltar para este mundo?". E ele me respondeu: "Se quando você morrer estiver muito cansada, pode ir tirar umas férias na Terra Pura e depois voltar para este mundo para continuar a ajudar os outros".

Lama Gangchen nos preparou uma Sadhana, isto é, uma meditação para praticarmos o processo da morte de modo positivo, intitulada: "Autogeração como Vajrasattva através das Três Transformações". Ele ressalta: "Todas as experiências negativas durante o processo da morte, como o medo, a tristeza, o apego e outras, ocorrem apenas porque criamos suas causas no decorrer desta vida. Meditando sobre o processo da morte e do renascimento corretamente e com constância, criamos as causas positivas que nos asseguram uma morte positiva, pacífica e tranquila".[5] Esta é a prática que costumo fazer, em silêncio ou mesmo em voz alta, ao lado das pessoas quando estão próximas da morte ou logo após terem morrido. O texto descreve como atravessar positivamente todo processo da morte até o próximo renascimento. O ideal é que nos reuníssemos, pelo menos uma vez por semana, para praticar esta Sadhana!

A maioria de nós estanca diante da ideia da morte por considerá-la uma aniquilação. Como escreve Sherwin Nuland: "Nenhum de nós parece psicologicamente apto a lidar com o pensamento de nosso estado de morte, com a ideia de uma inconsciência permanente em que não existe vazio nem vácuo – e

---

5. *Livro de Preces e Sadhanas do Centro de Dharma da Paz Shi De Choe Tsog*, Fevereiro 2001, p. 124.

simplesmente não existe nada. Isso parece tão diferente do nada que precede a vida".[6]

Instintivamente negamos a ideia de não sermos nada. *Sabemos* que não é natural pensar em algo que não tenha continuidade. No entanto, estamos fortemente influenciados pelo niilismo de nossa cultura materialista, que considera impossível o que não é visível.

É interessante observar a capacidade de análise de nossa mente com relação ao processo cíclico da natureza. Por exemplo, mesmo não tendo testemunhado o ciclo de morte e renascimento de uma árvore, desde o momento que uma semente solta-se e cai no chão dando início ao processo, *sabemos* que ela é potencialmente uma árvore! Reconhecemos a lógica da continuidade nos processos da natureza, mas não a transpomos para nós, seres humanos. Seríamos uma exceção: não teremos continuidade?!

A ciência moderna vem corroborando ideias postuladas e apresentadas pelos budistas há muito tempo. O Budismo diz que "mente" e "matéria" são altamente interdependentes, a física quântica postula que a energia apresenta uma propriedade fundamental: jamais se esgota. Isto é, a energia não se extingue, transforma-se em uma outra forma de energia.

Einstein é um exemplo do que estamos falando. A equação $E = mc^2$ (a energia é igual à massa vezes o quadrado da velocidade da luz) nos diz que a matéria se converte em energia a partir de um fator "c", que é a velocidade da luz. Ou seja, há uma equivalência entre massa e energia, elas podem transformar-se uma na outra, sendo que a densidade da massa – mais ou menos sutil – está relacionada com a velocidade de deslocamento. Desta forma, quando nos referimos a um "corpo sutil", podemos estar falando de um estado energético onde a massa de um corpo desloca-se com muito mais velocidade.

Matéria é energia condensada. A energia pode se apresentar em diferentes estados de condensação, dependendo do quanto as partículas ou moléculas estão concentradas. Assim, quando temos um estado energético em que as moléculas estão muito coesas, temos uma matéria mais densa ou cristalizada, como no nosso corpo físico. Quando as moléculas de energia estão menos coesas, temos o corpo sutil.

Refletir sobre a interdependência, o princípio de que nada existe por si só e tudo está interligado, nos ajuda a superar a ideia limitada que temos sobre a morte. Como nos diz Mark Epstein: "Se as coisas não existem como entidades fixas, independentes, então como podem morrer? Nossa noção de morte como a súbita expiração do que uma vez era tão real começa a ceder. Se as

---

6. Sherwin Nuland, *Como Morremos*, Ed. Rocco, p. 15.

coisas não existem por si sós e estão oscilando em vez de estáticas, então não podemos temer uma possível extinção das coisas. O que podemos temer é sua instabilidade ou seu vazio. No entanto, a ameaça obscura da morte começa a parecer absurda. As coisas estão constantemente morrendo, é o que descobrimos. Ou melhor, estão em fluxo constante, surgindo e desaparecendo com cada momento da consciência".[7]

Associamos a ideia de estar vivo com a capacidade de manter-se em movimento. Temos a tendência de supor que, onde houver movimento, haverá continuidade. Por isso, a paralisação do corpo na morte, imediatamente, nos faz concluir que o processo de continuidade da mente também será interrompido. Mas tanto as mais antigas tradições religiosas como as mais recentes pesquisas da metafísica reconhecem que o homem é um ser transcendental.

Em *O Mito do Milênio*, no capítulo intitulado "O Futuro da Morte", Michael Grosso prevê para este milênio a conquista da imortalidade: "O Mito do Milênio oferece-se para unir a humanidade na busca de meios para transcender a maldição da morte. [...] Na verdade, a ideia mítica de que a morte é um erro e que, por isso mesmo, pode ser eliminada, reaparece hoje em um ambiente secular. A ânsia de transcender a morte abriu caminho pela ciência moderna. Imortalistas e extensionistas modernos que querem prolongar a vida, por exemplo, alegam que o envelhecimento – e, em decorrência, a morte – não é uma necessidade biológica. Acreditam que é possível desmontar a genética do envelhecimento e, finalmente, a da própria morte. Acham que é possível mexer na mecânica do próprio tempo e, dessa maneira, apressar a chegada do 'fim' do tempo habitual".[8]

Precisamos aprender a ver além das aparências imediatas. Temos de aceitar a existência de níveis sutis da realidade que não são nem concretos, nem mensuráveis. Enquanto não ampliarmos a ideia acerca de quem somos também em um nível sutil, iremos encarar a morte como um fim e não como uma transformação. O medo generalizado da morte criado pela visão limitada de nossa existência bloqueia nossa energia vital. À medida que ganhamos confiança para lidar com nossa morte, nossa energia vital é literalmente liberada, gerando disponibilidade e alegria de viver.

Se durante a vida superarmos gradualmente o hábito de nos relacionarmos com as coisas com avidez e medo, teremos mais capacidade de entrega no momento de nossa morte.

---

7. Mark Epstein, *Continuar a Ser*, Ed. Gryphus, p. 214.
8. Michael Grosso, *O Mito do Milênio*, p. 357 e 369.

Três considerações sobre a mortalidade para uma vida melhor

Para aceitarmos verdadeiramente a nossa morte, temos que meditar sobre ela diariamente, para, passo a passo, aprendermos a incorporá-la em nossa vida diária. Segundo o *Lam Rim*, a literatura budista que trata dos passos graduais até a iluminação, devemos considerar três principais tópicos sobre a mortalidade para despertarmos a consciência da morte:

Primeiro Ponto: *a morte é certa e inevitável.* Todos nós sabemos que vamos morrer, mas agimos como se fôssemos imortais. Elaboramos muitos projetos e atividades para todos os dias, meses e anos futuros. Embora a morte seja o único acontecimento que é certo ocorrer, não a incluímos em nossos planos. Nosso tempo de vida está continuamente decrescendo e a quantidade de tempo que gastamos para desenvolver nossa mente é muito pequena.

Considerando que só nossa mente continua depois da morte, a única coisa que terá algum valor quando morrermos é a energia positiva que geramos em vida. Por isso, devemos refletir: "Quanto tempo estamos consumindo com as preocupações, nos sentindo deprimidos, com ciúmes ou com raiva?".

Vale a pena fazer uma estimativa honesta e pensar quanto tempo do dia passamos conscientemente tentando melhorar nosso estado mental.

Segundo Ponto: *nunca sabemos quando vamos morrer.* A duração da vida humana é incerta, existem muitas causas para a morte, pois o corpo humano é extremamente vulnerável.

Terceiro Ponto: *no momento da morte, só uma coisa pode nos ajudar: o desenvolvimento espiritual que tenhamos praticado até então.*

No momento de enfrentarmos nossa morte, nosso corpo não poderá nos ajudar, e o apego a nossas posses ou a nossos relacionamentos afetivos criarão apenas obstáculos e confusão em nossa mente nos impedindo de ter uma morte pacífica. Não importa quanto tenhamos adquirido no decorrer da vida, as únicas coisas que verdadeiramente nos beneficiarão no momento da morte são as marcas deixadas em nosso contínuo mental pelo desenvolvimento do amor, da sabedoria, da paciência e compaixão. Se pudermos perceber isso agora, teremos a energia e a determinação para viver uma vida significativa.

Quando internalizamos estes três pontos, sentimos que não precisamos ficar tristes porque vamos realmente morrer, nem cheios de medo por não sabermos quando isso ocorrerá. Podemos cultivar a alegria e, assim, começaremos verdadeiramente a viver.

Segundo o Budismo, considerando o conceito de renascimento, de todas as formas de vida, a vida humana é a mais rara e difícil de ser obtida. Então, já que temos esta vida agora, o melhor é aproveitá-la para purificar nosso contínuo mental e ajudar os outros a fazerem o mesmo!

XXIII

Morrer em paz: as necessidades espirituais diante da morte

Apenas esteja disposto a morrer continuamente.
Suzuki Roshi

Certa vez, perguntei a Lama Gangchen como poderia saber quando estaria preparada para lidar positivamente com a minha própria morte. Ele me respondeu: "Quando a sua mente não tiver dúvidas quanto ao seu futuro. No momento da morte, a ideia que temos de nosso futuro servirá de base para a projeção das vivências que virão a seguir".

Associei esta ideia a algo similar a ligar uma TV: a primeira imagem que surge na tela nos indica o canal em que ela estava quando foi desligada pela última vez.

Lama Gangchen explica como isso ocorre: "A última mente grosseira do momento da morte (quando a respiração cessa) ativa o karma que nos projeta para a próxima vida. Morrendo com uma mente feliz e em paz, teremos uma próxima vida feliz e em paz. Por isso, temos que enfrentar a morte agora".[1] Portanto, ao acompanhar uma pessoa que está falecendo, a principal meta deve ser ajudá-la a ter uma mente positiva no momento de sua morte.

O Budismo não vê a morte como um evento isolado, mas sim como uma das mudanças de um ciclo infindável de mudanças. Ele nos ensina a viver positivamente as mudanças, e é neste sentido que ele nos prepara para a morte.

Se cultivarmos o hábito de lidar positivamente com as mudanças cotidianas, estaremos educando nossa mente a direcionar-se ao que é luminoso: ausência de medo e dúvidas.

---
1. Lama Gangchen Rinpoche, *NgelSo Autocura Tântrica III*, Ed. Gaia, p. 248.

Uma visão positiva de nosso futuro gera, simultaneamente, confiança em nosso presente. Do mesmo modo, o futuro é menos assustador quando sentimos segurança no presente. Neste sentido, se aprendermos a ver além do momento imediato e a confiar no fluxo de continuidade positiva, não teremos dificuldade em nos soltarmos no presente.

Para compreender melhor como a mente avalia o futuro, podemos, diariamente, observar como lidamos com as oportunidades que surgem: sou capaz de *me ver* numa situação próspera ao me defrontar com algo novo e desconhecido?

Vivenciamos a morte na vida cotidiana nos momentos em que as coisas não estão funcionando como desejávamos ou previamos. Podemos aprender a lidar com nossas dificuldades cotidianas como uma prática de aceitação emocional de nossa morte futura. "Ter um relacionamento com a morte na vida diária significa ser capaz de esperar e de relaxar na insegurança, no pânico, no constrangimento, naquilo que não vai bem".[2]

Algumas pessoas sabem lidar com os imprevistos de modo natural, sem alarmes. Mas a maioria de nós não está preparada para lidar com o caos: tememos as situações que estão fora de controle. Não estamos familiarizados com a ideia de contar apenas com nossa capacidade interna. No entanto, existem momentos na vida em que a única esperança de sair de uma situação caótica consiste em podermos realizar uma transformação interior.

A necessidade de ajuda espiritual diante da morte

Atualmente, devido aos avanços das medicações para o controle da dor, o desconforto físico presente no processo da morte é controlado mais facilmente. No entanto, pouco avançamos no atendimento das necessidades emocionais que surgem diante da certeza de uma morte iminente. A presença real de nossa finitude desencadeia um processo intenso e delicado: a necessidade imediata de evoluir espiritualmente.

Algumas pessoas declaram explicitamente que necessitam de ajuda espiritual. Muitas, entretanto, sequer estão familiarizadas com suas necessidades internas, de modo que não conseguem perceber que *precisam* de ajuda.

A psicóloga francesa Marie de Hennezel, que trabalha com Cuidados Paliativos há mais de dez anos, comenta: "O ser humano que pressente a proximidade de sua morte fica animado de um desejo de ir ao extremo de si próprio, um desejo de plena realização. Procura aproximar-se de sua verdade mais profunda,

---

2. Pema Chödrön, *Quando Tudo se Desfaz*, Ed. Gryphus, p. 47.

deseja seu Ser. Neste caso, trata-se, realmente, de um desejo espiritual. E, se existe uma demanda em quem está morrendo, é uma demanda de reconhecimento desse desejo, dessa dimensão, pelos outros. Não ser considerado como um corpo doente, mas como uma pessoa com sua história, seu eixo interior íntimo e, sobretudo, seu mistério".[3]

A morte nos leva a perguntar: "Quem sou, além de meu corpo?". Enquanto estivermos presos a uma visão limitada de nosso potencial de percepção da realidade, estaremos atados às nossas próprias projeções. Se, durante nossa existência, tivermos apenas nos conhecido diante da materialidade, no momento em que deixarmos a matéria ficaremos muito ansiosos. Estamos viciados no mundo externo e tememos abandonar este vício, pois desconhecemos nosso mundo interno. Mas somente o caminho da interiorização nos levará a aceitar nosso processo de morte sob um prisma mais amplo.

Quando somos surpreendidos pela morte súbita de uma pessoa muito próxima ou passamos por situações imprevisíveis que nos levam a observar a impermanência da vida, nossas mentes começam automaticamente a nutrir interesse pelas realizações espirituais. Desta forma, a morte desperta a necessidade de buscarmos uma experiência espiritual. Precisamos vivenciar a certeza de que somos algo além de "matéria".

A espiritualidade produz em nós uma mudança positiva: ampliamos a visão limitada sobre nós mesmos. A força interior que é gerada pela conexão com um Ser Espiritual nos ajuda a perceber nossa existência além de nosso próprio ego.

"Nesta acepção, espiritualidade é toda atitude e atividade que favorece a relação, a vida, a comunhão, a subjetividade e a transcendência rumo a horizontes cada vez mais abertos. No termo, espiritualidade não é pensar Deus, mas sentir Deus como o Elo que perpassa todos os seres, interconectando-os"[4], como ressalta Leonardo Boff.

A espiritualidade, em todos os sistemas religiosos, nos ensina que há algo além da matéria. Algo que não vemos, mas *sentimos*. Algo para o qual não necessitamos nem mesmo de definições intelectuais, pois, ao vivenciá-lo, *compreendemos* o *seu* sentido. No entanto, para ativar esta percepção, que vai além do que pode ser compreendido como concreto, objetivo e real, é preciso adquirir familiaridade consigo mesmo, com seu próprio mundo interior.

Ao atravessar o processo da morte, aquele que está consciente sabe que irá deixar o seu corpo enquanto casca protetora, e desta forma irá também se libertar dos seus limites. Esta vivência amplia a sua dimensão como ser huma-

---

3. Marie de Hennezel e Jean-Yves Leloup, *A Arte de Morrer*, Ed.Vozes, p. 25.
4. *http://www.triplov.com/ciber-novas/livre-pensar/boff-espirito.htm*, Artigo, Livre Pensar, Ano II, Número 469, 16 de novembro de 2003, Do ponto mais Oriental das Américas, João Pessoa, Paraíba, Brasil.

no e desperta a clareza que lhe permite ver-se na imensidão de sua natureza espiritual. Esse processo requer maturidade espiritual.

Algumas pessoas, apesar de não pertencerem a um sistema religioso, são espiritualizadas. São pessoas mais amorosas, compassivas, pacientes: disponíveis para perceber o outro além de suas vontades e carências imediatas. Elas *souberam*, em vida, atender às suas necessidades internas e quando enfrentam sua finitude estão nutridas e gratas pela vida que levaram.

As pessoas que já pertencem a um sistema religioso que atende às suas necessidades espirituais irão, naturalmente, dedicar-se com mais devoção a ele. Mas, se ao nos depararmos com a proximidade da morte, não tivermos interiorizado um método que nos traga força interior, iremos necessitar de ajuda extra para dar um salto em nosso desenvolvimento espiritual. Esta ajuda é possível e real quando atender às seguintes necessidades espirituais:

- ∾ Necessidade de amar e ser amado.
- ∾ Necessidade de direcionamento (ou de encontrar um sentido para a vida).
- ∾ Necessidade de ser espontâneo (ou de expressar nossa bondade fundamental).
- ∾ Necessidade de encontrar uma sensação de integridade (ou um estado natural de abertura, aceitação, flexibilidade).
- ∾ Necessidade de participação (ou de superação da solidão).

Quanto mais tensa e sobrecarregada estiver a vida, mais teremos que nos dedicar a essas necessidades internas. Mas, se durante a vida, não nos dedicarmos a atender estas necessidades, como poderemos atendê-las quando estivermos diante da morte?

Ao acompanhar pacientes que enfrentam a morte, cheguei à seguinte conclusão: ninguém muda porque está morrendo. As pessoas só mudam quando amadurece dentro delas o desejo sincero de mudar.

Mesmo munidos das melhores intenções, não podemos ajudar aqueles que não querem ser ajudados. "A ajuda oferecida encontra melhor recepção quando a escolha ou a responsabilidade da outra pessoa é reconhecida, e não retirada".[5] Cabe àquele que quer oferecer ajuda avaliar a receptividade do outro para aceitá-la. Se não soubermos incluir a participação do outro na nossa capacidade de ajudá-lo, estaremos fadados a nos sentir frustrados.

Ou seja, podemos nos perguntar: "Estou ajudando esta pessoa de acordo

---

5. Gary B. Lundberg e Joy Saunders Lundberg, *Eu Não Tenho que Resolver Tudo*, Ed. Rocco, p. 42.

com as necessidades dela ou com a *minha* maneira de me sentir útil?" *"Ela quer ser ajudada?"* "Ou sou *eu* que quero dominar a situação, agindo apenas para me valorizar?"

Ao perguntar a Lama Gangchen sobre a nossa real capacidade de ajudar alguém no momento de sua morte, ele me disse: "É preciso que você tenha o karma de ajudar a pessoa e que ela também tenha o karma de ser ajudada por você".

É importante lembrar que *necessidade* não é *falta*, mas sim urgência de organizar nossas prioridades. Ou seja, nossas necessidades não revelam fragilidade, mas apontam onde precisamos, de fato, agir para manifestar nossos recursos latentes.

Neste sentido, necessidade não é sinônimo de insatisfação, mas de clareza de intenção. Somos seres completos: trazemos em nosso interior o potencial de nossa felicidade. Assim como os Lamas costumam dizer: "Somos pobres sentados sobre uma barra de ouro".

O Budismo nos lembra que já possuímos todos os recursos para ser felizes, mas não basta tê-los, é preciso usá-los! Para tanto, precisamos, antes, reconhecer nossas necessidades, ou seja, ter clareza do caminho que iremos percorrer para atingir nossa meta maior: a iluminação.

Necessidade de amar e ser amado

A necessidade de ser amado é suprida pela habilidade de amar: sentir-se capaz de gerar e expandir calor interno para o nosso próprio crescimento, assim como de transmiti-lo para os outros com a disposição de deixá-los felizes.

Entretanto, quando éramos crianças desenvolvemos ideias falsas sobre a habilidade de amar: "À maioria de nós foi ensinado que o amor se acha fora de nós mesmos – é algo a ser obtido. Por isso, quando o encontramos nós o agarramos firmemente, como se não houvesse o suficiente para todos. No entanto, na medida em que o amor se torna apego egoísta nós nos isolamos da verdadeira intimidade".[6]

O amor egoísta é um movimento afetivo unilateral, decorrente da falta de familiaridade com as necessidades alheias. É como se, quando crianças, tivéssemos aprendido que para expressar nosso amor bastava fazermos a nossa parte, cumprindo com nossas obrigações amorosas com relação àqueles que nos amavam. Assim, não exercitamos a tarefa de perceber e incluir no amor as necessidades afetivas daqueles que nos amam.

---

6. Tarthang Tulku, *A Mente Oculta da Liberdade*, Ed. Pensamento, p. 80.

Aprendemos a considerar a submissão e a dependência como regras do amor, seja para dar ou receber nutrição afetiva: "Se eu agradar meus pais estarei seguro, por isso é melhor não decepcioná-los: não posso lhes dizer a verdade sobre o que está acontecendo comigo". Desta forma, lentamente, como filhos, nos distanciamos de nossos pais, sem chegar a aprender a amá-los, isto é, sem conhecer suas necessidades reais. Muitas vezes só aprendemos a amar verdadeiramente nossos pais quando chega a nossa vez de protegê-los!

Chagdug Rinpoche comentou certa vez os perigos de não aprendermos a retribuir o amor que recebemos um dia de nossos pais: "Nós, filhos, devemos ser loucos: quantas refeições recebemos de nossos pais, para depois de crescidos não convidá-los sequer para almoçar em nossa casa".

A capacidade de amar e de dar proteção são indicadores do amadurecimento afetivo. Portanto, para nos tornarmos adultos emocionalmente saudáveis, precisamos abandonar o hábito de pensar: "só amo se for amado", ou seja, "para acreditar na minha capacidade de amar, tenho que ser amado".

Se permanecermos presos à necessidade de receber amor para sermos capazes de amar, nos tornaremos cada vez mais indefesos e dependentes dos outros. Neste sentido, enquanto nossa busca pelo amor resultar apenas da tentativa de nos proteger da solidão ou de preencher nosso vazio existencial, estaremos em busca de ser amados, mas não de amar. Ou seja, enquanto nossa necessidade de amar estiver baseada na intenção de superar um forte sentimento de carência, estaremos correndo o risco de jamais superá-la.

"Quando você procura o outro para satisfazer suas necessidades, haverá vezes em que ele falhará, às vezes, sem querer. Se você estiver condicionado a se sentir contente quando suas necessidades são satisfeitas pelo parceiro, sentirá também descontentamento quando não o forem. A não ser que consiga liberar a insatisfação, rapidamente você poderá ficar ressentido, dando início à síndrome dualista amor-ódio."[7]

Segundo o Budismo, o amor nasce do desejo de que os outros sejam felizes. Para tanto, Lama Gangchen Rinpoche nos aconselha a começar por aprender a amar a nós mesmos: "A maior parte de nosso desconforto e doenças mentais vem de não amarmos a nós mesmos e aos outros. Primeiro, precisamos aprender a nos amar e a dizer a nós mesmos: 'Eu sou bonito', 'Eu sou uma boa pessoa, tenho valor'. Depois, devemos tentar desenvolver em nosso coração o mesmo sentimento especial de amor por todos os seres, o mesmo sentimento que temos por nossos filhos e parentes próximos. Amor não é o mesmo que apego".[8]

---

7. John Ruskan, *Purificação Emocional*, Ed. Rocco, p. 192.
8. Lama Gangchen Rinpoche, *NgelSo Autocura Tântrica III*, Ed. Gaia, p. 323.

Quando comecei a organizar as atividades de Lama Gangchen no Centro de Dharma da Paz, pela primeira vez na minha vida não senti ciúmes: percebi que estava alegre por testemunhar outras pessoas recebendo amor daquele que eu amava. Até hoje, procuro aproveitar o sentimento caloroso de estar unida a alguém, para ampliar meu potencial de amar outras pessoas, além daquelas que amo diretamente.

Como armazenar o amor sem apego

Quando estamos diante da proximidade da morte, necessitamos vivenciar o amor puro, livre do apego. Para sabermos nos separar daqueles que amamos, precisamos cultivar dentro de nós um sentimento profundo de gratidão por termos tido a oportunidade de conhecê-los. A gratidão é um antídoto poderoso contra a dor do apego.

O sentimento de gratidão nos ajuda a internalizar o outro em nossa memória afetiva. A partir de então, levamos o amor que sentimos por esta pessoa, esteja ela presente ou não em nossa vida, onde quer que a gente vá: libertamo-nos do medo de perdê-la ou do desgaste energético de tentar controlar as coisas para que possamos sempre estar juntos.

A gratidão é uma forma de armazenamento do afeto: amplia a dimensão do quão profundo pode ser nosso amor por alguém. É como uma preciosa herança afetiva que recebemos de nossos relacionamentos.

De modo similar, podemos ajudar a pessoa que está morrendo a recuperar sua dignidade ao recordar o que fez de generoso em sua vida. A capacidade de autoapreciação gera o sentimento de automerecimento: ao perceber nossa felicidade interna, seremos capazes de apreciar nossa própria energia.

No momento da morte, dizer adeus àqueles que amamos pode intensificar o nosso apego por eles. Mas, se dedicarmos nosso tempo remanescente para recordar com eles os bons momentos vividos juntos, poderemos nos recarregar do forte sentimento de gratidão capaz de nos trazer paz e aconchego diante da dor da separação. Desejar, no fundo de nossos corações, que eles sigam bem e sejam felizes é uma forma de expressar nosso amor por eles sem nos apegarmos.

O sentimento de gratidão é profundo e duradouro. Agora mesmo, se pararmos por alguns instantes para nos lembrar dos momentos que pudemos sentir em nossa vida o amor verdadeiro, automaticamente nos sentiremos recarregados pela energia gerada naqueles preciosos momentos. Ser grato pela vida é uma forma de aceitar emocionalmente a morte.

Um exemplo de gratidão

Durante três anos e três meses acompanhei a vida de Paula. Nossa ligação tornou-se profunda e significativa. Sempre que me refiro a ela, sinto meu corpo se emocionar. Em julho de 2001, quando ela escreveu seu depoimento para o último capítulo de meu livro *Morrer Não se Improvisa*,[9] já *sabia* que teria apenas mais alguns meses de vida. Paula faleceu seis meses depois.

Durante seus últimos cinco dias, fiquei ao seu lado 24 horas, junto com sua família. Havia prometido a ela que estaria presente quando falecesse. Ela já sabia as rezas que eu ia fazer e que telefonaria para Lama Gangchen assim que morresse. Havíamos determinado que seria assim há tantos meses, que ela agora estava segura de que tudo ia ocorrer como havíamos combinado.

Desde que Paula foi internada, não falamos mais sobre a morte: o objetivo agora era resgatar a espontaneidade. Cheguei a brincar com sua família dizendo que parecíamos o programa *Big Brother*: um grupo de pessoas juntas 24 horas por dia sem saber o que ia ocorrer nos próximos cinco minutos.

Cada um, a seu tempo e modo, esteve ao seu lado. Paula pôde despedir-se de sua filha de quatro anos, de seu marido, seus pais, irmão e amigos. Escutamos suas músicas preferidas, mantras e melodias que nos ajudaram a resgatar a leveza da alma. Paula era dançarina, e, ao adormecer quando foi sedada, sua companheira de dança, Cláudia, inspirou-se a dançar com a Terra como quem brinca com graça e alegria com uma grande bola.

No momento de sua morte, pude, junto com sua mãe, fazer a meditação de Autocura com o mantra de Tara Verde. Ao som do doce piano, fizemos os mudras, gestos de mãos sagrados, sobre os seus chakras. Havia harmonia e entendimento entre todos. Liguei para Lama Gangchen, que me ajudou a despedir-me de Paula mais uma vez.

Um dos tesouros que trago em meu coração é a gratidão que sinto pela confiança que Paula depositou em nossa capacidade de lidar com a morte com dignidade, tristeza, bom humor e sabedoria.

Necessidade de direcionamento: dar um sentido para a vida

Hoje em dia, devido ao aumento da violência social e de catástrofes causadas pelo desequilíbrio de nosso ecossistema, vivemos sob fortes ameaças. A consciência da vulnerabilidade da vida nos leva a perguntar: "O que eu *realmente* quero?".

---

9. Bel Cesar, *Morrer Não se Improvisa*, Ed. Gaia, p. 187.

Esta não é uma pergunta superficial: precisamos respondê-la para direcionar nossa vida. Temos que desacelerar nossas atividades para encontrar tempo e calma para refletir sobre esta questão. Quanto mais a vida se torna acelerada e densa, mais atenção e cuidados o nosso mundo interior necessita.

O direcionamento que damos à nossa vida está, consciente ou inconscientemente, ligado ao sentido que damos à nossa morte. Como Leonardo Boff nos inspira a pensar: "Se a morte é fim-derradeiro, então de pouco valem tantas lutas, empenho e sacrifício. Mas se a morte é fim-meta-alcançada, então significa um peregrinar para a fonte. Ela pertence à vida e representa o modo sábio que a própria vida encontrou para chegar à plenitude negada neste universo demasiadamente pequeno para seu impulso e demasiadamente estreito para sua ânsia de infinito. Somente o Infinito pode saciar uma sede infinita. Cuidar de nossa travessia é internalizar uma compreensão esperançosa da morte".[10]

No decorrer da vida, buscamos a espiritualidade porque precisamos dar à vida um significado suficientemente autêntico para nos manter nutridos pela vontade de viver. Quando uma pessoa se sente incapaz de encontrar um sentido para sua vida, sofre um grande vazio e desespero.

Assim como descreve Jeremy Hayward: "Sentimos a ausência de alguma coisa muito profunda em nossa vida. Expressamos esse sentimento de muitas maneiras diferentes – declaramos nos sentirmos vazios, desalentados, emocionalmente entorpecidos, deprimidos, ansiosos ou desligados. Por vezes o expressamos fisicamente, como uma dor penetrante no centro do peito. Essa profunda fome interior é sentida em toda a sociedade, mesmo entre aqueles que vivem num nível de relativo conforto físico e abundância, considerado inconcebível há um século. Nossa educação oferece poucas indicações de como podemos satisfazer essa fome. Crescemos apenas com uma visão estreita e fragmentada de como viver nossa vida. Somos impulsionados por metas vazias e sem sentido com as quais não temos nenhum compromisso verdadeiro. Vagamos num mar de ansiedade e confusão. Perdemos o contato com nosso genuíno coração humano e a bondade fundamental".[11]

Quando tocamos o sentido da vida, não medimos mais esforços para vivê-la. Guelek Rinpoche disse durante uma palestra no terceiro congresso *The Art of Dying* (A Arte de Morrer) em Nova York: "Vive mais quem faz planos mais longos. Há um ditado tibetano que diz: 'Até mesmo se você tiver só mais três dias de vida, seus planos deveriam ser como se você tivesse ainda cem anos por viver'. Façam o que precisa ser feito, assim quando a morte chegar não terão arrependimentos".

---

10. Leonardo Boff, *Saber Cuidar*, Ed. Vozes, p. 153.
11. Jeremy Hayward, *O Mundo Sagrado*, Ed. Rocco, p. 30.

A necessidade de dar um sentido à morte no final da vida

Com o Sr. Roberto, aprendi que não basta estar satisfeito com a vida que se levou para morrer em paz. É preciso tornar sua morte também significativa, para sentir-se bem com o tempo de vida que ainda se tem por viver.

Ele foi um homem de grandes realizações e conquistas para o bem social, no entanto, aos 68 anos, ao ver a proximidade de sua morte diante do seu estado avançado de câncer, me disse: "Sabe, em minha vida todas as minhas conquistas foram grandes vitórias, sempre tive muito empenho em tudo que fiz, e agora que vou viver este momento único que será a minha morte, não estou sabendo como lidar com ela, pois está muito sem graça, não há conquistas, estou cada dia mais entregue aos médicos". Eu respondi: "Quando resolvemos falar sobre a morte, descobrimos que temos muitas fantasias a respeito dela, então podemos deixar que nossa imaginação nos leve para uma dimensão rica e cheia de novas possibilidades, seu desafio agora é soltar sua mente".

Apesar de eu ter estado com o Sr. Roberto apenas duas vezes, pudemos compartilhar seu mundo interior por meio das visualizações criativas ao som de lindas músicas. A descoberta de que ele poderia explorar a sua mente lhe trouxe momentos de calma e bem-estar.

Necessidade de ser espontâneo: expressar nossa bondade fundamental

Se um dia eu necessitasse resumir em uma frase o objetivo do trabalho psicoterapêutico, diria que é: "Resgatar a espontaneidade, para gerarmos um afeto genuíno, capaz de expressar o que temos de mais puro em nosso interior".

Espontaneidade, *jinen* em japonês, quer dizer "a Essência da Realidade", ou "as coisas tal como elas são". "*Jinen* significa, portanto, aquilo que está para além da forma e do tempo, do intelecto humano e da vontade. *Jinen* age nas pessoas constantemente, e vivenciar esta ação, também é uma espécie de despertar".[12] Neste sentido, a espontaneidade é a expressão de nossa bondade fundamental: nossa natureza básica, genuinamente positiva, e, portanto, naturalmente generosa e livre de qualquer hábito negativo.

Ser espontâneo é ter empatia por si mesmo: um sentimento genuíno de sentir prazer por gerar algo positivo em nosso interior.

O costume da autocrítica, de nos depreciarmos, desencadeia a perda da espontaneidade. Toda doença começa com a perda da espontaneidade, pois,

---

12. *www.terrapura.org.br/glossario.htm.*

quando nos rejeitamos, paralisamos e cristalizamos algo dentro de nós que posteriormente irá se manifestar como uma doença crônica.

"Num nível mais sutil, usamos os padrões habituais para esconder a falta de espontaneidade. Quando nos sentimos incapazes, mal-adaptados a uma situação, adotamos um padrão habitual como resposta, para preservar nossa autoimagem: inventamos desculpas para proteger nossa incapacidade frente às outras pessoas. Nossas respostas emocionais padronizadas são, com frequência, reflexos de tendências habituais, tanto quanto cansaço mental, inquietude, irritação com as coisas de que não gostamos, além de boa parte dos nossos desejos. Recorremos aos hábitos para nos trancar e nos fortalecer."[13]

Em geral, apesar da necessidade de nos expressarmos sem reservas, nós nos bloqueamos: temos medo de não sermos aceitos como somos. Principalmente diante da morte, as pessoas não costumam dizer o que querem ou pretendem, e as que estão perto delas igualmente não sabem o que dizer ou fazer.

Portanto, o primeiro passo para atender à necessidade de ser espontâneo é libertar-se de qualquer expectativa e relaxar para gerar um ambiente descontraído e autêntico. Frases prontas e perguntas supérfluas geram mais desconforto do que o silêncio autêntico de não saber o que dizer.

O mestre tibetano Sogyal Rinpoche nos aconselha: "Uma vez que se estabeleceu a confiança, a atmosfera fica desimpedida, permitindo à pessoa que vai morrer trazer à tona as coisas sobre as quais realmente quer falar. Encoraje amigavelmente a pessoa a se sentir tão livre quanto possível para expressar os seus pensamentos, temores e emoções a respeito da morte e do morrer. Essa exposição honesta e sem retraimento da emoção é fundamental para qualquer possível transformação – chegar a um acordo com a vida ou morrer uma boa morte – e você deve assegurar àquele que morre liberdade completa, podendo dizer o que bem entender. Quando aquele que morre está afinal comunicando seus sentimentos mais íntimos, não o interrompa, negando ou contestando o que está dizendo. Os doentes terminais ou aqueles que vão morrer estão na situação mais vulnerável de suas vidas, e você precisará de toda sua habilidade e recursos de sensibilidade, além de calor humano e compaixão, para dar-lhes condições de se revelarem".[14]

A questão é que morreremos como vivemos. "[...] as circunstâncias que rodeiam a morte de uma pessoa dependem do tipo de vida que levou. Se ela só pensou em enganar os outros, em explorá-los e em discutir com todos, é muito provável que, apesar de todos os seus esforços, você não consiga criar um ambiente sereno à sua volta".[15]

---

13. Chögyam Trungpa, *Shambala*, Ed. Cultrix, p. 125.
14. Sogyal Rinpoche, *O Livro Tibetano do Viver e do Morrer*, Ed. Talento, p. 226.
15. Tsering Paldrön, *A Arte da Vida*, Ed. Ground, p. 125.

Se tivermos passado a vida evitando falar sobre a nossa própria morte ou a dos outros, talvez não saibamos falar sobre ela agora. Acredito que a necessidade de compreender a morte é semelhante à de uma criança quando descobre a sexualidade: saiba que ela irá buscar os meios de saber o que ela necessita saber.

É fundamental que a pessoa que estiver morrendo sinta empatia por nossa presença. Do contrário, seremos mais um obstáculo para que ela relaxe e expresse seus sentimentos. Costumo dizer que a habilidade de acompanhar um paciente terminal está em nossa sensibilidade para perceber o momento certo de entrar e sair de cena. Muitas vezes, as pessoas presentes ao redor do paciente possuem necessidades diferentes das dele. A arte está em perceber as diferentes sintonias e buscar harmonizá-las, gerando espaço para que cada um possa se expressar de acordo com seu estilo e tempo.

Marie de Hennezel afirma que o tabu da morte é um tabu de intimidade: "Assim, uma pessoa que pressente a proximidade da morte sente essa necessidade de interioridade, de comunhão íntima com os outros. E os outros – aqueles a quem chamamos, por engano, próximos, uma vez que mal cultivam essa proximidade – já não sabem simplesmente como se comunicar. [...] Na dor, tomam consciência da pouca intimidade que têm com a pessoa que está morrendo, mesmo se ela é alguém muito próximo, um irmão, o cônjuge, o pai ou a mãe... As palavras que permitiriam um encontro afetivo, as declarações 'eu te amo', os olhares que deixam transparecer a emoção estão como que congelados. Até mesmo a proximidade física parece difícil e é possível observar 'próximos' que se mantêm a um metro da cama ou nem sequer têm a ousadia de entrar no quarto. Pensa-se que estão aterrorizados pela morte, mas não, que nada! Não é a morte que lhes causa medo, mas a intimidade".[16]

É necessário lembrar, também, que a maior parte das pessoas tem dificuldade de receber cuidados e ajuda. E que não há ninguém completamente pronto para dar todos os cuidados necessários.

Se as pessoas próximas buscarem intimidade por meio do ato de cuidar, podem gerar ainda mais constrangimento. Por isso, o melhor é não criar expectativas quanto aos resultados de nossas tentativas de aproximação.

Podemos ainda olhar para aquele que está morrendo como se ele fosse nosso mestre, afinal ele está nos ensinando o que queremos saber, isto é, quais são as necessidades interiores que surgem ao enfrentarmos o processo da morte.

Por fim, podemos seguir os conselhos de Sogyal Rinpoche: "Ao se sentar ao lado de alguém que está morrendo, acredite que de fato está ao lado de alguém

---

16. Marie de Hennezel e Jean-Yves Leloup, *A Arte de Morrer*, Ed. Vozes, p. 45.

que tem em si o potencial real de ser um Buddha. Imagine a natureza búdica dessa pessoa como um espelho brilhante e sem manchas, e toda a sua dor e ansiedade como uma fina névoa cinza que pode ser rapidamente afastada. Isso ajudará a ver essa pessoa como alguém que pode ser amado e perdoado e fará nascer em você seu amor incondicional. Verá que essa atitude vai permitir que aquele que está para morrer se abra com você de forma notável".[17]

A serenidade que surge quando nos reconectamos com o amor

A citação de Sogyal Rinpoche me fez recordar do atendimento que fiz com o Sr. Loren que sofria, com quase 70 anos, de um câncer bem avançado. Fui procurada pelos seus familiares para ajudá-lo a ficar mais sereno nas semanas que precediam sua morte. Quando perguntei aos seus parentes qual o assunto favorito de suas conversas, me disseram: "Dinheiro, este é o único assunto de que ele gosta mesmo de falar". "Ok, pensei, este vai ser um desafio para mim".

Em nossos primeiros encontros conversamos muito pouco. Como eu, de fato, não sabia o que falar, ficava em silêncio. Muitas vezes me senti inadequada, envergonhada por não saber o que fazer diante de uma situação tão neutra. Então, ora eu buscava me concentrar em visualizações budistas semelhantes às descritas por Sogyal Rinpoche no parágrafo acima, ora fazia massagens em seus pés ou em suas mãos enquanto escutávamos música clássica. Como ele também não puxava conversa, nem dava sinais para eu ir embora, eu procurava sempre esticar um pouco mais o tempo ao seu lado. Quando sentia que devia ir embora, perguntava simplesmente se poderia voltar a visitá-lo e ele dizia que sim.

O Sr. Loren continuava irritado, ansioso. Algumas vezes, cheguei a fazer a meditação de Autocura Tântrica, recitando os mantras em voz baixa. Até o dia em que tive a excelente ideia de colocar um CD com canções de ninar hebraicas. Num primeiro instante achei que ele estranharia, podendo se sentir infantilizado. Afinal, havia começado com música clássica, depois passei para os mantras orientais e agora estava colocando canções de ninar!

Mas a intuição é sempre sábia: Sr. Loren relaxou e adormeceu imediatamente. Ao sair, resolvi deixar o CD tocando. Poucos dias depois, fui chamada em caráter de urgência. Quando cheguei à sua casa, ele havia acabado de falecer. O CD das canções de ninar estava tocando. Foi quando uma grande amiga sua disse-me: "Estas canções eram as mesmas que a sua mãe lhe cantava quando ele era pequeno. Ela faleceu quando ele tinha cinco anos. Semana passada ele me

---

17. Sogyal Rinpoche, *O Livro Tibetano do Viver e do Morrer*, Ed. Talento, p. 270.

disse que aceitava morrer para poder encontrar com sua mãe novamente. Foi quando você trouxe o CD, e ele pedia para não parar de tocá-lo".

Desta forma, o Sr. Loren pôde despertar a memória da energia de bondade fundamental de sua mãe e encontrar confiança para soltar-se desta vida.

Necessidade de encontrar uma sensação de inteireza: um estado natural de abertura, aceitação, flexibilidade

Conectar-se com a fonte interna de satisfação e inteireza é uma tarefa espiritual. Despertamos o sentimento de inteireza quando começamos de fato a nos conhecer.

"Na verdade, todos nós somos mais do que sabemos. A nossa inteireza nunca é perdida, apenas esquecida. Inteireza raramente significa que precisamos acrescentar alguma coisa a nós mesmos: ela é mais um desfazer do que um fazer, uma libertação das crenças que temos com respeito ao que somos e dos modos como fomos persuadidos a nos 'concertar' para saber quem verdadeiramente somos."[18]

A capacidade de nos sentirmos inteiros surge da habilidade de nos autoacolher: sermos nossa própria companhia espiritual ao saber validar nossas necessidades e princípios.

"A validação se baseia numa forte autoconfiança e na confiança em seu próprio sistema de valores. Isso significa que você não tem de receber instruções de outras pessoas com relação aos valores, crenças e princípios que norteiam sua vida. Em outras palavras, você está confortável consigo mesmo. Se alguém pensa diferente, você não se sente ameaçado. Isso também significa que, se alguém se comporta de maneira diferente, você não tem necessidade de mudar as crenças ou comportamentos para se adequar aos outros."[19]

O segredo está em não evitar a si mesmo. Para tanto, devemos começar por observar que opinião temos a respeito de nós mesmos. É essa opinião que temos que corrigir se ela estiver contaminada pelo hábito da autocrítica.

"A chave para fazer da validação um hábito é lembrar que cada pessoa tem dentro de si a necessidade universal de acreditar no seguinte: Eu tenho valor, meus sentimentos são importantes e alguém realmente se importa comigo."[20]

Quando aceitamos a nós mesmos, aceitamos viver e morrer. No entanto, assim como não basta sabermos que a cada dia estamos mais perto da nossa

---

18. Rachel Naomi Remen, *Histórias que Curam,* Ed. Ágora, p. 107.
19. Gary B. Lundberg e Joy Saunders Lundberg, *Eu Não Tenho que Resolver Tudo*, Ed. Rocco, p. 34.
20. Idem, p. 37.

morte para aceitá-la, não basta estarmos vivos para aceitarmos a nós mesmos. É preciso praticar o autoconhecimento em ambos os casos.

À medida que atendemos às nossas necessidades espirituais, adquirimos maior espaço interior

Quando a qualidade de espaço interior surge em nossa mente, nos tornamos menos preocupados ou rígidos, pois temos mais abertura frente ao desconhecido. Esta foi uma importante experiência para o Sr. Wilson, que, aos 72 anos, teve durante seis meses sua vida sustentada por tubos e máquinas. Não respirava, não falava, não alimentava-se e nem urinava ou defecava por si mesmo. Acostumou-se a dormir com os sons repetitivos dos *bips* das máquinas. Contava apenas com seus gestos de mãos, olhares e expressão facial para extravasar seus sentimentos.

Por meio de visualizações, aromaterapia, música e reflexões sobre a vida e a morte, ele pôde gradualmente soltar e relaxar sua mente, apesar das limitações físicas se tornarem cada vez maiores.

Em geral, associamos o estado físico de nosso corpo com o humor de nossa mente. Mas, se treinarmos para separá-los, é possível superar este condicionamento. Podemos ensinar a mente a subir, quando nossa energia vital estiver caindo. Rezar, por exemplo, é um método eficaz para ajudar a mente a *subir*: identificar-se com estados mentais elevados.

Tive oportunidade de compartilhar com o Sr. Wilson um momento muito especial quando ele pôde sair da cama por alguns minutos e fazer o seu primeiro passeio de cadeira de rodas fora do quarto. Sua filha Débora e eu pudemos sentir com ele a curiosidade de olhar para qualquer canto ou pessoa como se fosse pela primeira vez: "Que quadro está na sala de espera?", "Qual é a vista da janela?".

Mais tarde ficamos sentados na varanda do quarto por alguns minutos em silêncio contemplando o espaço aberto. Olhar o céu depois de meses sem vê-lo leva-nos a absorver algo a mais do que em geral sentimos ao contemplá-lo diariamente: o olhar pode capturar a essência da qualidade sutil do elemento espaço.

Quando absorvemos a qualidade do elemento espaço em nossa mente, recuperamos a energia vital. Nossos pensamentos se tornam claros quando *sentimos que temos espaço suficiente* para pensar: sem pressão, as ideias crescem e se movem livremente. "À medida que a mente se conecta com o espaço, começamos a crescer emocionalmente, energeticamente e espiritualmente, desenvolvendo por completo nosso potencial humano."[21]

---

21. Lama Gangchen Rinpoche, *Fazendo as Pazes com o Meio Ambiente*, Editado pelo Centro de Dharma da Paz Shi De Choe Tsog, p. 144.

Conforme a expressão de Sr. Wilson se tornava cada vez mais serena, pude acreditar que, de fato, é possível dar continuidade à nossa cura interior, mesmo quando nosso corpo não tem mais condições de melhora. Desta forma, ele ensinou-me que podemos conquistar espaço interno mesmo quando não podemos nos mover no espaço externo.

Momentos como este que vivi na varanda com o Sr. Wilson me trouxeram uma alegria particular: quando nos damos conta de que o passado se foi e não temos mais pressa de viver o futuro, podemos relaxar e sentir a lucidez de estar finalmente inteiros para viver o momento presente.

Necessidade de participação: superar a solidão

O sentido de inteireza nos leva a superar a dor da solidão: voltamos a amar. Quando nos sentimos sós, julgamo-nos desconectados de qualquer fonte de contato humano, rompemos os cabos de ligação com o mundo que geram calor e a razão de estarmos vivos. É como Andrew Dolomon descreve o processo da depressão: "A depressão é a imperfeição no amor. Para podermos amar, temos que ser criaturas capazes de se desesperar ante as perdas, e a depressão é o mecanismo desse desespero. Quando ela chega, degrada o eu da pessoa e finalmente eclipsa sua capacidade de dar e receber afeição. É a solidão dentro de nós que se torna manifesta, e destrói não apenas a conexão com outros, mas também a capacidade de estar apaziguadamente apenas consigo mesmo".[22]

A solidão cresce em nosso interior quando nos distanciamos de nossas próprias necessidades espirituais. Ao nos desenvolvermos espiritualmente, ativamos a consciência de que pertencemos a uma rede infinita de fenômenos, conhecida no Budismo por *Tendrel* ou *Surgimento Interdependente*. Como me disse Lama Gangchen em certa ocasião: "No absoluto somos uma só mente: um só *continuum* mental".

Quando nos sentimos sós, estamos conectados ao medo, raiva e orgulho, causas e condições *negativas* surgidas interdependentemente. No entanto, podemos nos conectar às causas e condições positivas surgidas interdependentemente por meio de ações de corpo, palavra e mente motivadas pela paz interior. Neste sentido, não há por que nos sentirmos sós: estamos interligados tanto no nível material como sutil. Aliás, será esse sentimento de participação *cósmica* que irá nos ajudar a lidar com a sensação de "não estar mais aqui e ainda não estar lá" quando enfrentarmos nossa morte.

---

22. Andrew Solomon, *O Demônio do Meio-Dia*, Ed. Objetiva, p. 15.

Para atingir a paz interior, devemos começar por corrigir a ideia de que "somos seres solitários", abandonados e soltos como satélites desativados, perdidos no universo. Precisamos também reconhecer as limitações que surgem comumente quando decidimos transformar esta autoimagem negativa. Por exemplo, é natural que nosso sentimento de inadequação aumente quando nos sentimos incapazes de nos conectar com o afeto daqueles que querem nos ajudar a sair da solidão. Pois só quando nos sentirmos capazes de dar amor é que iremos nos abrir para receber amor.

É interessante notar como, na maioria das vezes, a solidão está baseada no orgulho de "não precisar de ninguém". Isto ocorre quando fechamos o coração após nos autossustentarmos sob condições áridas e hostis.

Assim explica o filósofo cristão Thomas Merton: "O ódio é sinal e expressão da solidão do ser isolado, da insuficiência, da indignidade. E, na medida em que cada um de nós é solitário, isolado e se sente pouco digno, cada um de nós se odeia a si próprio. Alguns estão conscientes desse auto-ódio, e por causa dele se repreendem a si próprios e se castigam desnecessariamente. O castigo não pode curar o sentimento de que não somos dignos. Não há nada que possamos fazer em relação a isso enquanto nos sentimos isolados, insuficientes, desamparados e sós. Outros, menos conscientes desse auto-ódio de que são portadores, o realizam de forma diversa, projetando-o sobre o próximo. Existe uma autoabominação orgulhosa que confia em si; pesada e cruel, quer saborear o prazer de odiar, pois esse sentimento se dirige para fora, alvejando a indignidade alheia. Mas esse forte e alegre ódio não compreende que, como todo ódio, destrói e consome o 'eu' que odeia e não o objeto odiado".[23]

O auto-ódio projetado sobre o próximo faz com que *criemos* inimigos: passamos a ver certas pessoas como "monstros-fantasmas" que nos trazem impedimentos e nos despertam muita raiva. Produzimos assim um círculo vicioso de relacionamentos baseados no prazer negativo: mesmo sem nos darmos conta, sentimos prazer ao ver nosso "suposto inimigo" sofrendo.

É importante perceber quando nós próprios nos tornamos objeto do prazer negativo alheio. Neste caso, cabe a nós deixarmos de ser cúmplices desta trama e trazer consciência à situação por meio de uma conversa honesta, na qual cada um pode abertamente expressar seu medo e raiva. No entanto, se as condições para tal conversa não estiverem amadurecidas, como, por exemplo, se o outro resistir a abrir-se para revelar seus sentimentos, devemos pelo menos procurar evitar as situações que facilitam nosso envolvimento neste padrão negativo.

---

23. Thomas Merton, *Novas Sementes de Contemplação*, Ed. Fissus, p. 77.

Reconheci este mecanismo em minha vida no meu relacionamento com pessoas que me prestavam serviços: a tarefa em si era malfeita ou nem mesmo chegava a ser cumprida, trazendo-me danos e, no mínimo, irritação. Assim, pude identificar que havia ausência de afeto em nosso relacionamento. Ao conversar com elas objetivamente sobre as falhas ocorridas, em geral, elas reconheciam seus erros mas não chegavam à reparação, pois logo mais adiante este padrão surgia novamente. Percebi então que precisava lidar também com as questões subjetivas. Percebi, por exemplo, que eu lhes causava medo e raiva por se sentirem em dúvida sobre a capacidade de realizarem suas funções. O medo de errar as deixava suscetíveis a críticas. Desta forma, elas facilmente me viam como um "monstro-fantasma", e, portanto, não tinham disponibilidade afetiva para me ajudar. O medo dos outros revela, em última instância, o medo de nós mesmos.

Busquei, então, esclarecer este mecanismo de comunicação com elas, e passamos a evitar situações que podiam gerar novamente o conflito até resgatar a calma, com a qual podemos gerar confiança para não repetir tal padrão. Desde então, busco me auto-observar, de modo a reconhecer em mim mesma se estou também agindo a partir do medo ou do afeto. Ao reconhecer o medo, procuro me retrair até recuperar a calma interna. Nestes momentos, reconheço que estou me sentindo *de fato* só, mas sei que ao me acolher estarei criando as condições básicas para mudar. Assim como Lama Gangchen nos inspira a pensar quando nos diz: "Se dermos um direcionamento positivo para a nossa mente, todas as pessoas surgirão como amigos para nos ajudar".

Enquanto estivermos presos pela raiva de nos sentirmos sós, viveremos um paradoxo: queremos receber afeto, mas não estamos dispostos a nos abrir para ele. Isso ocorre justamente porque é ao dar afeto que nos sentimos *munidos* de afeto.

É a falta de contato conosco mesmos que cria a sensação de solidão e isolamento. "A verdadeira individualidade não é solidão. Significa uma força interior, um vir a conhecer nossa verdadeira humanidade, um fortalecimento da capacidade de enfrentar o medo. Sentimos solidão não devido à falta de companheiro, mas porque não estamos à vontade conosco mesmo. O vazio que sentimos não pode ser preenchido por outra pessoa, embora a princípio nos sintamos completados pelo outro. Depois de um tempo, o vazio interior se intensifica, em geral forçando-nos a olharmos para dentro. Não conseguimos nos sentir à vontade conosco mesmos até que tenhamos desenvolvido um espaço interior."[24]

---

24. Robert Sardello, *Liberte Sua Alma do Medo*, Ed. Fissus, p. 189.

Vivemos numa sociedade em que as pessoas acham cada vez mais difícil demonstrar afeto para os outros. O caos gerado pelo crescimento e desenvolvimento econômico reforça a tendência das pessoas para a competitividade e a inveja. Por isso, costumo dizer que um bom nível de vida não consiste em ter posses, mas sim em fazer parte de um grupo de pessoas nas quais podemos confiar: pertencer ao mesmo mandala, como costumamos dizer no Budismo.

Mas se nos sentimos isolados em vida, o que dizer da sensação de isolamento que sentiremos quando estivermos enfrentando a morte?

O medo da morte está baseado em nosso sentimento de solidão: "A morte é extremamente assustadora, mas o motivo pelo qual temos tanto medo dela é o fato de já nos sentirmos separados dos outros. Nosso medo já nos fechou e separou de tudo que amamos e com que nos preocupamos".[25]

Atender à necessidade de sentir-se próximo faz parte do crescimento espiritual, pois a proximidade nos garante o conforto da certeza do pertencimento.

A confiança de que não existem separações

Acompanhei Marina, uma linda garota de 19 anos que faleceu do mesmo câncer de que sua mãe havia falecido há seis meses. Marina expressou sua personalidade vibrante e determinada ao estabelecer o momento em que seria sedada. Era possível sentir nela o prumo de quem tem a confiança de estar familiarizada consigo mesma.

Durante nossos encontros, enquanto ela ainda estava consciente, apesar de não conseguir mais falar, trocamos olhares e eu pude lhe dizer frases inspiradas pela energia calma que ela própria emanava: "Quem sabe lidar com a solidão sabe que tudo está interligado. Portanto, não existem separações, apenas um modo diferente de viver cada momento". Neste instante, seu pai comentou que ela tinha viajado, aos 16 anos, sozinha, durante vinte dias, pelas praias de Santa Catarina.

No dia seguinte, ela escreveu para seu pai e sua irmã: "Estou indo, mas vou cuidar de vocês". Não havia solidão em sua mensagem. Ela confiava na certeza de que se manteria ligada àqueles que amava.

Marina segurou, até o momento de sua morte, um lindo bastão de cristal que Lama Gangchen abençoou para eu oferecer aos pacientes exatamente nestes momentos. Após recitarmos preces e mantras à sua volta, tive a imagem dela como a Branca de Neve protegida pela redoma de cristal.

---
25. Jeremy Hayward, *O Mundo Sagrado*, Ed. Rocco, p. 116.

XXIV

O que o luto pode nos ensinar?

*A morte é um final, mas também é um início.
O futuro continua em aberto.
A pessoa querida que perdeu está ao seu alcance
dentro de você –
muito mais próxima do que você supõe.*

Alexandra Kennedy

Sensação de estar ou cair no vácuo: um espaço vazio, desconhecido e silencioso – são sentimentos que surgem quando recebemos a notícia do falecimento de uma pessoa importante em nossa vida. Nosso corpo sente-se como se tivesse também sofrido uma falência. Não entendemos ao certo o que estamos sentindo, ficamos atordoados, fora do tempo, mas *sabemos* que, a partir de então, "nossa vida não será mais a mesma", pois algo denso e grave ocorreu.

O processo do luto inicia-se com um choque mental: resistimos em assimilar que de fato aquela pessoa tenha falecido. Nosso corpo, então, encarrega-se de expressar a dor emocional: dormimos e comemos pouco ou em demasia. Estamos desequilibrados: falamos muito, depois nos calamos; ora estamos extremamente agitados, ora não temos força para nada.

Quando estamos abalados emocionalmente, temos tendência a reagir de modo exagerado e distorcer a realidade. Portanto, é melhor não tomarmos decisões imediatas, nem fazermos promessas que comprometam nosso futuro.

À medida que nos recuperamos deste choque inicial, começamos a enfrentar, de fato, a realidade da perda: o que e onde mudou. As questões inacabadas vêm à tona uma depois da outra: tudo que ficou por ser dito, escutado, feito e compartilhado.

A ausência da pessoa que se foi evidencia o quanto nos apoiávamos nela em certos aspectos de nossa vida. O luto torna-se, então, um período de conscientização da necessidade de recuperarmos nossa capacidade de autossustentação. Em algumas áreas de nossa vida, teremos que ser autônomos, pela primeira vez.

Percebemos, então, a inevitabilidade de rever *todas* as áreas de nossa vida: afetiva, financeira, profissional e espiritual. Conforme intensificamos o desejo sincero de lidar diretamente com o que isto possa significar, adquirimos coragem para seguir em frente.

Sentimo-nos como um "quebra-cabeças" que foi desmontado. Ao tentarmos reunir as peças novamente, nos damos conta de que ele já estava desencaixado e incompleto há muito tempo. O falecimento de alguém desperta a necessidade de "remontar" a nossa vida e, nesse processo, evidencia as lacunas que já haviam nela. Logo, é hora de perceber onde e como estávamos rompidos e distantes de nós mesmos. Precisamos examinar atentamente quem somos sem a presença e a dinâmica daquela pessoa que preenchia tantas lacunas em nosso processo de autoconhecimento.

O luto, portanto, é um período de crise, no qual temos que dar uma nova organização à nossa vida a partir de recursos muitas vezes precários ou, até então, desconhecidos.

Quanto maior for a nossa autoestima, menos tendência teremos a nutrir pensamentos obsessivos e repetitivos, e mais rapidamente, portanto, sairemos dessa crise. Aceitar a irreversibilidade da perda e recuperar o interesse pela continuidade da vida requer um tempo de reconstrução de nossa autoimagem.

A aceitação da perda não é imediata. Na fragilidade da dor, desvendamos gradualmente camadas cada vez mais profundas de nosso interior, *e* lá encontramos feridas não curadas. Durante o luto, nossos usuais mecanismos de defesa frente à dor falham. Já que não é possível evitar a dor, temos de aprender a enfrentá-la. É hora de nos perguntarmos: "Do que nossa dor realmente se lamenta?", "Há quanto tempo essa dor pede para ser vista e tratada?".

Mesmo sem ter a resposta, nossa consciência nos pressiona a fazer algo. *Fazer algo* significa, antes, ser capaz de sentir o que quer que estejamos sentindo. "A dor que não é sofrida transforma-se numa barreira entre nós e a vida. Quando não sofremos a dor, uma parte nossa fica presa ao passado."[1]

Despendemos grande parte de nossa energia vital evitando a dor emocional. No entanto, para curá-la é preciso senti-la com aceitação. Fazer as pazes com esta dor. A dor de uma perda não elaborada desperta indignação. Ficamos irritados de tanto sofrer. Porém, a urgência de acabar com este sofrimento indica que ainda não *aceitamos* a realidade da perda.

---

1. Rachel Naomi Remen, *As Bênçãos do Meu Avô*, Ed. Sextante, p. 42.

O luto é o período no qual aprendemos lentamente a *aceitar* a dor inevitável de sentir uma grande saudade.

A dor da saudade surge naturalmente pela ausência da pessoa. Mas no luto teremos que fazer da saudade um veneno que se transforma em remédio, pois é através dela que iremos sentir aquela pessoa cada vez mais próxima de nós. Isto é, podemos nos deixar acompanhar pela saudade para nos sentirmos íntimos desse amor.

O desafio é usar a saudade como lembrança, retirando dela o sentimento de pesar. Neste sentido, a saudade nos remete à presença de alguém, não à sua ausência. Assim, transformamos a falta de alguém na lembrança constante da sua existência em nossa vida. A saudade torna-se um meio de trazer a pessoa querida de volta. Desse modo, quando alguém morre, permanece vivo dentro de nós.

A perda dos pais

A morte dos pais é uma experiência profunda e única para qualquer um. Não há como ter uma preparação prévia ou um modelo no qual nos apoiar quando recebemos a notícia do falecimento de um de nossos pais, pois esta é uma vivência muito singular.

Eu tinha 20 anos quando meu pai faleceu de leucemia. Eu já havia passado o último ano longe de minha família, estudando musicoterapia em Salzburgo, na Áustria.

De férias no Brasil, acompanhei o dia a dia de sua última internação. Estava ao seu lado quando ele faleceu. Já sedado, de olhos fechados, testemunhei o *bip* da máquina ligada a seu coração entoar o interminável e contínuo som que todos sabem traduzir como: "Ok, acabou".

Uma semana após sua morte, retornei para a Áustria. Por isso, não pude compartilhar com minha mãe e meus cinco irmãos a mudança que sua falta acarretou no dia a dia de nossa família. De volta a Salzburgo, uma cidade em que nem mesmo as flores parecem mudar de cor, tive que compreender a ausência de meu pai apenas dentro de mim.

Havia em mim uma forte sensação de que tinha que me apressar em tornar-me adulta. Às vezes, sentia-me curiosa e livre para explorar o mundo. Em outras ocasiões, percebia que estava frágil e despreparada para arcar com a liberdade que me propunha. Mas confesso que me arrisquei, pois tranquei a matrícula de meu curso e fui passar cinco meses em Hong Kong.

Esta ideia surgiu durante um *workshop* terapêutico no qual eu percebi que desenhar flores de lótus me acalmava. Ao mostrar meus desenhos à minha professora de *Tai Chi*, ela me disse: "Por que você não vai atrás das flores de lótus? Nos templos budistas de Hong Kong tem flores iguais às que você desenha".

De fato, em Hong Kong aprendi *Tai Chi* e visitei inúmeros templos budistas. Mas ir ao encontro do meu destino foi o maior aprendizado. Desta forma, posso dizer que foi o luto de meu pai que me aproximou intuitivamente pela primeira vez do Budismo, apesar de naquela época ainda não ter optado por segui-lo.

Com a morte dos pais, sentimos como se *o chão se abrisse sob nossos pés* e somos impulsionados a buscar algo novo e autêntico dentro de nós. Neste processo, revemos nossas origens, nossa história familiar e percebemos que temos um destino individual a cumprir. Para isso, como diz Márcia Mattos, é preciso "se tornar um pouco estrangeiro em relação a si próprio e às suas origens". Nos sentimos de certo modo pressionados a construir "algo a despeito de nosso passado, de nossas raízes, de nossa família. Existe a possibilidade de deixarmos de corresponder aos padrões e condicionamentos herdados e saltarmos para um destino individualizado".[2]

Criar nosso destino individual e nosso próprio estilo de vida não significa abandonar valores e princípios familiares, mas sim ressaltar nossos traços pessoais para podermos "nascer" como indivíduos no mundo. Somente assim seremos capazes de *internalizar* o exemplo de nossos pais, em vez de apenas reproduzir modelos e agir baseados nos condicionamentos familiares. Desse modo, a presença da memória positiva de nossos pais servirá como inspiração para seguir em frente.

Carregamos em nosso corpo sutil a essência da energia vital de nossos pais desde o momento em que fomos concebidos. Segundo o Budismo, o contínuo mental, a mente muito sutil que transmigra de uma vida para a outra, reencarna ao unir-se com a energia vital de nossa mãe, por meio do óvulo, e com a energia vital de nosso pai, por meio do espermatozoide. Neste sentido, mesmo depois de nossos pais falecerem, carregamos conosco parte de sua essência vital em nosso corpo sutil.

Quando chorar faz bem

Chorar é um comportamento cultural. Em algumas culturas, chora-se mais do que em outras. Certa vez ao acudir no Nepal uma tibetana que estava chorando, ela me disse constrangida: "Chorar para os tibetanos não faz bem: faz a nossa energia cair e deixa os outros tristes também".

---

2. Márcia Mattos, *O Livro das Atitudes Astrologicamente Corretas*, Ed. Campus, p. 128.

Existem vários tipos de choro: desde aquele que alimenta a autocomiseração e busca manipular o ambiente ou o estado de espírito dos que estão em volta, até o choro saudável no qual lamentamos a nossa dor para nos desapegarmos dela. Este último não é regido pela vitimização, mas pela necessidade sincera de sentir a dor sem restrições.

Lamentar não é reclamar ou se queixar, o que apenas intensificaria o sofrimento. Lamentar é expressar a mágoa como uma forma de aliviar a pressão interna. Ajuda-nos a desbloquear uma emoção presa em nosso interior.

Morrie Schwartz nos inspira a lamentar, seja pela perda de nossos entes queridos, seja por nós mesmos quando escreve: "Depois de chorar algum tempo, encontro alívio em expressar esses sentimentos profundos, consolo em saber que posso expressá-los – que eles estão ali, que posso pô-los para fora. Meus sentimentos me fortalecem, em vez de me enfraquecerem. Depois de passar por esse tipo de lamentação, é mais fácil enfrentar o dia, tão mais fácil fazer o que tenho de fazer com minha família e meus amigos, ser carinhoso e estar pronto para o que vier a acontecer".[3]

Chorar é permitir a intensificação de uma emoção. Sua função é despertar compaixão, compreensão e proteção. Aquele que costuma reprimir o choro perde a oportunidade de criar intimidade com a sua própria emoção. Ser testemunha de si mesmo gera confiança e autoconhecimento. Uma vez que expressamos nossos sentimentos, descobrimos que não só somos capazes de suportá-los, como também que podemos nos desapegar deles quando nos damos por satisfeitos. Quem já não se disse com firmeza: "Agora, chega de chorar!".

O choro é como uma válvula de escape para a descarga dos hormônios que ajudam a restabelecer nosso equilíbrio interior. O fluxo lacrimal está relacionado a várias partes do sistema nervoso. A lágrima é uma resposta não só da glândula, mas do corpo como um todo. A repressão das emoções é extremamente nociva para o organismo. Ao tentar segurar o choro, contraímos toda a musculatura, comprimimos os vasos sanguíneos, o estômago e o intestino, causando-nos muitos males.

O corpo relaxado pensa melhor. Ao chorar, aproximamo-nos de nossa dor e captamos melhor a mensagem que ela tem a nos passar.

Costumo diferenciar um choro *quente* de um choro *frio*. O choro quente, por ser livre da autocrítica, faz derreter o coração frio, congelado pela dor. Ele não é depressivo e pesado. Ele nos torna pessoas mais meigas, pois nos ajuda a dissolver as mágoas e a relaxar à medida que nos sentimos sintonizados com as nossas emoções.

---

3. Morrie Schwartz, *Lições Sobre Amar e Viver*, Ed. Sextante, p. 51.

O choro *frio* é mental e muitas vezes está contaminado pelo sentimento de que fomos injustiçados. Seu objetivo é expressar a sensação de sermos vítimas, por isso é queixoso e lamuriante. Esse tipo de choro tende a entorpecer os sentimentos, em vez de nos permitir entrar em contato com ele. Enquanto choramos, arquitetamos uma vingança contra a injustiça da qual acreditamos ter sido vítimas. Assim, ele não nos traz alívio; ao contrário, deixa-nos cada vez mais tensos. Ele surge como uma expressão vazia, que aumenta a sensação de distanciamento de si e dos outros.

O pesar catalisa a expressão de emoções arquivadas

"O pesar revolve os mais profundos níveis da psique trazendo à tona questões não resolvidas, que silenciosamente sabotam a nossa vida. Os sonhos nos informam sobre a presença dessas questões e fornecem orientação de como resolvê-las. Quando ignorados, podem se repetir ou surgir de forma mais dramática, talvez transformando-se em pesadelos", como alerta Alessandra Kennedy.[4]

Alguns pacientes vêm à terapia para reaprender a chorar. Na maior parte das vezes, são homens que *sabem* que precisam chorar, mas não choram há anos. Enquanto evitarmos viver uma dor emocional, ela se transformará em vícios, comportamentos compulsivos, medos e manias que limitam nossa vida.

Não adianta esperar que a dor "passe com o tempo". O tempo atenua a dor, mas não a cura. Pois a dor em si não purifica o sofrimento. Apenas a consciência do sofrimento é capaz de transformá-lo. Sofrer sem sabedoria é acumular mais confusão e dor.

Um novo olhar de autorreconhecimento começa a surgir quando passamos a acolher, com afeto e tempo, a fragilidade diante da dor da perda. Passamos a ter *insights*, frases que brotam naturalmente em nossa mente, expressando mensagens de nossa sabedoria intuitiva.

Uma vez eu estava em silêncio no carro, presa em um grande engarrafamento no final do dia, quando me veio o seguinte pensamento: "Como você ainda está sofrendo esta perda? Isto é apenas apego ao que não está mais aqui". Então repeti, mais algumas vezes internamente, "não está mais aqui", e foi quando tive o *insight* de que aquela dor era uma dor inútil. Devemos aproveitar esses raros momentos quando finalmente conseguimos unir, de fato, o pensamento ao sentimento! A partir de então senti que um certo peso havia sido eliminado em meu interior.

---

4. Alessandra Kennedy, *E a Vida Continua – como superar a perda de um dos pais*, Ed. Gente, p. 48.

O luto é um processo que foge ao nosso controle e por isso pode durar muito mais tempo do que imaginamos. Mesmo depois de nos recuperarmos, ainda iremos, inesperadamente, nos encontrar em situações que fazem com que sintamos que caímos outra vez no vácuo da perda. Cada vez que nos erguermos, retornaremos mais inteiros.

Desapegar-se é uma tarefa difícil

Em geral, nos sentimos "traídos" pelo destino quando temos que lidar com a morte de alguém. Olhamos para a morte com indignação: não é justo morrer!

O luto nos ensina que um dia também vamos morrer. Por isso, com o luto iremos aprender que, pelo resto de nossas vidas, teremos que aceitar a inevitabilidade da morte, especialmente de nossa própria mortalidade. Ao aceitar a vulnerabilidade da vida nos tornamos menos rígidos e mais fluidos.

Nós nos sentimos naturalmente alegres quando abandonamos o hábito de controlar tudo e todos. É como afirma o rabino Nilton Bonder: "A vulnerabilidade, por sua vez, é a capacidade de não buscar controlar, permitindo que a vida passe por nós, sem querer retê-la ou possuí-la. Toda vez que a vida é represada, o que se acumula é experimentado pelo desespero. Quem controla se 'desespera': não tem o que esperar porque todas as surpresas, magias e mistérios empalidecem. As possibilidades e os erros purificam a vida, oxigenando-a para que não se sufoque e não se inviabilize".[5]

No entanto, fomos culturalmente condicionados a controlar nossos relacionamentos como um modo de evitar ter que lidar com a dor da perda.

Sob a perspectiva budista, amamos melhor uma pessoa quando não temos apego por ela. Isto é, quando não projetamos *nela* exageradamente toda a *nossa* felicidade. Apego, neste sentido, é uma atitude mental que surge ao atribuirmos valores irreais a uma pessoa, coisa ou situação. Ele surge em nossa mente quando não queremos nos responsabilizar por nossos estados mentais afetivos e emocionais. Portanto, ter apego é uma forma infantil de amar. Amar com apego faz-nos sentir dependentes dos outros e das situações: não sabemos mais nos sustentar sozinhos, pois perdemos o prazer de conhecer nosso próprio potencial de Autocura. Por esta razão, o apego nos enfraquece!

Lama Gangchen costuma nos alertar: "O apego é a razão pela qual temos dificuldade de lidar positivamente com as mudanças. Só o fato de pensar em nos desapegar de algo já nos deixa inquietos. Quando temos muito apego ficamos sempre agitados. Não conseguimos relaxar: sentimos medo e dúvida.

---

5. Nilton Bonder, *Código Penal Celeste*, Ed. Campus, p. 145.

A questão não é definir o que devemos deixar de fazer, mas sim como lidar com a nossa mente apegada".

O melhor é aprendermos a encarar a realidade da perda enquanto ainda estamos ao lado daqueles que amamos. O luto antecipatório "... não implica em desligamento do vínculo e afastamento da pessoa amada, como ocorre no luto pós-morte. Trata-se de uma fase onde se fica no 'fio da navalha' pois, por um lado temos que nos preparar para a morte que se avizinha, e por outro precisamos dedicar todo o nosso amor, atenção e carinho ao paciente em fase terminal".[6]

Na maioria do tempo, não nos damos conta do quanto estamos apegados a algo ou alguém. Precisamos criar uma certa distância do objeto para podermos observar a natureza exagerada do nosso apego. No entanto, como esse afastamento é doloroso, preferimos não fazê-lo. Uma vez que o apego está associado a uma experiência prazerosa, facilmente nos convencemos de que ele é um afeto positivo e raramente somos capazes de avaliar o quanto ele prejudica a nós mesmos e aos nossos relacionamentos.

Ao contrário do que acontece com o que nos provoca raiva ou irritação, ninguém quer se "livrar" daquilo a que se sente apegado. Infelizmente, na maior parte das vezes, só lidamos com o desapego quando ele é inevitável e imposto pelas circunstâncias, como a morte ou o abandono.

Segundo Freud, o luto é justamente o difícil processo de retirada de investimento libidinal (ou seja, energético) do objeto amado, e somente quando o trabalho do luto se conclui é que o ego fica outra vez livre e desinibido para se ligar a outros objetos. Esse processo será tanto mais doloroso e lento quanto mais o ego estiver investido no objeto perdido – podendo até mesmo levar ao estado patológico da melancolia, nos casos onde ele se encontra "identificado" com o objeto.[7] Ou seja, o apego excessivo pode nos levar a adoecer. Treinar internamente o desapego irá favorecer o trabalhoso processo de retirada de investimento, necessário para que o luto seja bem-sucedido.

Instintivamente, podemos tentar conter nosso amor buscando nos proteger da dolorosa realidade de que um dia iremos nos separar daqueles que amamos. Mas na economia do amor só há perdas. O melhor é aprendermos a despertar o amor próprio e a amar com desapego.

---

6. José Paulo da Fonseca, *Luto Antecipatório*, Ed. Livro Pleno, p. 97.
7. Ver Sigmund Freud, *Luto e Melancolia, Obras Psicológicas Completas*, Edição *standard* Brasileira, v. XIV, Ed. Imago, p. 275 a 277.

Emergimos do luto quando nos sentimos capazes de, mais uma vez, escolher a vida

Durante o processo de luto, damo-nos conta também das expectativas que tínhamos em relação àquele que faleceu. Se elas não se realizaram, agora é a hora de acolher nossa decepção, pois não há mais como remediar. Chegou o momento de agradecer por tudo que recebemos e de aceitar o que não pudemos receber. A partir daí, passamos por um processo profundo de reavaliação de nossas expectativas atuais. É tempo de nos darmos uma nova chance, real e possível.

No entanto, do luto, fica o susto: a certeza de que tudo pode mudar a qualquer momento. Devemos nos poupar de vivenciar situações que reforcem nossa sensação de fragilidade diante da vida. Temos que reconhecer nossa dose de absorção do mundo exterior a cada dia, pois nosso mundo interior está nos requisitando muita atenção!

Do mesmo modo que tivemos de aprender a nos permitir sentir a dor para superá-la, agora teremos também que aprender a nos permitir sentir a alegria para celebrar o fato de estarmos vivos. Aqueles que se foram ensinam os que ficaram a viver melhor.

Se soubermos aproveitar a lição, iremos aprender muito sobre a necessidade do desapego. Passamos a dar mais valor ao fato de estarmos vivos quando reconhecemos que a vida é finita, e podemos viver com mais prazer nossos relacionamentos quando nos conscientizamos de que um dia eles também irão terminar.

Apenas quando começamos a fazer novos planos e a procurar realizá-los é que podemos dizer que saímos do luto. Aos poucos, o impossível se torna possível: voltamos a sentir prazer em vivenciar coisas singelas, como acariciar um cão, brincar com as crianças, comer um pêssego, olhar para o céu, sentir o calor do sol no rosto e inventar uma melodia.

Fiquei tocada com um depoimento que a escritora chilena Isabel Allende deu em uma entrevista à TV. Ela conta que percebeu que havia superado o luto por sua filha Paula, falecida há dois anos, vítima de um coma irreversível, quando passou a sonhar com alimentos. Este sonho a levou a escrever um novo livro: *Afrodite, Contos, Receitas e Outros Afrodisíacos*. Um livro que celebra os prazeres da vida.

Rituais do Budismo Tibetano para o período pós-morte

Em geral, para nós ocidentais, os rituais de luto servem como uma forma de transformar e regenerar *nossa* dor da perda. No Budismo, no entanto, essas práticas ritualísticas são dedicadas ao falecido, pois considera-se que é ele quem mais necessita de ajuda. Portanto, o período do luto é dedicado a gerar energia positiva para aquele que se foi. Neste sentido, dedicar-se ao outro é um método de Autocura.

No Ocidente, ao contrário, consideramos que são os que ficam que necessitam de atenção, pois aqueles que se foram, "passaram desta para melhor", como se costuma dizer, e estão "no céu, mais perto de Deus".

Os enlutados budistas realizam rituais com a intenção de criar condições positivas para que a pessoa tenha um renascimento melhor. A família busca, por exemplo, realizar ações positivas em nome do falecido, como doar seus bens, para lhe gerar méritos. Os tibetanos costumam fazer oferendas de luzes para Buddha. Eles acendem lamparinas de manteiga durante 49 dias: o tempo de duração do *Bardo*, isto é, o estado intermediário entre a morte e o próximo renascimento.

No Budismo, o ritual é um método para acessar o mundo sutil. As orações feitas para aquele que faleceu visam gerar energia sutil positiva para ajudá-lo na travessia do Bardo.

Em geral, os budistas são cremados. Apenas aqueles que morrem de doenças graves são enterrados. No Tibete, é costume fazer um cálculo astrológico para saber se o corpo deve ser cremado ou oferecido aos abutres como um ato de generosidade para os Seres da Natureza. Lama Michel me contou que até hoje eles fazem este ritual.

Antes da cremação, o Lama realiza, diante do corpo ou de uma foto do falecido, o Puja de Purificação *Djan Tchok*. Nesta cerimônia, ele irá, por meio da concentração, do mantra e dos gestos sagrados, evocar o contínuo mental do falecido para purificá-lo, e por meio das rezas irá criar as condições para que ele possa ter um renascimento positivo. Neste momento, o Lama realiza o *Powa*: uma prática na qual transfere a consciência do falecido do Bardo para um estado mais elevado, como a Terra Pura.

Quando estamos no Bardo, estamos como seres perdidos numa cidade estranha: não sabemos para onde ir, e por isso não temos condições de escolher onde iremos renascer. Mas os Lamas são capazes de atravessar o Bardo de modo consciente, e por isso podem definir o seu próximo renascimento e ajudar aqueles que o estão atravessando.

Lama Gangchen nos transmitiu a prática de Powa no ano de 2003 como um método de nos prepararmos para nossa própria morte. Ao concluir seus ensinamentos ele nos disse: "A prática de Powa não é difícil. Aliás, eu a acho muito fácil. Para mim é uma prática muito, muito fácil. Estou lhes dizendo isto para afirmar que mudar os hábitos mentais negativos em hábitos positivos é muito mais difícil do que fazer a transferência de consciência no momento de nossa morte. Se aprendermos a transformar a negatividade mental, não precisaremos nem mesmo fazer o Powa".

Após o Powa, o corpo é cremado. Se o Lama estiver realizando o Puja diante de uma foto, coloca-a no fogo. O fogo não é visto na sua forma ordinária, mas sim como um fogo sagrado de sabedoria.

O próximo passo consiste em realizar a cerimônia de purificação das cinzas chamada *Rü-tchok*. Uma vez que as cinzas foram purificadas, poderão ser lançadas em rios ou no alto de uma montanha como uma oferenda para os seres da natureza, ou serem usadas para fazer *Tsatsas*, estatuetas de gesso na forma de Buddhas. As *Tsatsas* feitas com cinzas de um Lama são consideradas preciosas relíquias, com intenso poder de curar aqueles que forem por elas abençoadas.

Luto e Natureza

Durante o luto, buscamos o recolhimento e a concentração para incorporar a nova realidade da vida sem a presença da pessoa falecida. A ausência de rituais significativos que apoiem o processo de luto aumenta nosso isolamento social.

Os rituais possuem a função de gerar a energia necessária para darmos início ou fim a uma determinada situação. Portanto, são um convite à aceitação profunda da realidade presente. Como escreve Joseph Campbell: "O ritual apresenta a você o significado do que está acontecendo. [...] Você pode transformar em ritual toda sua vida, e seria muito útil fazê-lo".[8]

Rituais dedicados à pessoa que se foi ajudam-nos a serenar a dor da perda. Infelizmente, hoje em dia vivemos a ausência de rituais que toquem, de fato, nossas necessidades emocionais.

Desde 2002, temos realizado no Sítio Vida de Clara Luz um ritual dedicado à elaboração do luto, que denominamos *Luto e Natureza*. A pessoa em luto é convidada a plantar uma árvore que representa a continuidade da energia daquele que se foi em nosso Planeta Terra.

Este ritual personalizado surgiu espontaneamente. Cíntia, uma de nossas colaboradoras dos *Dias de Plantio Coletivo*, havia perdido sua mãe há uma semana. Ela trouxe ao Sítio um chuchu com um broto nascendo, que havia colhido no dia do enterro do quintal de sua mãe. Este chuchu estava, portanto, impregnado com a energia dela e era um símbolo vivo de sua dedicação amorosa nesta vida.

Então, com a intenção de dar continuidade à energia cuidadosa de sua mãe aqui na Terra, plantamos o chuchu com muito carinho. Oito meses depois, a trepadeira do Chuchu estava enorme! Pete, então, observou que já havia um

---

8. Joseph Campbell, *Reflexões Sobre a Arte de Viver*, Ed. Gaia, p. 94 e 96.

chuchu com um *novo broto* e me disse espontaneamente: "Está na hora de separar o chuchu-filha do chuchu-mãe".

Olhamos um para o outro emocionados. Então, a Cíntia veio ao Sítio ansiosa por colher o chuchu-filha. De olhos fechados, apalpando-o pela primeira vez, testemunhamos quando o chuchu soltou-se em suas mãos. Foi quando ela nos disse: "Na realidade, o chuchu-mãe sou eu. Pois esta semana minha filha e eu decidimos não trabalhar mais juntas. Vimos que já estamos prontas para cada uma tocar o seu caminho".

Vocês podem imaginar quão saborosa foi a salada feita com estes chuchus? Um verdadeiro ritual de amor, saudades e gratidão.

E, a partir de então, várias árvores passaram a ser plantadas no Sítio Vida de Clara Luz com a mesma intenção. Cada uma revela a sincronia entre o seu desenvolvimento e a vida daquele que a plantou.

Quando Gueshe Thubten Tenzin visitou nosso Sítio, ele nos disse que no antigo Tibete havia um ritual similar chamado *La shin*: a árvore da energia vital. Os Lamas plantavam uma árvore que, após a sua morte, era cuidada com muita devoção por seus discípulos. "Ao observar as transformações que ocorriam na árvore, era possível para os discípulos saberem como andava o seu mestre", explicou Gueshe Thubten.

Ao cuidar de uma árvore dedicada a uma pessoa querida, sentimos também receber dela a sua energia de cura. A força curativa da Natureza é espontânea. "Nossas árvores e plantas são doadoras incansáveis de energia. Elas são as grandes transformadoras e alquimistas da nossa Terra. [...] O trato carinhoso com as árvores doadoras de energia eleva, em pouco tempo, todo o potencial energético de uma pessoa. Suas energias vitais e de cura trazem de volta a renovação, a alegria e o estímulo às nossas vidas."[9]

A Natureza nos ajuda a acolher a dor da perda

A necessidade de uma comunicação genuína e autêntica torna-se uma prioridade quando estamos sob o impacto da perda de uma pessoa querida. Durante o luto, a artificialidade das atividades e dos relacionamentos fica ressaltada. Tudo passa a parecer maquiado, construído, forçado e vazio de sentido. Sentimos necessidade de dar um significado vivo e autêntico à nossa vida, que desperte em nós o sentimento de querer seguir adiante.

A dor da perda nos deixa sensíveis ao que não é consistente, íntegro e sincero. Precisamos ser nutridos por algo que seja, de fato, verdadeiro, sem rodeios.

---

9. Manfred Himmel, *As Árvores Curam: o poder terapêutico das árvores*, Ed. Madras, p. 78.

O contato com a natureza é uma fonte dessa nutrição. Como explica Tulku Thondup Rinpoche: "A contemplação da natureza nos dá a oportunidade direta e imediata de sairmos de nós mesmos e de nos afastarmos das nossas preocupações. E a receptividade com relação à natureza requer de nós muito pouco! Basta o simples ato de abrir os olhos e aguçar os sentidos para que a beleza pura do mundo natural possa nos trazer para mais perto do nosso verdadeiro Eu. Quando se abrem as portas da percepção, somos levados à verdadeira natureza de nossa mente".[10]

A Natureza nos ajuda a acolher o que quer que surja em nós, pois ela é a autêntica expressão da capacidade de lidar com todas as transformações.

A serenidade que o contato com a Natureza nos oferece ajuda-nos a sustentar o processo de curar uma dor. É importante encontrarmos um lugar onde possamos vivenciar nossa dor, sentindo-nos acolhidos pelo ambiente que nos cerca. A aprendizagem de plantar em grupo oferece às pessoas que estão sofrendo uma oportunidade de voltar a interagir socialmente.

O processo de luto será sempre único e vivido de modo particular pelas pessoas. No entanto, compartilhar nossa experiência ajuda-nos a atenuar nossa dor. A convivência com pessoas que estão passando por algo similar desperta nossa empatia por elas e também nosso desejo de ajudá-las. Desta forma, podemos dar "uma folga" ao nosso próprio sofrimento, deixar de vigiar a nossa dor e desviar um pouco o nosso olhar de nós mesmos. Olhar para o outro se torna, então, é uma forma de suavizar nossa própria dor.

Observando as árvores, aprendemos muito sobre o ciclo de morte e renascimento, de maneira direta e natural. Desta forma, resgatamos o sentido de continuidade que foi rompido pelo sentimento de aniquilação devido à perda da pessoa amada.

O plantio, em si, é um ritual de esperança: *enterramos a vida* contida na semente e nos propomos a cuidar dela durante todo o seu crescimento. Ao apreciar a Natureza, podemos reconhecer nossa habilidade de valorizar a existência em si mesma, o que nos ajuda a aceitar aquilo que não conseguimos compreeder durante o luto. A Natureza continuamente expressa a mensagem de que tudo, sempre, segue em frente. Isto nos inspira a abraçar o novo e a nos abrirmos para novas escolhas: um passo fundamental para curar a dor de uma perda.

---
10. Tulku Thondup Rinpoche, *O Poder Curativo da Mente*, Ed. Pensamento, p. 158.

XXV
Aproximando-se cada vez mais de si e dos outros: o despertar da mente *Bodhichitta*

Uma vida consciente e atenta exige que estejamos completamente presentes – como se fôssemos íntimos de tudo e de todos.

Lama Surya Das

Você sabia que, ao ler este livro, você encontrou a palavra sofrimento 162 vezes? Há quem veja o Budismo como uma filosofia masoquista por concentrar-se no sofrimento. No entanto, como pudemos constatar neste livro, lidar com o sofrimento não é cultivar uma atitude de submissão ou conformismo frente a ele, muito menos sentir-se atraído por ele. O Budismo nos convida a viver os sofrimentos da vida e da morte, justamente para não sofrê-los. Desta forma, o Budismo nos ensina que, para superarmos a *apatia* frente à vida, temos que ter *empatia* por ela!

"*Apatheia* é uma palavra grega que significa, literalmente, 'não sofrimento'. Dada sua etimologia, *apatia* é a incapacidade ou a recusa a sentir dor. Qual é a dor que sentimos – e que tentamos desesperadamente não sentir – neste planeta e época? É de uma ordem diferente daquela que os gregos antigos teriam conhecido; pertence não apenas à privação da riqueza, da saúde, da reputação ou dos seres queridos, mas também a perdas tão vastas que mal podemos dar-lhes nome. É a dor pelo mundo", nos alertam Joanna Macy e Molly Young Brown em *Nossa Vida como Gaia*.[1]

A vida na Terra está se tornando insustentável. Para nos ocuparmos com a dor do mundo, não precisamos nem mesmo nos ater à questão da guerra nuclear, ou a ameaças de asteroides. Basta olharmos para o rápido crescimento

---
1. Joanna Macy e Molly Young Brown, *Nossa Vida como Gaia*, Ed. Gaia, p. 42.

da população mundial e o uso insensato que estamos fazendo dos recursos naturais de nosso planeta.

O sistema ecológico mundial está entrando em colapso. Se no início do século XXI, com 6 bilhões de habitantes, nosso planeta já se encontra no seu limite, como estaremos daqui a 50 anos quando são previstos 10 bilhões de pessoas? Estamos vivendo um suicídio coletivo.

Todos nós temos consciência de que a situação mundial é alarmante. Estudos feitos por especialistas preveem um futuro sombrio para o planeta, pois a metade de nossos rios já está poluída, 15% do solo está degradado e 80 países sofrem com a escassez de água. Segundo os relatórios, nas próximas três décadas 50% da população sofrerá com a falta de água e 11.000 espécies de animais e plantas estarão ameaçadas de extinção. Como revela Ervin Laszlo: "A cada *minuto*, 21 hectares de florestas tropicais são perdidos, 50 toneladas de solo fértil são arrancadas pelo vento e 12.000 toneladas de dióxido de carbono são lançadas na atmosfera, principalmente quando 35.725 barris de petróleo são queimados como combustível industrial e comercial. A cada *hora*, 685 hectares de terra produtiva se transformam em deserto. E a cada *dia*, 250.000 toneladas de ácido sulfúrico caem no hemisfério norte sob a forma de chuva ácida".[2]

Quem não se deu conta do aumento da temperatura no verão e de como está estranho chover tanto durante o inverno?

Enfim, hoje é impossível negar o fato de que estamos vivendo a deterioração do meio ambiente num ritmo alucinante. Como nos sentimos frente à nossa destruição? Aqueles que estão empáticos estão buscando despertar os apáticos. Não temos mais tempo para negar nosso sofrimento coletivo.

Lama Gangchen nos alerta: "A sociedade contemporânea perdeu o contato com a terra, e isso está criando muitas dificuldades e perigos. Também perdemos o contato com o espaço, o vento, a água e o fogo, os cinco elementos que são a própria base de nossa existência física. Nossa sociedade se desligou da Natureza e, como resultado, passou a poluir e destruir a base física do planeta. Destruindo nosso planeta de forma egoísta, estamos destruindo nosso próprio corpo e mente. [...]

Assim como é no mundo externo, também é no mundo interno

O mundo externo – o cosmo, os planetas, o meio ambiente, nosso corpo etc. – e o mundo interno – nossas mentes grosseiras, sutis e muito sutis e ventos de energia – são sustentados pelos cinco elementos: espaço, vento, fogo, água e terra. Precisamos perceber isso para compreender a importância

---

2. Ervin Laszlo, *Macrotransição*, Ed. Axis Mundi, p. 48.

de cuidarmos dos elementos, se realmente desejamos um corpo, uma mente e um mundo saudáveis, nessa vida e em nossas vidas futuras".[3] Segundo Lama Gangchen, a principal causa dos conflitos emocionais nos relacionamentos está no desequilíbrio dos elementos.

"Temos que compreender profundamente a interdependência de nosso corpo e mente, dos cinco elementos e do meio ambiente onde vivemos. Precisamos redescobrir o que é realmente importante e precioso na vida, e identificar onde falhamos, do ponto de vista individual e coletivo. Todas as antigas sociedades espiritualizadas compreenderam a importância dos cinco elementos e, por isso, eram capazes de manter corpos e mentes saudáveis, e de viver em harmonia com o meio ambiente."[4]

Para nos ajudar a lidar com nosso momento de caos ecológico, Lama Gangchen elaborou uma meditação para a Cura do Meio Ambiente, descrita em seu livro: *Zhing Kham DJong So – Fazendo as Pazes com o Meio Ambiente*, onde Kyabgon Sakya Trinzin esclarece: "Os ecologistas atuais estão preocupados apenas com o impacto negativo sobre o meio ambiente causado pela exploração direta ou indireta do planeta. Entretanto, o Budismo enxerga muito além disso, considerando a totalidade das ações dos seres sencientes como a causa principal na criação de um mundo agradável ou não. Visto que as ações são acumuladas na mente, todas as transformações dos fenômenos externos estão, em última análise, conectadas à mente. Além disso, assim como a mente e o corpo de uma pessoa são interdependentes, a vida e a natureza, ou mais especificamente, o homem e o meio ambiente são igualmente dependentes um do outro. [...]

O que pode salvar nosso planeta? A principal escola do Budismo Tibetano é a escola Mahayana, ou 'Grande Veículo'. Esta tradição baseia-se no amor, na compaixão e na *Bodhichitta*, a decisão altruísta de chegar à iluminação pelo bem de todos os seres sencientes. O amor é o desejo de que todos os seres vivos sejam felizes, e a compaixão é o desejo de libertá-los do sofrimento. A compaixão é o fundamento do Budismo Mahayana, e a prática da *Bodhichitta* é intensificada cultivando-se um estado de equanimidade e determinação de trocar o *eu* pelo *outro*.

À medida que a compaixão por todos os seres sencientes se desenvolve, nós nos tornamos cada vez mais conscientes de nossas ações e, principalmente, de seus efeitos sobre os outros seres e a natureza. Uma vez plantado, cada pensamento, palavra ou ação baseada na compaixão terá resultados benéficos

---

3. Lama Gangchen Rinpoche, *NgelSo Autocura Tântrica III*, Ed. Gaia, p. 64.
4. Idem.

(inclusive no amplo sentido da ecologia), tal como demonstrou a compaixão de Buddha, cujos efeitos estão sendo sentidos ainda hoje".[5]

Por esta razão, escolhi concluir este livro escrevendo sobre a *Bodhichitta*: o grande coração.

Bodhichitta significa literalmente "mente de iluminação"

"Seria maravilhoso se todos nós pudéssemos nos tornar 'Supremos Curadores' e proporcionar gradualmente a saúde completa e absoluta a nós mesmos e aos outros. Mesmo que isso nos soe idealista, podemos começar agora mesmo a usar as qualidades de cura que temos, quaisquer que sejam elas, para aliviar o sofrimento mental e físico, nosso e dos outros. É claro que no momento presente temos limitações em relação à ajuda que podemos oferecer aos outros. Por isso, devemos desenvolver a seguinte aspiração: 'Possa eu me tornar um ser iluminado, para poder ajudar os outros sem limitações'. O desejo de ajudar todos os seres a realizarem a cura mental e física completa (a Iluminação) é o que chamamos de *Bodhichitta*: o despertar da mente de Iluminação."[6]

Poucos anos após ter conhecido Lama Gangchen Rinpoche, sonhei que estava com Ele quando uma pessoa disse que iria matá-lo. Coloquei-me à sua frente dizendo: "Pode me matar, mas não o mate". Neste momento, ocorreu um terremoto e tudo desmoronou. Estávamos salvos. Ao contar este sonho para Rinpoche, ele me respondeu: "Esta é a mente *Bodhichitta*: quando ela surge, o universo inteiro vem para te ajudar".

Lama Michel explica em seus ensinamentos: "Este estado mental não é intelectual, mas sim um estado de consciência constante. A *Bodhichitta* é como o gosto da cana-de-açúcar: quanto mais a mordemos, mais doce ela é".

"A *Bodhichitta* não é o amor emocional. Ao compreender a natureza relativa dos seres sensíveis e o seu destino mais elevado, e ao desenvolver a disposição de conduzir todos os seres rumo a esse estado de iluminação, a mente é preenchida com um amor nascido da sabedoria, não da emoção".[7]

Segundo Lama Michel, a quarta das Sete Práticas de Causa e Efeito da Mente Bodhichitta[8] descritas no *Lam Rim* refere-se ao desenvolvimento da empatia. Esta prática, chamada em tibetano de *Yi öng Djampa,* quer dizer: "O amor pela força de atração".

---

5. Lama Gangchen, *Zhing Kham DJong So – Fazendo as Pazes com o Meio Ambiente,* editado pelo Centro de Dharma da Paz Shi De Choe Tsog, p. 32.
6. Lama Gangchen Rinpoche, *NgelSo Autocura Tântrica II*, Ed. Gaia, p. 82.
7. Geshe Kelsang Gyatso, *Ensinamentos do Budismo Tibetano*, Ed. Pensamento, p. 90.
8. Ver Apêndice – seção referente ao Capítulo XXV.

"Este amor aparece na forma de um querer sincero, de uma afeição pelos seres sencientes. 'O amor pela força de atração', disse Gueshe Potowa a uma velha, 'é como o amor que você tem pelo seu filho Tolekor'. Em outras palavras, este amor significa sentir-se atraído por todos os seres sencientes como se eles fossem os seus próprios filhos. Este amor não é um tema distinto de meditação: você vai desenvolvê-lo automaticamente quando tiver desenvolvido algum sentimento nas três seções anteriores: 'Compreendendo que todos os seres foram sua Mãe', 'Lembrando a sua bondade' e 'Desejando retribuir a sua bondade'",[9] esclarece Pabongka Rinpoche.

Como valorizamos mais o *eu* que o *outro*, nos distanciamos cada vez mais uns dos outros. E agora estamos vivenciando os efeitos negativos do extremo ao qual chegamos.

Para treinar a mente *Bodhichitta* temos que meditar sobre a equanimidade, tal como indica o verso da prática meditativa Guru Puja:

> *"Não há diferença entre eu e os outros:*
> *ambos não queremos o menor dos sofrimentos.*
> *No entanto, a felicidade nunca satisfaz;*
> *abençoe-me para ficar feliz com a alegria dos outros".*

"Em outras palavras, no momento estimamos e valorizamos aquilo que chamamos de Eu, mas não consideramos os outros desta maneira, portanto, o Eu e os outros não são iguais. Não é correto fazer uma distinção tão grande entre estes dois."[10]

Para superar este hábito arraigado de nos relacionarmos de modo egocêntrico, precisamos desenvolver a *Bodhichitta*: a mente desobstruída que, por ser livre de condicionamentos, não percebe mais a realidade como um fenômeno dual.

Enquanto não reconhecermos nossa natureza básica, energética, pura e indivisível, nosso relacionamento com o mundo será a expressão de nossa visão impura, baseada na dualidade do certo e do errado, do bonito e do feio, do que gostamos e do que não gostamos.

"Quando nós não reconhecemos a natureza pura da manifestação da sabedoria, somos tirados da condição da mente desobstruída obscurecendo a sua intrínseca vacuidade e luminosidade e separamos os fenômenos indivisíveis em sujeito e objeto. Enquanto houver divisão, haverá impureza e obstrução. Com essa divisão o Eu torna-se sujeito, e o que esse Eu percebe torna-se o objeto. [...] Com essa divisão existe um constante movimento para trás e para frente, entre sujeito e objeto, que é começo da noção de direção e tempo, entre as

---

9. Pabongka Rinpoche, *Liberation in the Palm of your Hand*, Wisdom Publications Boston, p. 579.
10. Idem, p. 590.

circunstâncias causais e consequentes, entre rejeição e aceitação de fenômenos desagradáveis e agradáveis, entre más e boas intenções, e entre dúvida e esperança. Nós chamamos essa mente dividida de mente dualística, que é a causa do mal e do bom karma",[11] explica Thinley Norbu.

Devido a este arraigado hábito de ver o mundo de modo dual, vemo-nos como seres destinados a viver separados uns dos outros: presos em sua solidão.

Confiar: a primeira condição para nos reaproximarmos uns dos outros

Segundo a tradição tibetana, quando nos encontramos com alguém com quem queremos estreitar laços, oferecemos uma *Kata*: uma leve *écharpe* de seda branca, com longas franjas. Kata significa literalmente "tecido que une" e simboliza o laço que se estabelece entre quem a oferece e quem a recebe. No Tibete, costuma-se oferecer uma Kata em várias circunstâncias: nos encontros e nas despedidas de mestres e amigos, assim como durante as cerimônias religiosas.

Em 2000, quando estive com Lama Gangchen no Tibete, pedi a ele que abençoasse uma Kata para que pudesse, com ela, abençoar os pacientes no momento de sua morte. Então, enquanto fazia um nó no início da Kata, ele olhou doce e profundamente nos meus olhos e me disse: este nó representa que vamos estar juntos no momento da sua morte; depois dando outro nó no meio da Kata, falou: com este segundo nó, vamos estar juntos no Bardo; e ao fazer o último nó na outra ponta da Kata, completou: e este significa que vamos estar juntos nas próximas vidas.

À noite, coloquei a Kata sobre a cabeceira da minha cama. Sonhei que Lama Gangchen havia me "pregado um susto", cutucando-me na cintura pelas costas com seus dedos indicadores. Acordei achando graça do sonho. Naquela mesma manhã, a caminho do ônibus, levei um verdadeiro susto quando Ele fez exatamente esse gesto, reproduzindo a cena do sonho! São experiências como esta que nos ajudam a ter total confiança no quanto podemos estar verdadeiramente próximos de alguém. Neste sentido, sentir-se próximo é ter uma experiência de profunda confiança.

Em seus ensinamentos, Lama Gangchen muitas vezes nos fala sobre a importância de haver uma maior aproximação entre as pessoas. Ele usa o exemplo da relação entre um médico e o paciente: quando o paciente sente-se próximo ao seu médico, segue suas instruções com atenção – um sinal de confiança e

---

11. Thinley Norbu, *Magic Dance Shambhala*, Boston & London, p. 7.

de aceitação de sua cura. Do mesmo modo, a proximidade entre pais e filhos, casais, amigos e instituições, desperta respeito, amor e abertura para trocar ideias e crescer juntos.

Quando nos sentimos próximos a alguém ou a uma situação, podemos finalmente relaxar. A artificialidade dos relacionamentos gera a atitude de "estar em guarda" que é oposta ao estado "solto" que surge quando vivenciamos uma aproximação sem receios. Portanto, nosso desafio para nos aproximarmos das pessoas, e nos sentirmos menos sós, é descobrir nossa capacidade de nos soltarmos: *confiar* em vez de nos *defendermos,* como costumamos fazer inconscientemente.

Pessoas próximas confiam naturalmente em seus vínculos, e por isso não precisam constantemente afirmar que *estão* unidas. Aqueles que de fato estão unidos podem se separar sem quebrar o elo que os une. Um desligamento saudável é um sinal de que há uma verdadeira proximidade entre as pessoas, e, quando surgir o momento delas se reencontrarem, isto acontecerá naturalmente. Os relacionamentos baseados na proximidade são leves e duradouros ao mesmo tempo.

Nós nos aproximamos dos outros quando admiramos suas qualidades e somos compassivos com seus defeitos. Ao reconhecer nossas qualidades e defeitos, sem cair no perfeccionismo da autoexigência, aproximamo-nos de nós mesmos.

O estilo de vida ocupado e competitivo que levamos na cidade tende a nos tornar cada vez menos compassivos. Estamos cada vez mais fechados: literalmente com medo, desconfiados, cansados de *ver gente*. É como se tivéssemos perdido o prazer de aproximarmo-nos uns dos outros.

Apesar de facilmente reconhecermos que *estamos todos no mesmo barco*, ou seja, que somos sustentados por uma única rede de interdependência, agimos como se fôssemos autônomos: seguimos o princípio de que "cada um deve levar a sua vida".

No entanto, a origem deste distanciamento está em nós mesmos: perdemos a intimidade conosco pela falta de contato interno e agora nos sentimos confusos quando tentamos ser empáticos com os sentimentos dos outros. Em outras palavras, não sabemos sentir o que os outros sentem sem nos perdermos.

Empatia: uma atitude naturalmente sábia e compassiva

O desenvolvimento da espiritualidade nos lança em direção ao mundo: nos torna cada vez mais empáticos com os outros. Para que isto se torne realidade, precisamos inicialmente incluir em nossas atividades cotidianas uma atitude empática para conosco mesmos.

Ser empático é algo natural no ser humano: quando vemos alguém sofrendo surge espontaneamente em nós o desejo de ajudar, simplesmente porque nesses momentos reconhecemos no outro alguém como nós e nos identificamos com ele.

A palavra empatia origina-se do termo grego *empátheia*, que significa "entrar no sentimento". Portanto, a primeira condição para sermos empáticos é sermos receptivos aos outros e simultaneamente à nossa totalidade interior. Isto significa estar disposto a conhecer tanto os outros como a si mesmo. A empatia nos ajuda a nos libertar dos nossos padrões rígidos e repetitivos.

Segundo Robert Sardello, precisamos passar por três fases distintas para desenvolver a empatia. "O primeiro aspecto dessa atividade consiste em voltarmos conscientemente a nossa atenção para uma outra pessoa em uma atitude de abertura. Estendemos parte de nosso ser para além de seus limites usuais, ficamos interessados na existência e no destino da outra pessoa – mas não por curiosidade, aventura, criticismo, interesse pessoal ou poder".[12] Para tanto, temos antes que deixar escoar os nossos pensamentos habituais sobre ela e nos permitir senti-la de um modo mais direto e intuitivo.

Uma vez que abandonamos nossas ideias preconcebidas sobre aquela pessoa e nos encontramos sintonizados com ela, podemos passar para a próxima etapa: "Você se move em direção a sentir as qualidades interiores da outra pessoa sem saber ou precisar saber quais são elas, exatamente como uma criança que, antes de formar conceitos sobre o mundo, está aberta às suas impressões imediatas e qualidades interiores. Neste processo, entretanto, nem por um instante perdemos o senso de nós mesmos. O exercício não é uma fusão com a outra pessoa".[13]

A ideia é derrubar as barreiras que nos impedem de fazer um contato mais direto e espontâneo com o outro sem nos confundirmos com ele; portanto, "a terceira fase consiste em retornar à parte de nós mesmos deixada para trás enquanto encontrávamos a outra pessoa. Um eco daquilo que experimentamos enquanto residíamos no interior da outra pessoa permanece, e agora essa ressonância vive em nós como uma imagem da alma. Tal imagem pode gradualmente ser trazida ao entendimento através da contemplação".[14]

Este exercício nos aproxima dos outros e nos ajuda a reconhecer as diferenças e os pontos que nos unem. Empatia não quer dizer tornar-se similar ao outro. Muito pelo contrário: ela surge à medida que nos tornamos receptivos às diferenças. Compreender o outro em sua particularidade é fundamental.

---

12. Robert Sardello, *Liberte sua Alma do Medo*, Ed. Fissus, p. 117.
13. Idem, p. 118.
14. Idem.

Formar parcerias torna-nos cada vez mais empáticos, pois estreitar nossos relacionamentos ajuda-nos a nos desapegarmos da visão autocentrada que gera ansiedade e solidão.

É como escreve Márcia Mattos: "O fato de o outro existir junto comigo – de estar ao meu lado e de se dispor a fazer coisas comigo – me inspira a despertar qualidades que estavam inconscientes em mim. Toda personalidade se enriquece com isso. [...] Há uma poderosa química que o outro exerce sobre nós, produzindo efeitos e aflorando virtudes das quais nós sozinhos seríamos incapazes de nos apropriar".[15]

O delicado equilíbrio entre as *minhas*, as *suas* e as *nossas* necessidades

Em geral, temos o hábito de olhar apenas para nossas necessidades, mesmo quando pensamos ser generosos. Esta é a razão por que é tão difícil ajudar os outros: temos dificuldade de percebê-los nas *suas* necessidades. Desta maneira, acabamos por criar vínculos desequilibrados e neuróticos, baseados na codependência.

"Codependente é uma pessoa que tem deixado o comportamento de outra pessoa afetá-la, e é obcecada em controlar o comportamento dessa outra pessoa."[16] Quando dizemos *sim*, mas na realidade queremos dizer *não*, quando fazemos coisas que não queremos realmente fazer, ou fazemos o que cabia aos outros fazerem, estamos sendo codependentes e não pacientes e nem mesmo generosos! Uma atitude codependente pode parecer positiva, mas, na realidade, está gerando baixa autoestima e falta de confiança.

Em outras palavras, se ao nos dedicarmos aos outros estivermos nos abandonando, mais à frente teremos de nos confrontar com as consequências de nossa atitude ignorante. Reconhecer nossos limites e necessidades é tão saudável quanto a motivação de querer superá-los.

Sentir a dor do outro não quer dizer *ter* que repará-la. Este é nosso grande desafio: sentir a dor com o intuito de simplesmente nos aproximarmos dela, em vez de querer transformá-la de modo imediato.

É preciso deixar claro que ter empatia não tem nada a ver com a necessidade compulsiva de realizar os desejos alheios, própria dos relacionamentos co-dependentes.

Stephen Levine nos dá uma boa dica para identificarmos se nossos relacionamentos são saudáveis ou não: "Na codependência, as balanças sempre

---

15. Márcia Mattos, *O Livro das Atitudes Astrologicamente Corretas*, Ed. Campus, p. 89.
16. Melody Beattie, *Codependência Nunca Mais*, Ed. Record, p. 49.

pendem para um lado. É frequente que um tenha de estar 'por baixo' para que o outro se sinta 'por cima'. Não há equilíbrio, somente a temida gravidade. Em um relacionamento equilibrado não há um 'outro dominante'; os papéis estão em constante mudança. Quem tiver o apoio mais estável sustentará a escalada naquele dia".[17]

A troca equilibrada entre ceder e requisitar, dar e receber afeto e atenção nos aproxima de modo saudável das pessoas que nos cercam sem corrermos o risco de criar vínculos destrutivos. "O paradoxo do relacionamento é que ele nos obriga a sermos nós mesmos, expressando sem hesitação e assumindo uma posição. Ao mesmo tempo, exige que abandonemos todas as posições fixas, bem como nosso apego a elas. O desapego em um relacionamento não significa que não tenhamos necessidades ou que não prestemos atenção a elas. Se ignoramos ou negamos nossas necessidades, cortamos uma parte importante de nós mesmos e teremos menos a oferecer ao parceiro. O desapego em seu melhor sentido significa não se identificar com as carências nem com as preferências e aversões. Reconhecemos sua existência, mas permanecemos em contato com nosso eu maior, onde as necessidades não nos dominam. A partir desta perspectiva, podemos escolher afirmar nosso desejo ou abandoná-lo, de acordo com as necessidades do momento."[18]

A empatia começa com a capacidade de estarmos bem conosco mesmos, de reconhecermos o que não gostamos em nós e admirarmos nossas qualidades. Quanto melhor tivermos sido compreendidos em nossas necessidades e sentimentos quando éramos crianças, melhor saberemos reconhecê-las quando adultos.

Entrar em contato com os próprios sentimentos é a base para desenvolver a empatia. Como alguém que desconhece suas próprias necessidades poderá entender as necessidades alheias?

Tchok She Ba: satisfação de aceitar as coisas como são

Quem já não se pegou sonhando em ser outra pessoa, vivendo em outro lugar?

Ao nos distanciarmos de nossa realidade, distanciamo-nos de nós mesmos. Portanto, quando isso ocorrer, é hora de nos perguntar: por que está tão difícil levar adiante a vida?

Aceitar estar *nesta* vida, com *este* corpo não é tão óbvio quanto possa parecer.

---

17. Stephen Levine, *Acolhendo a Pessoa Amada*, Ed. Mandarim, p. 84.
18. John Welwood, *Em Busca de uma Psicologia do Despertar*, Ed. Rocco, p. 262.

Lama Michel contou-me que há uma palavra para a aceitação incondicional em tibetano: *Tchok She Ba*: ter *satisfação* em aceitar as coisas como são. *Tchok She Ba* quer dizer ter segurança interna para lidar com qualquer situação. Ou seja, ver a realidade sem a necessidade de transformá-la.

Isto não quer dizer que devemos ser passivos e indiferentes diante da negatividade ou da injustiça que ocorre à nossa volta. *Tchok She Ba* numa expressão bem brasileira quer dizer: "fique bem, *pare de dar murros em ponta de faca*".

Em geral insistimos inutilmente no desejo de sermos compreendidos ou de entender tudo e todos, mas, na realidade, sabemos muito bem que nem sempre isto é viável.

Querer impor nossas opiniões, muitas vezes, denota nossa imaturidade. Existem situações em que *já* sabemos que não seremos compreendidos, e ainda assim temos uma necessidade infantil de sermos aceitos e reconhecidos de qualquer maneira.

Aceitar o outro sem precisar modificá-lo a nosso favor significa abrir mão da tentativa de controlar as situações. Quando abandonamos a necessidade de sermos compreendidos, ficamos menos suscetíveis às críticas alheias e ao mesmo tempo conseguimos ser menos críticos com os demais. Quando paramos de julgar os outros, nos sentimos mais leves.

Aceitar o que não podemos mudar é, em si, uma atitude empática para conosco mesmos: abandonamos a atitude de aversão frente à vida e adquirimos coragem para lidar com a adversidade sem nos machucar.

Quando não tememos ser autênticos, estamos conectados com o mundo de modo aberto e interessados em interagir. Quanto mais transparência houver dentro e fora de nós, melhor será: ocorrerão menos interferências negativas.

Podemos saber quando as pessoas se aproximam de nós com segundas intenções: elas não estão interessadas em tocar nossa essência e nem em se deixarem tocar. Elas estão focadas apenas nas vantagens das condições externas que podemos lhes proporcionar.

Enquanto estivermos mantendo vínculos baseados apenas nas vantagens que podemos oferecer, estaremos sujeitos a ser traídos e abandonados: assim que a pessoa obtiver o que veio "buscar", não resistirá em partir.

Uma vez que superamos este tipo de relacionamento, precisamos aprender a soltar as nossas defesas e confiar em nossa capacidade de cultivar relacionamentos saudáveis.

Construir algo em conjunto aproxima e une as pessoas, pois elas se sentem inspiradas pela mesma meta.

Intimidade consigo mesmo

O prazer de estar consigo mesmo cria a disponibilidade para estar com o outro. Pessoa chata é aquela que não consegue estar consigo mesma e espera que o outro a tolere!

Se pararmos para observar o que pensamos a nosso próprio respeito, vamos nos dar conta do quanto nossa autoavaliação possui o poder de nos aproximar ou de nos distanciar de nós mesmos. Para termos uma relação saudável, próxima e direta conosco mesmos, precisamos parar de nos rejeitar.

Quando estamos bem, sentimo-nos confortáveis em nosso corpo: a respiração flui, a barriga está relaxada e as costas estão naturalmente eretas. Quando negamos a nós mesmos, nosso corpo reage, expressando dor.

Se tivermos um relacionamento superficial com nossas emoções, poderemos momentaneamente negá-las, mas nosso corpo irá revelar que estamos, na realidade, nos abandonando. Podemos pensar que estamos bem, mas se nosso estômago começar a doer, irá manifestar nossa ansiedade e confusão emocional.

Devemos aprender a entrar em contato com nossas emoções sem a prévia intenção de compreendê-las de imediato. Essa compreensão virá como um resultado natural da própria integração com os sentimentos que as situações evocam em nós, se formos capazes de experimentá-los de um modo direto e pleno. O segredo está em confiarmos que poderemos obter o que necessitamos saber de uma experiência no ato de acolhê-la.

Tentar analisar nossas emoções, ao contrário do que se supõe, nos distancia da possibilidade de verdadeiramente compreendê-las. "Não tente compreender por que o evento ocorreu, o porquê de suas ações ou sentimentos, o que há de aprender com o evento, etc. ... Essas compreensões virão espontaneamente como resultado da integração que a experiência direta trará. Por enquanto, limite-se a experimentar plenamente os sentimentos do evento. Se você persistir em tentar analisar, a integração será inibida", nos diz John Ruskan.[19]

Não podemos nos obrigar a *sentir* nossos sentimentos. Não há necessidade de forçar nada. O objetivo é integrar as diferentes partes de nossa mente e criar intimidade, isto é, proximidade com a própria mente. Enquanto a nossa capacidade de análise estiver contaminada pelo hábito da autoacusação, é melhor deixá-la de fora.

A chave é manter uma relação direta consigo mesmo. Só assim poderemos apreciar a energia fluida e agradável que existe naturalmente dentro de nós, e não temeremos o isolamento. Desse modo, estaremos aptos a nos isolar quando for necessário intensificar a proximidade conosco mesmos.

---

19. John Ruskan, *Purificação Emocional*, Ed. Rocco, p. 160.

Ser sincero consigo mesmo é um ato de coragem

O autoconhecimento nos leva a tomar decisões ousadas e irreversíveis. Lembro-me de certa vez, quando reconheci em mim um sentimento que exigia muita coragem para ser assumido conscientemente. Entrei no meu quarto, apaguei a luz, deitei na cama, cobri meu rosto com a coberta, e perguntei a mim mesma: "O que você quer fazer nesta situação?"

Apesar de saber que já conhecia a resposta, ter agido assim fez com que eu me aproximasse da decisão. Não havia mais como negar a mim mesma. Depois que escutamos o que queremos, não dá mais para fugir. Pelo menos de nós mesmos. Podemos estrategicamente continuar fingindo para o mundo algo que ainda não estamos prontos para expressar, mas internamente não podemos nos enganar.

Quando finalmente relaxamos, comunicamo-nos com nosso mundo interior sem mais rodeios e rompemos as barreiras das palavras, permitindo que a nossa mente e o corpo se unam. Aos poucos, percebemos que é possível relaxar em nossa própria energia.

Quando o corpo e a mente estão unidos, participamos plenamente do mundo e podemos nos comunicar com ele num nível ainda mais amplo e sutil.

Neste estado *relaxado em nossa própria energia*, gradualmente iremos desenvolver a experiência interna estável de amor, isto é, a base de nosso processo de Autocura Profunda: a *Bodhichitta*.

Por esta razão, termino este livro com uma meditação que pode nos ajudar a desenvolver a empatia pelos outros. Os Lamas nos ensinam que, por meio desta meditação sobre a equanimidade, despertamos nosso potencial para amar até mesmo diante da adversidade.

Meditação sobre a equanimidade para despertar a empatia

Imagine à sua frente três pessoas: uma pessoa por quem sente aversão, uma pessoa que lhe é muito querida e outra por quem seu sentimento é indiferente.

Ao fazermos isso, reconhecemos que surge em nós uma sensação desagradável em relação à primeira, uma agradável sensação de intimidade em relação à segunda, e uma sensação de desdém em relação à terceira.

Agora, pense nas razões pelas quais são gerados estes sentimentos: circunstancialmente a primeira nos prejudicou, a segunda nos ajudou e a terceira não fez nem uma coisa nem outra.

Agora, procure pensar em termos do longo prazo: quantas vezes somos ajudados pela mesma pessoa que um dia nos prejudicou? Quantas vezes a pessoa que nos ajuda também é capaz de nos prejudicar? E quantas vezes somos atraídos ou nos vemos envolvidos com pessoas que nos eram indiferentes?

Ao refletir desta forma, facilmente reconhecemos o quanto nossas avaliações iniciais são unilaterais e relativas.

Refletir sobre a transitoriedade de nossos sentimentos e perceber a relatividade das avaliações sobre as quais muitas vezes sustentamos nossos vínculos, permite-nos uma maior abertura para acolher e nos aproximarmos daqueles que nos cercam.

Assim, seremos capazes de transformar nossa aversão, rancor ou indiferença pelo outro em empatia, como esperamos que façam conosco. E também compreender que mesmo aqueles por quem nutrimos os melhores sentimentos são sujeitos a falhas.

Quando acalentamos rancores, produzimos nas pessoas uma reação muito similar. Se não liberarmos tais sentimentos dentro de nós mesmos, estaremos sujeitos a nos tornar vítimas de alguma crueldade.

Não há como negar que desde cedo formamos vínculos e continuamos a fazê-lo vida afora, logo, precisamos aperfeiçoar nossa capacidade de nos aproximar uns dos outros.

Não há como renunciar às pessoas, portanto, precisamos aprender a amá-las.

Comece por concentrar-se em um momento de sua vida em que você recebeu, de fato, amor. Mantenha sua mente focada nesta experiência até surgir em você um forte sentimento de gratidão: um desejo sincero de retribuir esse amor.

Agora, leve sua atenção para a respiração na altura de seu coração. Nele, visualize uma forte luz azul que cresce e expande-se a cada respiração. Imagine que raios de luz azul saem de seu coração e penetram no coração das três pessoas que estão à sua frente. Raios de gratidão.

Gradualmente, procure visualizar estas pessoas tornando-se cada vez mais receptivas às luzes que você lhes envia a partir de seu coração.

Enquanto isso, reflita sobre a realidade do sofrimento humano: como todas as pessoas gostariam de sentir-se mais próximas uma das outras!

Quando notar que não há mais distância entre o seu coração e o das pessoas à sua frente, dedique a energia acumulada por meio da intenção e da concentração desta meditação para que todas as pessoas possam recuperar o sentimento genuíno de estarmos juntos neste universo, agora e sempre.

As Sete Meditações Ilimitadas

Possam todos os seres ter a felicidade e sua causa.

Possam todos os seres ser livres do sofrimento e de sua causa.

Possam todos os seres jamais se separar da grande felicidade
que está além de todo o sofrimento.

Possam todos os seres sempre viver em equanimidade,
livres da atração por uns e da aversão por outros.

Possam todos os seres se recuperar das doenças causadas pela po-
luição física e mental, e gozar de saúde relativa e absoluta agora e
sempre.

Possam todos os seres relaxar em um meio ambiente
interno e externo puro e saudável agora e sempre.

Possam todos os seres desfrutar de paz interna
e paz no mundo agora e sempre.

Dedicação para a Paz

SHIDE SEMCHOK RINPOCHE
MA KIE PA NAM KIE GUIYUR TCHIG
KIEPA NIAMKA MEPA YANG
GON NE GON TU PEL WAR SHOK

Possa a preciosa mente, pacífica, feliz e saudável
que ainda não nasceu, nascer e crescer.

Possa aquela que nasceu não se degenerar e crescer para sempre.

GUEWA DI YI NIUR DU DAG
SHIDE TCHEMPO DRUP GUYUR NE
DRO WA TCHIK TCHANG MALU PA
DE YI SALA GÖPAR SHOK

Por este mérito, tendo rapidamente obtido o Estado de Vajradhara,
possa eu conduzir todos os seres sencientes,
sem uma única exceção, a esse mesmo estado.

Reza para acumulação de méritos

KIEWA KUNTU YANGDAK LAMA DANG
DREL ME TCHO KI PEL LA LONG TCHO TCHING
SA DANG LAM KI YONTEM RAB TSON NE
DORDJE TCHANG KI GOPANG NHIUR TCHOB SHOG

Em todas as minhas vidas, possa eu nunca me separar de um Guru perfeito e assim desfrutar do esplendor da medicina do Dharma.

Aperfeiçoando as virtudes no caminho e nos bhumis.

Possa eu atingir rapidamente o Estado de Vajradhara.

Dedicação à Longa Vida do Guru-raiz

DJETSUN LAME KUNTSE RABTEN TCHING
NAMKAR TRINLE TCHOG TCHUR GUIEPA DANG
LOBSANG TEMPE DRON ME SA SUM KYI
DROWE MUNSEL TAKTU NE GUIUR TCHIG

Possam os Mestres Sagrados ter Longa Vida.

Possam as atividades iluminadas ser plenamente manifestadas nas dez direções.

Possa a luz dos ensinamentos de Lama Tsong Khapa continuamente dissipar o véu de escuridão que cobre os seres dos três reinos.

Reza de Longa Vida

DU MIM TCHIWE TSENMA TONGWA NA
DE YI MO LA MIKYO DORDJE KU
SEL WAR TOGNE TCHI DAK PEL TCHOM TE
TCHIME RIGZIN NYURDU TOBPAR SHOK

Se começam a aparecer sinais de uma morte prematura, possa eu com a clara visão de Mikyo Dordje, o vajra inabalável, derrotar o senhor da morte e rapidamente obter o siddhi da imortalidade.

Tashi Delê!

(Bem-vindo em tibetano)

Apêndice

Capítulo I
Os 51 Fatores Mentais são divididos em seis grupos:

I. *Os Que Estão Sempre Presentes*

1. Sensação
2. Discernimento
3. Intenção
4. Atenção
5. Relação

II. *Os Que Determinam o Objeto*

1. Aspiração
2. Apreciação
3. Memória
4. Concentração
5. Inteligência ou Sabedoria

III. *Os Onze Fatores Mentais Virtuosos são:*

1. Fé *De.pa*
2. Sentido do que é correto (vergonha) *Ngo.Tsa.she.pa*
3. Consideração pelos outros *Trel.yo.pa*
4. Desapego *Ma.tchag.pa*
5. Não raiva ou imperturbabilidade *She.dang.me.pa*
6. Não confusão *Ti.mug.me.pa*
7. Perseverança Entusiástica *Tson.dru*
8. Flexibilidade *Shintu.djang*
9. Retidão mental *Bag.yo*
10. Não violência *Nam.par.mi.tse.ba*
11. Equanimidade *Tang.nhön*

IV. As Seis Emoções Básicas são:

1. Apego, isto é, desejo ou ansiedade por possuir *Dö.Tchag (em tibetano)*
2. Raiva, hostilidade, ódio *Kong.tro*
3. Ignorância, ilusão *Ma.rig.pa*
4. Orgulho, arrogância *Nga.guiel*
5. Dúvida ou suspeita *Te.tsom*
6. Visões falsas ou errôneas *Ta.wa.nyon.mon.tchen*

V. As Vinte Emoções Secundárias, derivadas de algumas Emoções básicas, conhecidas também como Os Vinte Fatores Afins da Instabilidade, são:

Raiva

1. Irritação, agressividade ou indignação *Tro.wa*
2. Ressentimento ou rancor *Kön.dzin*
3. Hipocrisia ou dissimulação *Tchab.pa*
4. Malevolência ou animosidade *Tseg.pa*
5. Inveja ou ciúmes *Trag.dog*
6. Crueldade ou Malícia *Nam.Tse*

Apego

7. Avareza *Ser.na*
8. Excitação mental *Go.pa*
9. Arrogância ou presunção *Guia.pa*

Ignorância

10. Desatenção *She.Shin Min.pa*
11. Melancolia ou Mente Pesada *Mug.pa*
12. Falta de confiança ou Incredulidade *Ma.te.pa*
13. Preguiça *Lê.lo*
14. Falta de atenção introspectiva ou esquecimento *Dje.nhe*

Ignorância + apego
15. Falsidade ou pretensão *Guiu*
16. Desonestidade *Yo*

Ignorância + apego + raiva
17. Impudência ou ausência de vergonha *NgoTsa Med.pa*
18. Falta do Senso de Propriedade ou desconsideração *Trel.Me.pa*
19. Desinteresse *Bag.me*
20. Distração *Nam.yen*

VI. Os Quatro Fatores Mentais que podem ou não ser virtuosos são:
1. Dormir *nhi*
2. Arrependimento *Guio.pa*
3. Investigação Geral *Tog.pa*
4. Análise *Tcho.pa*

Capítulo II

Seis formas de orgulho:
1. Orgulho inferior
2. Orgulho superior
3. Orgulho extremo
4. Orgulho egoísta
5. Orgulho autoafetado
6. Orgulho distorcido

Capítulo III

O Eu e seus Cinco Agregados:
1. Agregado da forma
2. Agregado da sensação
3. Agregado da discriminação
4. Agregado dos fatores composicionais
5. Agregado da consciência

Capítulo VI

Oito Versos do Treinamento da Mente
por Gueshe Lanrri Tangpa

(Fonte Bibliográfica: Lama Gangchen Rinpoche, *NgelSo Autocura III*, Ed. Gaia, p. 362)

Primeira Luz: Porque aspiro às realizações mais elevadas, muito mais preciosas do que uma joia que realiza todos os desejos, momento após momento devo cuidar de todos os outros seres.

Segunda Luz: Sempre que eu estiver com outras pessoas, devo sentir que eu e os meus desejos não somos importantes e, com um bom coração, devo cuidar dos outros em primeiro lugar.

Terceira Luz: Atento a todas as minhas ações de corpo, palavra e mente, em todo momento em que uma ilusão se manifestar levando a mim e aos outros a agir inadequadamente, devo enfrentá-la e impedir que ela cresça.

Quarta Luz: Sempre que eu encontrar pessoas cheias de maldade e emoções obscuras e violentas, devo considerá-las tesouros preciosos.

Quinta Luz: Mesmo que uma pessoa de quem eu tenha cuidado de uma forma especial e em quem eu realmente tenha confiança se volte contra mim, devo enxergá-la como alguém que me traz ensinamentos.

Sexta Luz: Quando outras pessoas me causarem dificuldades devido à inveja (ou outras ilusões), devo tomar para mim a derrota e lhes oferecer a vitória.

Sétima Luz: Concluindo, tanto em público quanto secretamente, devo sempre oferecer ajuda e felicidade a todos os seres vivos e tomar para mim todas as suas dores e sofrimentos.

Oitava Luz: Livre dos distúrbios dos oito sentimentos desequilibrados e enxergando todas as coisas como ilusões, possa eu ser libertado da prisão dos pensamentos negativos.

Capítulo VII

As Seis Perfeições:

1. Generosidade
2. Moralidade
3. Paciência
4. Esforço entusiástico
5. Concentração
6. Sabedoria

As Seis Perfeições como antídotos dos venenos mentais:

1. Generosidade: do apego e da avareza
2. Moralidade (Ética): da indisciplina que leva às ações negativas
3. Paciência: da raiva
4. Esforço entusiástico: da preguiça e do desencorajamento
5. Concentração: do desontrole e da dispersão mental
6. Sabedoria: da ignorância

Capítulo X

As quatro formas de generosidade:

1. Partilhar os ensinamentos que geram paz interior da forma adequada à mente e à cultura das pessoas, sem esperar pagamento ou recompensa.
2. Oferecer coisas materiais, como nosso corpo e nossos recursos.
3. Oferecer proteção, consolo e coragem. Podemos proteger os outros de perigos de outros humanos, de não humanos e dos elementos.
4. Oferecer amor (oferecer incondicionalmente aos outros nosso tempo, apoio emocional, energia positiva e boas vibrações).

Os três tipos de paciência:

1. Não se aborrecer com os prejuízos infligidos pelas outras pessoas.
2. Aceitar voluntariamente o sofrimento para si.
3. Ser capaz de suportar os sofrimentos próprios do desenvolvimento espiritual.

Capítulo XI

As Quatro Nobres Verdades:

1. O sofrimento existe.
2. O sofrimento tem suas causas.
3. É possível eliminar estas causas.
4. O caminho para eliminá-las.

Os três tipos de sofrimento:

1. Sofrimento Ordinário ou Sofrimento do sofrimento
2. Sofrimento produzido por mudança
3. Sofrimento que tudo permeia

O Nobre Caminho Óctuplo (Oito Nobres Atitudes):

1. O entendimento correto
2. A intenção correta
3. A fala correta
4. A ação correta
5. O modo de vida correto
6. O esforço correto
7. A concentração correta
8. A meditação correta

Capítulo XVI

Os tipos de dúvida segundo o **Abhidharma:**

- Dúvidas deludidas
- Dúvidas não deludidas
- Dúvidas que tendem à verdade
- Dúvidas que tendem a se afastar da verdade
- Dúvidas equilibradas
- Dúvidas virtuosas
- Dúvidas não virtuosas
- Dúvidas neutras

As três causas para se tomar refúgio:

1. Toma-se refúgio por medo.
2. Toma-se refúgio por fé e certeza.
3. Toma-se refúgio por compaixão.

Os Seis Reinos de Existência e sua experiência emocional dominante:

1. Deuses (orgulho)
2. Semideuses (ciúmes)
3. Humanos (desejo)
4. Animais (medo)
5. Fantasmas famintos (ganância)
6. Infernos (raiva)

Os Oito Grandes Medos Internos são comparados a uma determinada causa externa de medo:

1. Sofrimento do apego é comparado com o confrontar uma grande enchente ou imensas ondas do oceano.
2. Sofrimento da raiva é comparado com o confrontar um incêndio.

3. Sofrimento da ignorância é comparado com o confrontar um elefante furioso.

4. Sofrimento dos ciúmes é comparado com o confrontar serpentes venenosas.

5. Sofrimento do orgulho é comparado com o confrontar um leão.

6. Sofrimento da avareza é comparado com o estar presos por correntes.

7. Sofrimento de visões errôneas é comparado com o confrontar ladrões.

8. Sofrimento da dúvida é comparado com o confrontar inimigos.

Os "Oito Menores" são:

1. Medo dos canibais ou dos Ogres, os Comedores de Carne
2. Medo do mal da lepra
3. Medo dos malefícios dos mensageiros de Indra, uma divindade Celeste
4. Medo da pobreza
5. Medo da perda de parentes, separar-se dos amigos
6. Medo da punição real, do castigo de um rei
7. Medo da chuva de meteoritos
8. Medo da ruína de nossos objetivos

Capítulo XVII

Os três tipos de preguiça:

1. A *preguiça da procrastinação*, que surge quando pensamos "por que não deixar para amanhã...".

2. A *preguiça ocupada*, na qual preenchemos totalmente nosso tempo fazendo uma série de coisas como desculpa para não fazermos de fato o que sabemos que deve ser feito.

3. A *preguiça por inferioridade*, na qual cultivamos a sensação de não sermos capazes ou ainda estarmos imaturos para fazer o que sabemos que é necessário ser feito.

Capítulo XVIII

Os três tipos de esforços:

1. Esforço como armadura
2. Esforço de acumular virtudes
3. Esforço de beneficiar os outros

Os quatro métodos para intensificar nosso esforço, conhecidos como os quatro poderes:

1. Poder da aspiração
2. Poder da constância
3. Poder da alegria
4. Poder da descontração

Capítulo XXI

Os três tipos de confiança:

1. Confiança lúcida
2. Confiança esperançosa
3. Confiança desejosa

Os quatro tipos de confiança:

1. A primeira é confiar não na pessoa, mas na doutrina. Significa que devemos examinar o que uma pessoa diz.
2. A segunda é confiar não nas palavras, porém no significado. Significa que não devemos nos ater à forma, por exemplo se as palavras são belas, mas sim ao seu significado.
3. A terceira é, com relação ao significado, não confiar naquilo que requer uma interpretação, mas no que é definitivo.

4. A quarta é, com relação ao definitivo, deve-se confiar não no modo de percepção das consciências que são afetadas pela aparência dual, mas em uma consciência de sabedoria exaltada Superior, na qual todo dualismo tenha sido totalmente extinguido.

Capítulo XXII

Os três tipos de energias que mantêm nossa mente ligada ao nosso corpo:

1. Energia do mérito
2. Energia vital
3. Energia do karma

O processo da morte:

1. Dissolução do elemento terra
2. Dissolução do elemento água
3. Dissolução do elemento fogo
4. Dissolução do elemento ar
5. Dissolução do elemento espaço: da mente sutil relativa ao apego
6. Dissolução do elemento espaço: da mente sutil relativa à raiva
7. Dissolução do elemento espaço: da mente sutil relativa à ignorância
8. Experiência *Clara Luz*

Os seis tipos de bardo:

Os três primeiros bardos pertencem à vida presente:

1. O bardo do nascimento à morte
2. O bardo do sonho
3. O bardo da concentração: do início ao fim de uma meditação

Os três últimos pertencem ao processo da morte:

4. O bardo do momento da morte: do início do processo da morte até a morte efetiva.
5. O bardo da natureza em si: do momento da morte até o aparecimento das divindades no estado *post-mortem*.
6. O bardo do vir a ser: do fim do precedente até o nascimento.

Três considerações sobre a mortalidade para uma vida melhor:

- Primeiro Ponto: *a morte é certa e inevitável.*
- Segundo Ponto: *nunca sabemos quando vamos morrer.*
- Terceiro Ponto: *no momento da morte, só uma coisa nos pode ajudar: o desenvolvimento espiritual que tenhamos praticado até então.*

Capítulo XXV

As Sete Práticas de Causa e Efeito da Mente Bodhichitta *descritas no Lam Rim:*

- Primeira causa: compreendendo que todos os seres sencientes foram sua mãe.
- Segunda causa: lembrando a sua bondade.
- Terceira causa: retribuindo as suas bondades.
- Quarta causa: meditando no amor que surge pela força da atração.
- Quinta causa: grande compaixão.
- Sexta causa: altruísmo
- Sétima causa: *Bodhichitta*

Índice remissivo

A

Abertura, 22, 39, 53, 59, 89, 105, 113, 127, 135, 137, 146, 156, 158, 166, 204, 230, 240, 241, 265, 266, 272

Abhidharma, 36, 38, 50, 163, 164, 165, 174, 203, 281

Aceitação, 46, 48, 58, 59, 62, 105, 125, 126, 134, 192, 202, 214, 215, 230, 240, 247, 256, 264, 265

Aceitação incondicional, 155, 269,

Acolher, 48, 69, 77, 93, 105, 124, 193, 244, 251, 254, 257, 258, 272

Adrenalina, 163, 164, 177, 188

Adversidade, 64, 183, 269, 271

Afinidade, 50, 59

Agregado

da consciência, 51, 277

da discriminação, 49, 51, 277

da forma, 49, 51, 277

da sensação, 49, 51, 277

dos fatores composicionais, 50, 51, 277

Água, 30, 75, 102, 112, 113, 144, 169, 178, 217, 218, 219, 260, 284

Alegria, 22, 24, 30, 67, 112, 115, 123, 141, 142, 146, 151, 156, 178, 181, 182, 186, 187, 188, 189, 207, 224, 225, 234, 242, 254, 257, 263, 283

Amigos espirituais, 84, 167

Amor

ativo, 186

passivo, 185, 186

Análise, 38, 70, 189, 223, 261, 270, 277

Ânimo, 89, 115, 141, 156

Antídoto, 46, 47, 48, 59, 78, 79, 80, 111, 157, 158, 159, 169, 179, 180, 198, 233,

Apego, 35, 36, 37, 43, 44, 49, 50, 63, 73, 78, 79, 80, 82, 83, 88, 105, 112, 113, 126, 127, 128, 129, 145, 163, 171, 182, 196, 198, 217, 218, 220, 221, 222, 225, 231, 232, 233, 251, 252, 253, 268, 276, 277, 279, 281, 284

Apreciação, 50, 62, 203, 275

Ar, 104, 179, 194, 217, 219, 284

Armadilha, 53, 175

Armadura, 59, 182, 183, 283

Arquétipo, 187, 188, 195, 200

Arrependimento, 38, 135, 179, 181, 277

Arrogância, 36, 37, 43, 46, 276

Aspiração, 135, 182, 185, 262, 275, 283

Audaz, 194

Ausência de vergonha, 37, 277

Auto

    admiração, 48

    anulação, 90

    avaliação, 69, 270

    comiseração, 146, 211, 250

    compaixão, 93

    condenação, 63, 154

    conhecimento, 21, 30, 39, 41, 89, 122, 128, 142, 143, 144, 149, 160, 194, 210, 241, 247, 250, 271

    consciência, 13, 35, 41

    cura, 48, 74, 80, 81, 85, 112, 119, 135, 144, 167, 175, 234, 252, 255

    cura tântrica NgelSo, 28, 83, 85, 88

    destruição, 61, 67

    estima, 35, 61, 86, 87, 89, 90, 91, 92, 93, 94, 111, 128, 142, 153, 154, 180, 183, 190, 247, 267

    estímulo, 159

    ilusão, 65, 66, 158

    imagem, 46, 57, 58, 62, 69, 88, 112, 115, 197, 210, 237, 243

    julgamento, 47

    ódio, 243

    percepção, 41, 89, 97

    realização, 48

    reconhecimento, 100, 251

    rejeição, 69, 70, 143, 155

    sabotagem, 61, 62, 63, 65, 66, 75, 158

    tonglen, 60, 180

    valorização, 90

Avareza, 37, 79, 88, 111, 172, 190, 276, 279, 282

B

Bardo, 140, 164, 221, 222, 255, 264, 283, 285

Bênção, 141, 166, 194

Bloqueio interno, 69

Bode expiatório, 41, 149

Bodhichitta, 28, 39, 88, 89, 107, 259, 261, 262, 263, 271, 285

Bodhisattva, 107, 113, 116

Bom senso, 69

Bondade fundamental, 38, 39, 196, 230, 235, 236, 240

Borobudur, 28, 29, 31, 78, 103, 137, 177

Buddha, 13, 24, 29, 36, 64, 77, 78, 83, 85, 107, 110, 112, 114, 117, 121, 140, 165, 192, 203, 207, 209, 239, 255, 262

    Shakyamuni, 13, 77, 209

Budismo, 22, 23, 24, 25, 26, 28, 29, 34, 35, 36, 38, 42, 60, 65, 68, 72, 77, 81, 84, 88, 106, 107, 113, 114, 117, 121, 122, 130, 135, 140, 144, 165, 166, 167, 183, 184, 190, 198, 202, 203, 207, 213, 214, 215, 217, 221, 223, 226, 227, 231, 232, 242, 245, 249, 254, 255, 259, 261

    Tântrico, 146, 207, 211, 215

    Tibetano, 21, 22, 23, 24, 28, 30, 35, 38, 41, 42, 43, 44, 53, 58, 77, 106, 126, 141, 157, 170, 206, 217, 254, 261, 262, 301

C

Caminho
espiritual, 29, 89, 138, 203, 207
óctuplo, 129, 130, 134, 183, 280
tântrico, 26, 84

Caos, 159, 175, 204, 228, 245, 261

Carência, 53, 89, 149, 230, 232

Cérebro, 50, 51, 52, 55, 57, 65, 114, 190, 220

Chakra, 144, 215, 219

Chorar, 27, 161, 249, 250, 251

Choro
frio, 250, 251
quente, 250

Cinco Agregados, 49, 277

Ciúmes, 35, 37, 75, 79, 165, 168, 172, 225, 233, 276, 281, 282

Clara Luz, 11, 28, 29, 30, 31, 126, 140, 166, 179, 188, 219, 220, 221, 222, 256, 257, 284

Codependente, 267

Compaixão, 34, 35, 39, 40, 48, 59, 66, 83, 94, 95, 112, 124, 127, 129, 145, 167, 182, 201, 210, 216, 225, 237, 250, 261, 262, 281, 285

Concentração, 60, 79, 103, 110, 116, 130, 133, 137, 140, 144, 173, 204, 211, 221, 255, 256, 272, 275, 279, 280, 284

Confiança, 34, 37, 39, 92, 93, 105, 158, 163, 166, 167, 173, 179, 180, 188, 190, 193, 194, 196, 198, 200, 202, 203, 204, 205, 206, 207, 208, 209, 210, 211, 218, 228, 234, 237, 240, 244, 245, 250, 264, 267, 276, 278, 283

Conflitos emocionais, 71, 261

Confusão, 33, 37, 68, 69, 70, 79, 89, 109, 122, 141, 142, 212, 225, 235, 251, 270

emocional, 68, 69, 70, 141, 270

Consciência, 22, 36, 40, 41, 47, 49, 50, 51, 55, 56, 57, 65, 66, 67, 71, 93, 97, 100, 101, 109, 113, 116, 117, 122, 124, 125, 134, 136, 137, 144, 145, 154, 157, 161, 168, 169, 170, 194, 201, 203, 214, 217, 219, 220, 222, 224, 234, 238, 242, 243, 247, 251, 255, 260, 262, 277, 284
da morte, 214, 225

Consciente, 39, 51, 65, 92, 101, 105, 115, 122, 138, 140, 149, 197, 220, 229, 235, 245, 255, 259

Consideração pelos outros, 37, 113, 275

Constância, 182, 183, 186, 204, 222, 283

Continuidade, 39, 77, 107, 116, 129, 136, 167, 195, 204, 223, 224, 228, 242, 247, 256, 258

Contínuo mental, 50, 145, 215, 218, 220, 225, 226, 249, 255

Continuum indestrutível, 771
mental, 162, 242

Coração, 11, 14, 31, 39, 43, 44, 59, 71, 83, 88, 89, 99, 101, 102, 103, 105, 107, 121, 138, 144, 148, 153, 164, 167, 173, 184, 189, 190, 191, 198, 200, 201, 208, 211, 218, 219, 220, 232, 234, 235, 243, 248, 250, 262, 272, 278

Coragem, 39, 40, 92, 98, 105, 110, 111, 117, 134, 146, 156, 157, 162, 183, 186, 188, 190, 191, 192, 193, 194, 196, 198, 201, 207, 247, 269, 271, 279

Corpo-Vajra, 78

Crueldade, 37, 272, 276

Culpa, 41, 47, 63, 68, 125, 129, 147, 149, 192

Curiosidade, 126, 147, 156, 158, 197, 207, 241, 266

D

Defesa, 128, 136, 177, 247

Delicadeza, 69, 70

Desapego, 37, 111, 145, 187, 188, 253, 254, 268, 275

Desatenção, 37, 276

Desconhecido, 128, 132, 145, 156, 167, 179, 193, 213, 228, 241, 246

Desconsideração, 37, 208, 277

Descontração, 182, 188, 189, 283

Descontrole, 79

Desejo, 36, 51, 61, 63, 64, 90, 109, 122, 126, 135, 141, 157, 165, 168, 180, 185, 203, 208, 210, 228, 229, 230, 247, 258, 261, 262, 266, 268, 269, 272, 276, 281

Desencorajamento, 79, 279

Desenvolvimento espiritual, 34, 36, 38, 82, 106, 114, 118, 225, 230, 280, 285

interno, 64

Desinteresse, 37, 176, 277

Desonestidade, 37, 277

Despertar, 28, 41, 43, 59, 70, 74, 84, 85, 108, 109, 110, 116, 118, 122, 124, 133, 146, 150, 162, 163, 181, 185, 188, 191, 194, 195, 196, 200, 205, 236, 240, 250, 253, 259, 260, 262, 267, 268, 271

Determinação, 11, 34, 73, 80, 142, 143, 182, 185, 193, 208, 225, 261

Deus, 26, 63, 199, 200, 229, 255

Dharma, 11, 14, 24, 25, 31, 107, 174, 203, 207, 222, 233, 241, 262, 274

Mahayana, 107

Dinheiro, 65, 66, 119, 140, 161, 162, 239

Dispersão mental, 83, 282

Dissimulação, 41, 280

Distração, 41, 203, 280

Divindade, 174, 175, 176, 214, 215, 285

Doenças psicossomáticas, 72

Dor, 23, 29, 43, 58, 59, 60, 66, 68, 71, 73, 122, 123, 124, 126, 128, 129, 133, 134, 139, 142, 143, 144, 145, 146, 157, 177, 179, 180, 184, 185, 187, 192, 193, 198, 228, 233, 235, 238, 239, 242, 246, 247, 248, 250, 251, 252, 254, 256, 257, 258, 259, 267, 270

emocional, 68, 142, 143, 177, 246, 247, 251

Dormir, 38, 110, 143, 152, 154, 161, 199, 202, 221, 241, 277

Dúvida, 27, 36, 52, 53, 65, 102, 105, 133, 135, 163, 164, 165, 166, 167, 169, 170, 172, 173, 204, 215, 244, 252, 264, 276, 281, 282

E

Ego, 21, 35, 43, 44, 45, 46, 47, 49, 53, 59, 90, 100, 101, 126, 127, 151, 160, 170, 229, 253

Ego inflado, 91, 190

Egoísmo, 83

Einstein, 45, 223

Elogio, 91, 186

Emoções, 9, 11, 13, 21, 22, 27, 33, 34, 36, 51, 55, 56, 65, 67, 68, 69, 70, 71, 73, 74, 75, 76, 77, 79, 80, 81, 82, 89, 92, 93, 99, 105, 114, 128, 142, 146, 148, 149, 150, 151, 158, 163, 174, 179, 183, 201, 209, 216, 218, 237, 250, 251, 270, 276

negativas, 34, 35, 38, 71, 77, 78, 82, 83, 87, 114, 160, 168

positivas, 34, 35, 38, 39, 75, 77, 78, 79, 142

Empatia, 75, 89, 124, 236, 238, 258, 259, 262, 265, 266, 267, 268, 271, 272

Encruzilhada, 131, 132, 134, 135, 136, 138

Energia

    sutil, 77, 78, 85, 112, 255

    vital, 31, 34, 53, 54, 93, 101, 108, 118, 119, 135, 136, 155, 170, 175, 177, 200, 216, 224, 241, 247, 249, 257, 284

Ensinamentos, 22, 23, 24, 28, 51, 53, 54, 77, 78, 84, 85, 87, 100, 106, 107, 109, 110, 111, 118, 121, 125, 130, 139, 145, 156, 167, 176, 183, 184, 197, 198, 201, 203, 205, 207, 209, 255, 262, 264, 274, 278, 279

Equanimidade, 38, 132, 261, 263, 271, 273, 275

Esforço, 9, 22, 53, 62, 90, 91, 92, 110, 130, 135, 137, 175, 178, 180, 181, 182, 183, 185, 186, 188, 189, 235, 237, 280, 283

Esforço entusiástico, 79, 80, 110, 115, 116, 279

Espaço, 56, 71, 72, 73, 81, 82, 83, 87, 93, 97, 100, 102, 114, 115, 116, 118, 132, 133, 140, 141, 148, 151, 153, 166, 168, 181, 193, 199, 201, 207, 217, 219, 220, 238, 241, 242, 244, 246, 260, 284

Espiritualidade, 21, 22, 53, 64, 127, 178, 229, 235, 265

Espontaneidade, 26, 39, 102, 170, 234, 236, 237

Esquecimento, 37, 276

Essência da vida, 106, 107, 118, 119

Estagnação, 39, 175, 177

Eu, 21, 23, 42, 43, 48, 49, 51, 53, 54, 55, 56, 58, 59, 64, 88, 127, 171, 200, 213, 214, 258, 262, 263, 268, 277

Excitação mental, 37, 276

Expectativas, 73, 92, 105, 127, 140, 158, 186, 238, 254

F

Falsas dependências, 150

Falsidade, 37, 42, 277

Falta

    de atenção introspectiva, 37, 276

    de confiança, 37, 267, 276

Fatores Mentais, 13, 36, 37, 38, 41, 50, 134, 163, 275, 277

Fé, 34, 37, 134, 135, 165, 167, 202, 203, 209, 210, 211, 218, 275, 281

Felicidade, 22, 34, 42, 43, 50, 53, 62, 63, 64, 67, 69, 75,88, 95, 122, 128, 140, 141, 143, 145, 147, 159, 181, 182, 184, 186, 193, 201, 216, 231, 233, 252, 263, 273, 278

Firmeza, 180, 250

Flexibilidade, 37, 46, 54, 56, 69, 74, 108, 146, 230, 240, 275

Fogo, 30, 135, 184, 196, 197, 198, 217, 218, 256, 260, 284

Fracasso, 157, 158, 182, 192, 214

Freud, 46, 47, 151, 253

Frustração, 148, 152, 156, 157, 158, 159, 222

G

Generosidade, 11, 35, 79, 80, 90, 91, 110, 111, 112, 113, 116, 182, 183, 193, 210, 216, 255, 279

Gentileza, 30, 61, 90, 180

Gratidão, 62, 134, 144, 233, 234, 257, 272

Guerreiro, 131, 160, 188, 190, 195

Guru, 24, 85, 205, 206, 211, 263, 274

H

Hábitos, 35, 36, 50, 53, 60, 61, 64, 65, 67, 99, 113, 131, 136, 137, 139, 167, 201, 205, 237, 255
Harmonia interior, 68
Hipocrisia, 37, 276
Hostilidade, 36, 276
Humor, 141, 151, 182, 234, 241

I

Ideal do ego, 46, 47
Ignorância, 29, 35, 36, 37, 44, 79, 84, 117, 123, 126, 127, 129, 139, 141, 163, 171, 174, 182, 198, 211, 217, 220, 221, 276, 277, 279, 282, 284
Iluminação, 78, 83, 84, 88, 89, 94, 106, 107, 117, 121, 127, 146, 171, 198, 221, 225, 231, 261, 262
Ilusão, 36, 45, 127, 174, 185, 276, 278
Imperturbabilidade, 37, 275
Impudência, 37, 277
Inconsciente, 40, 60, 63, 65, 90, 149, 194, 200, 221
Incredulidade, 37, 276
Indignação, 37, 74, 122, 123, 152, 247, 252, 276
Indolência, 176, 180
Insatisfação, 221, 231, 232
Insegurança, 45, 65, 93, 109, 123, 145, 160, 163, 168, 169, 204, 206, 208, 228
Intelectual, 21, 67, 84, 130, 214, 262
Interdependência positiva, 87, 184
Intimidade, 72, 77, 94, 175, 231, 238, 250, 265, 270, 271
Intuição, 170, 172, 239

Inveja, 35, 37, 75, 86, 91, 165, 182, 187, 190, 245, 276, 278
Investigação geral, 38, 277
Irritação, 21, 37, 64, 105, 148, 149, 150, 151, 152, 153, 154, 196, 237, 244, 253, 276

K

Karma, 140, 167, 168, 171, 216, 227, 231, 264, 284
Kata, 264

L

Lam Rim, 78, 80, 83, 106, 225, 262, 285
Lama Curador, 10, 84, 85, 112, 203
  Gangchen Rinpoche, 5, 11, 22, 24, 25, 28, 34, 42, 72, 74, 75, 78, 80, 81, 82, 84, 85, 87, 88, 93, 103, 106, 107, 109, 112, 114, 117, 119, 125, 137, 145, 153, 160, 162, 164, 167, 170, 177, 181, 182, 183, 184, 193, 198, 205, 207, 209, 213, 215, 217, 227, 232, 241, 261, 262, 278

  Michel Rinpoche, 5, 12, 13, 60, 62, 63, 106, 107, 128, 186, 197
Leveza, 72, 129, 141, 186, 188, 234
Limites, 21, 47, 59, 92, 128, 142, 158, 161, 183, 194, 195, 214, 221, 229, 266, 267
Linhagem Tântrica, 84
Luto, 144, 246, 247, 248, 249, 252, 253, 254, 255, 256, 257, 258

M

Mágoa, 200, 250

Maitri, 62

Malevolência, 37, 276

Malícia, 37, 276

Mantras, 113, 139, 162, 170, 171, 216, 218, 234, 239, 245

Mantrayana, 78

Marcas mentais, 50, 53, 64, 65, 67, 106, 144, 145, 161, 167, 198

Medicina Budista, 194

Medo, 21, 24, 36, 42, 44, 46, 50, 53, 63, 65, 68, 71, 92, 93, 98, 103, 105, 108, 111, 113, 127, 133, 134, 142, 150, 156, 159, 160, 161, 162, 163, 164, 166, 167, 168, 169, 170, 171, 172, 182, 183, 187, 190, 191, 193, 195, 196, 199, 201, 204, 206, 213, 215, 222, 224, 225, 227, 233, 237, 238, 242, 243, 244, 245, 251, 252, 265, 281, 282

Melancolia, 37, 176, 253, 276

Mente, 9, 13, 28, 34, 35, 37, 38, 39, 41, 43, 44, 49, 50, 52, 53, 57, 60, 62, 64, 65, 66, 68, 69, 72, 73, 74, 75, 77, 78, 79, 80, 81, 82, 83, 84, 87, 88, 89, 93, 96, 97, 98, 102, 103, 104, 105, 106, 107, 108, 109, 110, 111, 112, 113, 114, 116, 117, 119, 125, 126, 127, 128, 129, 130, 132, 133, 134, 135, 136, 137, 138, 139, 140, 141, 143, 144, 145, 146, 148, 149, 150, 154, 155, 157, 159, 161, 163, 164, 165, 167, 168, 170, 171, 173, 174, 179, 183, 184, 190, 191, 192, 193, 196, 197, 198, 201, 203, 204, 205, 207, 209, 211, 215, 216, 217, 219, 220, 221, 222, 223, 224, 225, 227, 228, 236, 241, 242, 244, 249, 251, 252, 253, 258, 259, 260, 261, 262, 263, 264, 270, 271, 272, 273, 276, 278, 279, 284, 285

inquieta, 39, 165

pesada, 37, 276

Mente-Vajra, 78

Mestre, 5, 22, 23, 24, 25, 26, 27, 28, 38, 58, 61, 78, 84, 85, 103, 104, 106, 112, 132, 135, 162, 167, 173, 178, 189, 196, 205, 206, 207, 211, 237, 238, 257

Métodos

de purificação, 72

tântricos, 77

Moralidade, 79, 87, 107, 110, 113, 114, 115, 116, 279

Morte, 24, 28, 30, 40, 63, 77, 83, 101, 108, 109, 117, 118, 122, 132, 143, 145, 146, 164, 167, 169, 179, 181, 197, 198, 200, 212, 213, 214, 215, 217, 219, 220, 221, 222, 223, 224, 225, 227, 228, 229, 230, 231, 233, 234, 235, 236, 237, 238, 239, 241, 242, 245, 246, 248, 249, 252, 253, 254, 255, 256, 257, 258, 259, 264, 274, 284, 285, 300

Mudança, 22, 24, 30, 39, 61, 63, 65, 74, 100, 123, 130, 134, 153, 157, 162, 175, 180, 182, 193, 194, 196, 200, 229, 248, 268, 280

Mundo

externo, 62, 151, 162, 229, 260

interno, 69, 110, 140, 162, 229, 260

N

Não confusão, 37, 275

Não raiva, 37, 38, 275

Não violência, 38, 275

Natureza, 13, 21, 22, 28, 29, 30, 33, 35, 36, 38, 46, 60, 72, 74, 77, 79, 80, 81, 83, 94,

95, 96, 100, 121, 123. 125, 126, 127, 128, 138, 144, 153, 169, 170, 171, 172, 174, 177, 188, 191, 192, 214, 215, 220, 221, 222, 223, 230, 236, 239, 253, 255, 256, 257, 258, 260, 261, 262, 263, 285

Necessidades, 28, 35, 66, 90, 91, 92, 98, 102, 114, 129, 142, 146, 152, 158, 161, 168, 184, 190, 191, 192, 202, 210, 227, 228, 230, 231, 232, 238, 240, 241, 242, 256, 267, 268

Negatividade, 41, 71, 72, 73, 87, 93, 94, 107, 115, 125, 127, 159, 185, 190, 191, 192, 256

NgelSo, 83, 85, 88, 198

Nirvana, 77, 81, 200, 201

Nyang-de, 200

O

Oferendas, 112, 113, 255

Oito Versos do Treinamento da Mente, 74, 75, 278

Onze Fatores Mentais Virtuosos, 36, 37, 41, 134, 275

Orgulho, 36, 43, 44, 45, 83, 105, 135, 163, 168, 172, 182, 210, 211, 242, 242, 243, 276, 277, 281, 282

P

Paciência, 74, 78, 79, 80, 82, 110, 114, 115, 116, 144, 148, 182, 193, 216, 225, 279, 280

Paramita, 110, 111, 113

Paz, 9, 11, 22, 23, 24, 25, 28, 29, 31, 67, 72, 81, 85, 87, 88, 93, 97, 102, 105, 111, 128, 153, 154, 162, 167, 168, 195, 198,

207, 211, 215, 227, 233, 236, 242, 243, 273, 279

interna, 87, 88, 125, 129, 207, 273

Pecado, 44

Pensamentos repetitivos, 103

Perseverança, 105, 115, 137, 180, 181, 182, 189

entusiástica, 37, 275

Pílulas abençoadas, 112, 219

Powa, 255, 256

Prajnaparamita, 131

Preces, 218, 219, 245

Preguiça, 22, 37, 63, 65, 79, 137, 172, 174, 175, 176, 177, 178, 179, 180, 183, 276, 279, 282

Pretensão, 37, 125, 277

Problema, 39, 46, 71, 72, 73, 80, 87, 88, 91, 94, 104, 126, 128, 129, 134, 135, 142, 143, 172, 195, 196, 199, 200

Procrastinação, 176, 282

Projeções, 51, 124, 126, 170, 210, 229

Prudência, 193, 194

Psicologia Budista, 24, 35, 36, 42, 43, 44, 47, 49, 50, 61, 63, 79, 124, 132, 134, 145, 163, 175, 182, 190

Puja de Purificação, 255

Purificação, 30, 72, 97, 201, 256

R

Raiva, 35, 36, 37, 38, 41, 44, 50, 54, 78, 79, 80, 82, 103, 105, 110, 114, 126, 129, 151, 160, 162, 163, 165, 168, 171, 187, 208, 215, 217, 220, 222, 225, 242, 243, 244, 253, 275, 276, 277, 279, 281, 284

Rancor, 37, 80, 272, 276

Realidade exterior, 158

Reencarnação, 25, 26, 27, 164, 215

Refletir, 22, 30, 42, 54, 61, 75, 79, 80, 96, 194, 114, 117, 118, 134, 135, 136, 183, 204, 207, 213, 214, 223, 225, 235, 272

Regozijo, 78

Remorso, 47

Renascimento, 83, 146, 164, 213, 216, 219, 220, 221, 222, 223, 226, 255

Resiliência, 189

Resistência, 39, 65, 83, 175, 177, 179, 187, 193, 213

Ressentimento, 37, 44, 68, 176, 276

Retidão mental, 38, 275

Rigidez, 53, 54, 55, 56, 74, 140, 191

Rituais, 213, 254, 255, 256

S

Sabedoria, 5, 22, 27, 35, 67, 71, 78, 79, 81, 84, 89, 107, 110, 112, 113, 116, 117, 122, 123, 126, 127, 129, 132, 133, 134, 138, 144, 157, 165, 179, 185, 188, 203, 205, 210, 215, 221, 225, 234, 251, 256, 262, 263, 275, 279, 284

Samsara, 37, 41, 275

Sangha, 203, 207

Satisfação, 35, 60, 63, 78, 105, 129, 174, 186, 198, 207, 221, 240, 268, 269

Segurança, 39, 87, 110, 117, 142, 162, 166, 167, 175, 182, 192, 193, 202, 204, 213, 228, 269

Seis Perfeições, 79, 107, 110, 111, 113, 114, 115, 116, 171, 279

Self, 125, 170, 200

Sementes, 50, 63, 64, 65, 67, 168

Sentido do que é correto, 37, 41, 275

Ser autêntico, 128, 134, 159, 200, 235, 237, 249, 257

   compassivo, 135

   sagrado, 138, 201

Serenidade, 104, 158, 239, 258

Seres sagrados, 29, 167

Silêncio, 27, 96, 97, 98, 99, 100, 101, 102, 103, 104, 105, 138, 139, 201, 222, 237, 239, 241, 251

Sinceridade, 66, 129, 146, 201

Sistema límbico, 52, 55

Sítio Vida de Clara Luz, 28, 29, 166, 179, 188, 256, 257

Sofrimento, 29, 30, 42, 53, 57, 59, 63, 64, 71, 73, 83, 88, 106, 107, 109, 111, 114, 115, 119, 121, 122, 123, 124, 126, 127, 128, 129, 130, 132, 133, 134, 137, 138, 139, 140, 142, 143, 144, 145, 146, 152, 157, 161, 162, 165, 167, 171, 172, 180, 183, 184, 185, 187, 192, 195, 201, 210, 221, 222, 247, 250, 251, 258, 259, 260, 261, 262, 272, 273, 280, 281, 282

Sogdzin, 144, 145

Solidão, 43, 44, 45, 53, 75, 169, 170, 213, 230, 232, 242, 243, 244, 245, 264, 267

Sombra, 60, 135, 139, 140, 149, 191, 216

Sonhar, 158, 254

Stupa de Borobudur, 28, 29, 78, 137

Submissão, 114, 192, 232, 259

Superego, 46, 47

Supremos curadores, 262

Surgimento interdependente, 242

Suspeita, 36, 276

Susto, 159, 213, 254, 264

Sutra, 77, 78, 81, 83, 85, 101

Sutrayana, 77, 78, 79, 80, 81

T

Tálamo, 51, 52

Tantra, 77, 82, 83, 85, 88, 217, 220

Tantrayana, 77, 78, 81, 82

Tara Verde, 170, 171, 172, 173, 234

Tarefas inacabadas, 179

Tendrel, 242

Tensão interna, 53

Ternura, 62, 89

Terra Pura, 197, 198, 221, 222, 255

Tibete, 9, 22, 24, 25, 28, 29, 42, 74, 78, 83, 107, 255, 257, 264

Timidez, 179

Tirania, 191

Tolerância, 74, 144, 156

Tomar refúgio, 166, 167, 281

Tonglen, 59, 180

Tradição budista, 39, 63, 97, 112, 171, 219 judaico-cristã, 63

Traição, 66

Tristeza, 34, 50, 54, 68, 103, 105, 122, 143, 151, 187, 222, 234

Tsatsas, 144, 145, 256

V

Vacuidade, 83, 165, 209, 214, 220, 221, 263

Vajrasattva, 222

Vajrayana, 26, 28, 78, 81, 82,

Vergonha, 37, 40, 41, 42, 43, 45, 46, 47, 48, 53, 54, 55, 57, 58, 59, 60, 65, 98, 275, 277

Vinte Emoções Secundárias, 36, 37, 174, 276

Virtude, 34, 41, 80, 183, 208

Visão kármica, 167

Visões errôneas, 40, 163, 172, 282 falsas, 36, 276

Visualizações, 112, 113, 236, 239, 241

Vocação, 198, 199, 201

Vontade, 22, 34, 41, 42, 53, 61, 62, 65, 128, 129, 137, 158, 160, 163, 177, 181, 182, 185, 200, 230, 235, 236, 244

Vulnerabilidade, 76, 93, 162, 191, 192, 206, 213, 234, 252

Contatos

com a autora e Vida de Clara Luz

Bel Cesar
Sede Vida de Clara Luz
Rua Aimberê, 2008
Perdizes – São Paulo – SP
CEP 01258-020
belcesar@vidadeclaraluz.com.br
www.vidadeclaraluz.com.br
www.somostodosum.ig.com.br/belcesar

com Centro de Dharma da Paz Shi De Tchö Tsog

Rua Herculano, 53
Sumaré – São Paulo – SP
CEP 01257-030
Tel: +55 11 3871-4827
www.centrodedharma.com.br/www.ngalso.org

com Lama Michel Rinpoche e com Lama Gangchen Rinpoche

Kunpen Lama Gangchen
Via Marco Polo, 13
20124 Milano – Itália
Tel +39 02 29010263
kunpen@gangchen.it
kunpen.ngalso.net

Albagnano Healing Meditation Centre
Via Campo dell'Eva, 5
28813 Albagnano di Bée (VB) – Itália
Tel +39 0323 569601
segreteria@ngalso.net
ahmc.ngalso.net

Bel Cesar, psicóloga clínica, psicoterapeuta sob a perspectiva do Budismo Tibetano. Dedica-se ao acompanhamento daqueles que enfrentam a morte desde 1990 e ao tratamento do estresse pós-traumático com o método de S.E.® - Somatic Experiencing (Experiência Somática). Em 1987, organizou a primeira vinda de Lama Gangchen Rinpoche ao Brasil. Presidiu o Centro de Dharma da Paz por 16 anos. Desde 2004, em parceria com Peter Webb, desenvolve atividades de Ecopsicologia no Sítio Vida de Clara Luz, em Itapevi (São Paulo). Elaborou o livro "Oráculo I Lung Ten", compilando 108 predições de Lama Gangchen Rinpoche e outros mestres tibetanos. É também autora dos livros "Viagem Interior ao Tibete" e "Morrer não se improvisa", "O livro das Emoções", "Mania de Sofrer" e o " O sutil desequilíbrio do estresse" em parceria com o psiquiatra Dr. Sergio Klepacz. Todos editados pela Editora Gaia.

Mania de Sofrer

Reflexões inspiradas na Psicologia do Budismo Tibetano

Em *Mania de sofrer*, Bel Cesar, psicóloga clínica e praticante do Budismo Tibetano, apresenta ao leitor suas considerações acerca da Roda da Vida.

A Roda da Vida foi uma imagem criada por Buddha Shakyamuni como presente para um amigo, que era rei. Ele explica com clareza os principais aspectos da Psicologia Budista, como a origem do sofrimento, suas causas e a maneira de desenvolver gradualmente a concentração e a sabedoria, para transcendermos nossos sofrimentos psicológicos e encontrarmos a paz interior.

De maneira clara e objetiva, a autora compartilha com o leitor as práticas e os ensinamentos que recebeu de seu mestre Lama Gangchen Rinpoche e suas experiências pessoais na Psicologia Ocidental. Não são textos acadêmicos, mas reflexões sobre como podemos transformar a habitual "mania de sofrer" em sabedoria intuitiva, para não tornar crônico o sofrimento em nossa vida.

Viagem Interior ao Tibete

Acompanhando os Mestres do Budismo Tibetano
Lama Gangchen Rimpoche e Lama Michel Rimpoche

Viagem Interior ao Tibete narra uma viagem de 25 dias que se inicia em São Paulo rumo ao Tibete, passando por Katmandu, Lhasa, Shigatse e Gangchen.

Bel Cesar viajou com um grupo acompanhando seu filho, Lama Michel Rimpoche, e seu mestre, Lama Gangchen Rimpoche, narrou na forma de um diário sua estadia no Tibete, a inauguração do Monastério de Lama Gangchen Rimpoche e o dia a dia visitando as inúmeras relíquias de conhecimento espiritual que o Tibete e o Budismo oferecem.

Oráculo I – Lung Ten

108 predições de Lama Ganchen Rinpoche
e outros mestres do budismo tibetano

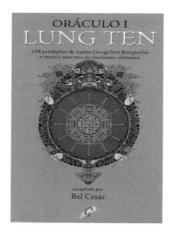

O *Oráculo I – Lung Ten* reúne frases que a psicóloga Bel Cesar, ao longo dos anos, foi anotando em cadernos de viagens, folhas soltas ou mesmo que permaneceram gravadas em sua memória durante seus encontros com Lama Ganchen Rinpoche e alguns grandes mestres do budismo tibetano: S. S. o Dalai Lama, Zopa Rimpoche, Gueshe Sopa, Gueshe Lobsang Tempa e outros.

Segundo Bel Cesar, a intenção em dispor as frases página após página é exatamente para que elas sejam usadas como um sistema de adivinhação: daí o nome oráculo: "Sempre procuramos soluções para nossos problemas; este oráculo será o primeiro de uma série e nos ajudará a encontrar soluções apropriadas para despertar nosso autodesenvolvimento", diz seu mestre Lama Gangchen.

Morrer não se improvisa

Relatos que ajudam a compreender as necessidades emocionais e espirituais daqueles que enfrentam a morte

Ao compartilhar sua vivência clínica como psicóloga, Bel ensina que a morte pode se tornar mais tranquila se houver uma preparação psicológica e um acompanhamento espiritual anterior. O que ela propõe neste livro pode ser aplicado por qualquer pessoa, de qualquer religião. Discípula do mestre espiritual Lama Gangchen Rinpoche, Bel aplica a perspectiva budista no seu trabalho ao mesmo tempo que atende às necessidades espirituais de cada paciente.

A convite de Bel Cesar, dezessete representantes espirituais, médicos e terapeutas, do Brasil e do exterior, complementam o livro e nos mostram diversas maneiras de se fazer esse acompanhamento e pessoas que enfrentam a morte.